SYRIE, ÉGYPTE

ET

ISTHME DE SUEZ

1ʳᵉ partie du présent ouvrage :

LA TERRE-SAINTE

**Description Topographique, Historique et Archéologique
de tous les lieux célèbres de la Palestine,**

Avec Cartes, Plans et Gravure,

PRÉCÉDÉE D'UNE LETTRE DE MGR L'ÉVÊQUE D'ORLÉANS.

Paris, DILLET, Libraire-Éditeur, rue de Sèvres, 15.

Ce livre est adopté par M. le Préfet de la Seine pour les distributions de prix dans la ville de Paris.

JOURNAL

LA TERRE-SAINTE

ROYAUME DE MARIE.

Ce *Journal*, consacré uniquement aux intérêts de nos Églises d'Orient, donne, deux fois par mois, des nouvelles très-détaillées des Lieux Saints.

PRIX : 5 fr. par an.

On s'abonne chez M. GIRARD, rue Chenoise, 10,

A GRENOBLE.

ORLÉANS. — IMP. ERNEST COLAS.

Fac-similé de la lettre d'Abd-el-Kader à l'Auteur

الحمد لله وحده

اما بعد فان المتدرب الزاهد فرال الرنبيل المعروض عن زخارف هذا الحسيد دى كما تتبنيا بحوري اور ليات زارنا بريختني الهنام ابلم مباحثه فى البلاد وتعلمك فى الاغوار والاجماد والسباحه بنكل فطل الافاضل الافراد كعاقيل تلقل ركاب فى الغا

ودع الغواني الى القصور لوما الفرب ما ارتقي درا البحور الى النحور

منتصف ربيع الثاني ٧٨ ١٢

الفقير الى مولاه الغني
عبد القادر بن محي الدين
الحسني

(Voir la traduction de cette lettre, page 83.)

LA TERRE-SAINTE

SYRIE, ÉGYPTE

ET

ISTHME DE SUEZ

DESCRIPTION TOPOGRAPHIQUE, HISTORIQUE
ET ARCHÉOLOGIQUE
DE TOUS LES LIEUX CÉLÈBRES DE CES CONTRÉES

AVEC CARTES ET PLANS

PRÉCÉDÉE

D'UNE LETTRE DE NOTRE SAINT-PÈRE LE PAPE

PAR

M. L'ABBÉ LAURENT DE SAINT-AIGNAN

MEMBRE TITULAIRE DE LA SOCIÉTÉ ASIATIQUE DE PARIS

Se vend au profit de l'ŒUVRE RELIGIEUSE DE L'ORIENT

PARIS	GRENOBLE
C. DILLET	Au Bureau de l'OEuvre religieuse de l'Orient
LIBRAIRE	CHEZ M. GIRARD
15, RUE DE SÈVRES, 15	10, RUE CHENOISE, 10

1868

LETTRE DE N. S. P. LE PAPE PIE IX

A L'AUTEUR.

ADM. REV. DOMINE,

Sanctissimus Dominus noster Pius IX, Pontifex Maximus, perlibenter tuas observantissimas accepit Litteras, die 20 proximi mensis Augusti datas, quibus Ei offerre voluisti opus gallico idiomate a te exaratum, ac Parisiensibus typis in lucem editum, et inscriptum : *La Terre-Sainte*, atque a te elucubratum postquam loca venerandis nostræ Redemptionis mysteriis maximè insignia perlustràsti. Etsi verò idem Summus Pontifex, ob gravissimas quibus continenter distinetur curas et occupationes, nihil adhuc de commemorato tuo opere degustare potuerit, tamen mihi in mandatis dedit ut tibi, admodùm Reverende Domine, pro dono debitas augusto Suo Nomine gratias agerem, ac simul te certiorem facerem de Apostolicà Benedictione quam tibi peramanter impertivit.

Ego autem, SANCTITATIS SUÆ jussa exsequens, hanc occasionem alacri libentique animo amplector, ut meæ existimationis et observantiæ tibi sensus tester, quibus sum,

Admodùm Reverende Domine,

Humillimus et addictissimus famulus,

Lucas PACIFICI,

SS^{mi} Dⁿⁱ Nostri ab Epistolis ad P.

Dat. Romæ, die 3 septembris 1866.

Admodùm Reverendo Domino
Laurent de Saint-Aignan,
Sacerdoti, Aureliam.

MONSIEUR,

Notre Très-Saint Père, PIE IX, Souverain-Pontife, a reçu avec beaucoup de satisfaction votre respectueuse lettre datée du vingt août dernier, par laquelle vous avez voulu LUI offrir un ouvrage, écrit en langue française et édité à Paris sous ce titre : *La Terre-Sainte*, que vous avez composé après avoir parcouru les lieux rendus si vénérables par les mystères de notre Rédemption. Bien que le Souverain-Pontife, à cause des très-graves affaires et occupations qui l'absorbent continuellement, n'ait pu encore savourer la lecture de votre livre précité, il m'a chargé cependant de vous remercier, Monsieur, en Son Nom auguste, pour le présent dont vous lui avez fait hommage, et de vous informer qu'il vous a accordé, avec grande affection, Sa Bénédiction Apostolique.

Et moi, en exécutant les ordres de SA SAINTETÉ, je m'empresse avec joie de saisir cette occasion pour vous témoigner les sentiments d'estime et de respect avec lesquels je suis,

Monsieur,

Votre très-humble et très-dévoué serviteur,

Lucas PACIFICI,

Secrétaire de Notre Très-Saint Père pour les lettres ad P.

Donné à Rome, le 3 septembre 1866.

A Monsieur
Laurent de Saint-Aignan,
Prêtre, à Orléans.

LETTRE ADRESSÉE A L'AUTEUR

PAR

LE PÈRE RÉVÉRENDISSIME, SUPÉRIEUR DES FRANCISCAINS A JÉRUSALEM,

PRÉFET APOSTOLIQUE DES MISSIONS DE SYRIE ET D'ÉGYPTE.

Monsieur l'Abbé,

J'ai reçu avec un vrai plaisir votre bel ouvrage : LA TERRE-SAINTE, *Description topographique*, etc. Mes occupations continuelles ne m'ont permis de le lire qu'à différentes reprises. Aujourd'hui je m'empresse de vous adresser mes plus vifs remerciements, et de vous féliciter des choses pleines de vérité que vous avez exprimées d'une manière si lucide, après avoir contemplé vous-même les Sanctuaires où fut opérée la Rédemption du genre humain.....

Je vous prie de vouloir bien nous continuer votre intérêt et votre défense quand l'occasion s'en présentera, en vous assurant que vous aurez toujours en échange une sincère affection fraternelle et pleine de gratitude, particulièrement de votre très-humble serviteur,

F. Serafino MILANI DI CARRARA,
*Custode de Terre-Sainte et Gardien du Saint-Sépulcre
de Notre-Seigneur Jésus-Christ.*

Jérusalem, le 23 février 1866.

La description de la TERRE-SAINTE que nous avons fait paraître précédemment a reçu du public un accueil très-favorable. De hautes approbations ne lui ont pas manqué. N. S. P. le Pape PIE IX a daigné agréer l'hommage que nous lui avons fait de notre livre, et il nous en a témoigné sa satisfaction par une lettre qui nous est bien précieuse. Notre illustre Evêque d'Orléans nous a fait l'honneur de placer à la tête du même volume des pages écrites, comme toujours, avec son éloquence et son grand cœur ; et le Révérendissime Supérieur des Franciscains à Jérusalem, Gardien du Saint-Sépulcre de N.-S. J.-C., a bien voulu y joindre son suffrage. C'en est assez pour nous engager à publier la seconde partie de notre pèlerinage qui, elle-même, nous a été déjà demandée.

Nous avons la confiance que ce présent volume ne sera pas moins bien accueilli que le premier dont il est le complément nécessaire. La Terre-Sainte, en effet, dans son acception la plus large, comprend non-seulement la Palestine que nous avons déjà décrite, mais encore la Syrie et l'Égypte. Les regards attentifs de l'Europe sont portés maintenant sur ces contrées que la vapeur a rapprochées de nous, et sur lesquelles la civilisation antique et le Christianisme ont jeté une splendeur que leur misère actuelle ne peut faire oublier. Il est donc extrêmement intéressant de bien connaître cet Orient auquel la Providence a donné de si hautes destinées, qui ne sont pas encore arrivées à leur terme. Écoutons Monseigneur Dupanloup nous dire, dans son admirable langage, ce que c'est que l'Orient, et ce que nous devons faire pour lui.

« L'Orient! l'Orient! berceau de toutes les grandes choses de l'humanité! berceau des races, berceau des langues, berceau des vieilles traditions et de la foi sacrée des peuples!

« Mystérieux et fatidique Orient, où la sagesse divine a rendu ses oracles! où la sagesse humaine allait chercher les vieux souvenirs, les primitives croyances, et cette science blanchie par le temps dont parlait le prêtre égyptien au philosophe de la Grèce!

« L'Orient! antique foyer de toute civilisation, de toute lumière sacrée et profane.

« L'Orient! centre, pendant quatre mille ans, de toutes les affaires divines et humaines! Oui, pendant quarante siècles, tous les regards de l'humanité, toutes ses espérances, tous ses soupirs furent tournés vers l'Orient!

« Là, les premiers hommes, les premiers ancêtres de l'humanité, entendirent la voix de Dieu.

« Là, fut le mystérieux et douloureux Eden;... là, l'humanité connut un jour le bonheur, trop tôt suivi, hélas! d'un coup de foudre et d'une affreuse nuit.....

« Là, parurent tous les hommes divins!... Moïse et Aaron: Moïse, libérateur du peuple de Dieu, et figure du grand libérateur du monde; Moïse, qui, sur le Sinaï fumant, vit Dieu face à face, et redescendit apportant de là au monde cette incorruptible lumière de la loi qui devait illuminer tous les siècles.....

« Et ainsi, tout a commencé en Orient, tout est venu de l'Orient : les plus grands noms, les plus grandes choses de l'humanité : Moïse, Elie, Jésus-Christ; la Loi, la Prophétie, l'Évangile.

« C'est là, sous ce beau ciel,... qu'apparut un jour le plus doux et le plus beau des enfants des hommes, fils d'une pure vierge, fruit merveilleux de la plus belle fleur de l'humanité, fils de l'homme et fils de Dieu, portant le premier nom avec prédilection, afin de converser plus doucement avec nous et de mieux voiler sa gloire : Jésus-Christ, Notre-Seigneur, petit enfant de l'Orient, dont les paroles ont éclairé la terre, renversé la sagesse antique, rendu des entrailles au genre humain, ressuscité les morts, dans le court passage de Bethléem au Calvaire.....

« Ce que l'Orient nous demande, ce que nous lui donnerons aujourd'hui, c'est tout à la fois l'éclatant témoignage d'une grande sympathie, et l'utile et nécessaire secours d'une large et généreuse aumône..... Savez-vous quelle sera peut-être la portée de votre aumône ?... Cette pauvre femme qui donna à saint Pierre de quoi faire son voyage, savait-elle jusqu'où irait l'Apôtre, et ce que ce voyage devait donner au monde? Dieu seul sait ce que les Évêques d'Orient feront de vos dons. Vous, unissez-vous à la pensée de Dieu, et donnez avec la charité et la générosité de cœurs vraiment chrétiens.

« Quand je songe à ce que l'Orient a fait pour nous en nous donnant la foi, et que je vois cet Orient plongé dans les ténèbres où nous serions nous-mêmes, si Pierre et Paul n'étaient venus, et courbé sous ce despotisme brutal qui l'opprime et le déshonore, et que je viens à me dire : mais nous pourrions porter à ces peuples la liberté chrétienne et la lumière, et nous ne le faisons pas... je ne puis m'empêcher d'appeler cette indifférence une coupable et odieuse ingratitude. Oui, nous avons entre nos mains la régénération morale et la liberté de l'Orient, car le Christianisme, en affranchissant les âmes, délivre et relève les peuples.....

« Donc, si vous aimez la liberté et la dignité humaine, pensez à l'Orient; si vous aimez la reconnaissance, pensez à l'Orient; si vous aimez les âmes, pensez à l'Orient; si vous aimez Jésus-Christ, pensez à l'Orient. Ah! quand je songe que c'est l'Orient qui nous a donné Jésus-Christ... En retour, pouvons-nous lui refuser quelque chose? Si vous aimez la Sainte

Vierge, pensez à l'Orient... Enfin, si vous aimez l'Église, songez à relever ces Églises qui languissent et à rapprocher du foyer des lumières et de la vie chrétienne celles que le schisme a désolées. En un mot, c'est de l'Orient que nous avons reçu tous nos biens ; eh bien, mesurons l'étendue de nos générosités à l'étendue de ses anciens bienfaits et de ses misères présentes (1). »

Le produit de la vente de ce livre, ainsi que du précédent volume, est consacré à l'Œuvre religieuse de l'Orient. Cette Œuvre a pour but d'attirer les prières et les aumônes des fidèles sur nos Églises d'Orient auxquelles on s'intéresse trop peu, parmi nous, parce qu'on ne les connaît pas assez ; elle a pour organe un journal intitulé : La Terre-Sainte, *Royaume de Marie,* qui, deux fois par mois, traite toutes les questions relatives aux Églises orientales, fait connaître leurs besoins, les secours qu'on leur envoie et donne des nouvelles des Lieux-Saints. L'Œuvre religieuse de l'Orient est donc le complément de celles de la Propagation de la Foi, de la Sainte-Enfance et des Écoles d'Orient, et, bien loin de leur nuire, elle leur apporte un très-utile concours. Tandis que le Schisme Russe et le Protestantisme Anglo-Prussien font des efforts incessants, et dignes d'une meilleure cause, pour détruire l'Église Catholique dans tout l'Orient, pourrait-on blâmer les fidèles qui se réunissent pour travailler, avec plus de zèle et d'ensemble, à conserver et à propager la vraie religion dans ces pays autrefois si avancés en civilisation et si malheureux aujourd'hui.

Fondée, depuis quelques années seulement, par un homme doué d'un dévouement apostolique, et qui a puisé dans une connaissance approfondie de l'Orient un vif sentiment des besoins des Églises qui y subsistent, l'Œuvre religieuse de l'Orient a déjà affirmé son existence par le bien considérable

---

(1) Discours prononcé à Rome, en faveur des Églises d'Orient, en 1862, par Mgr l'Évêque d'Orléans.

qu'elle a produit. Les Patriarches orientaux, par exemple : ceux des Grecs-Unis, des Arméniens, des Maronites, l'Archevêque latin de Smyrne, et des Supérieurs de missions, ont adressé à son Directeur des lettres d'approbation très-honorables; le Souverain-Pontife lui-même, l'auguste et bien-aimé PIE IX, a daigné lui donner sa Bénédiction, comme un précieux encouragement. En France et en Italie, cette Œuvre recueille chaque jour de nouvelles sympathies dans les rangs du clergé comme dans ceux des fidèles; espérons donc qu'elle se développera de plus en plus, pour sauver beaucoup d'âmes et pour contribuer à faire refleurir le Catholicisme dans cet Orient d'où il a commencé à rayonner sur le monde, comme un soleil bienfaisant, afin d'y faire germer les plus belles vertus : « *Visitavit nos* ORIENS *ex alto, illuminare his qui in tenebris et in umbrâ mortis sedent.* » (S. Luc., I, 78).

LA TERRE-SAINTE

VOYAGE EN SYRIE

CHAPITRE PREMIER

SAINT-JEAN-D'ACRE — TYR — SIDON

« La Phénicie, dit M. Poujoulat, a été pour le monde profane ce qu'a été la Judée pour le monde religieux. Ce qui devait servir à la science humaine est parti des rivages phéniciens ; ce qui devait servir à la morale religieuse de l'homme est parti du pays de Juda ; ces deux régions ont noblement pourvu aux besoins de l'humanité. Le voyageur doit bénir le destin qui le mène en de telles contrées. Pèlerin de la Phénicie, je parcours les rivages où s'est levé le soleil du monde des intelligences, où le génie a commencé à déployer ses ailes vers les hauteurs sublimes où chacun de nous aspire à monter (1). »

(1) *Corresp. d'Orient*, V.

I — SAINT-JEAN-D'ACRE

Saint-Jean-d'Acre! Quels souvenirs ce seul nom rappelle! Ses monuments sont rares et pauvres, mais ses annales sont riches et glorieuses. Il est peu de villes au monde où, dans l'espace de huit siècles, le fléau de la guerre ait répandu autant de ruisseaux de sang que sous les murs et dans l'enceinte de Saint-Jean-d'Acre. Que de scènes de carnage et de désolation, et en même temps que de bravoure et de vaillants exploits! Cette antique cité est la clef de la Syrie, et l'admirable position qu'elle occupe en faisant son importance a fait aussi son malheur.

L'histoire hébraïque nous la montre, sous le nom d'*Acco*, dévolue à la tribu d'Aser qui ne put jamais s'en emparer. (*Juges*, I, 34.) Elle prit le nom grec de *Ptolémaïs* à l'époque où la dynastie des Ptolémées la soumit à l'Égypte, et celui de *Colonia Claudia*, lorsque, sous l'empereur Claude, les Romains eurent passé sur elle leur niveau. Saint Paul la visita en se rendant de Tyr à Césarée (*Actes*, XXI, 7), et dès la fin du IIe siècle elle avait un évêque. Mais ce ne fut qu'à l'époque des Croisades que son nom acquit une grande célébrité. Baudouin Ier s'en empara sur le sultan d'Egypte en 1104. Elle devint alors la base d'opérations des Croisés en Syrie, et son port reçut les flottes des Vénitiens, des Génois et des Pisans. Par la funeste bataille de Hattin (1187), Ptolémaïs tomba au pouvoir de Saladin, mais quatre ans plus tard, Philippe-Auguste et Richard-Cœur-de-Lion la rendirent aux chrétiens après un siège qui dura plus de deux années, et dans lequel ils perdirent 60,000 combattants (1191). Les chevaliers de Saint-Jean s'établirent à Ptolémaïs l'année suivante, et lui donnèrent le nom de *Saint-Jean-d'Acre* qu'elle porte encore. Un siècle après, cette ville, qui avait été cinq fois perdue et reprise par les Croisés, devint leur dernier boulevard en Palestine. En 1291, elle fut attaquée par le Sultan d'Egypte, Mélik-el-Ascheraf à la tête de toutes les forces de l'Asie. Ce ne fut pas le courage qui manqua à ses défenseurs, mais le bon accord et l'unité du commandement. Saint-Jean-d'Acre fut enlevée par une armée de 400,000 musulmans, après trente-trois jours de siège. Jamais on ne commit plus de crimes dans une ville prise d'assaut.

Toute la population chrétienne fut livrée au massacre et à l'esclavage et la domination des Francs en Terre-Sainte disparut sous les décombres de la cité où ils avaient cru trouver un rempart inexpugnable.

Pendant cinq cents ans le nom d'Acre n'est plus prononcé dans l'histoire. Il y reparaît à la fin du xviiie siècle sous le gouvernement de Djezzar-Pacha qui sut se créer une principauté considérable et à peu près indépendante. Cet infâme bourreau de la Syrie, à qui il n'a manqué qu'un plus grand théâtre pour avoir une renommée aussi effroyable que celle de Néron ou de Caligula, a dépassé toutes les exactions et les cruautés des pachas turcs qui pourtant s'entendent assez bien à piller et à égorger. La Porte le laissa tyranniser ses sujets pendant un demi-siècle.

Quand la fantaisie l'en prenait, il savait rendre la justice; mais d'une manière sommaire et très-originale. En voici un exemple. Un jeune chrétien, négociant à Saint-Jean-d'Acre, et qui avait su gagner les bonnes grâces de Djezzar, habitait une maison avec son père âgé et infirme. Celui-ci, logé au premier étage, occupait la pièce la plus belle et la plus commode. Le jeune homme, à la veille de se marier, pria son père de vouloir bien lui céder sa chambre, promettant de la rendre à telle époque avec exactitude. Le vieillard y consentit, et descendit dans l'appartement du bas, quoiqu'il fût désagréable et malsain. Au terme fixé, il réclame sa chambre. Les époux le supplient d'attendre; il s'y résigne et accorde un sursis. Le délai expiré, il réitère ses réclamations. Mais cette fois le fils, oubliant les devoirs de la piété filiale, lui déclare avec insolence qu'il prétend demeurer où il est et n'être plus importuné désormais à ce sujet. Le malheureux père dévore en silence cet outrage. Toutefois comme sa condescendance pour les désirs de son fils et les restrictions qu'il y avait mises étaient connues, l'indigne conduite du jeune homme s'ébruita bientôt. Djezzar savait tout par ses nombreux espions. Informé du fait, il mande le fils auprès de lui. Celui-ci se confiant en la bienveillance du pacha, court sans crainte au sérail. Il trouve le maître dans son divan, entouré de ses ministres, ou plutôt de ses bourreaux.

« De quelle religion es-tu? » lui crie Djezzar, en lançant sur lui un regard qui le fait pâlir d'épouvante.

Le jeune homme, en s'apercevant qu'il est tombé en disgrâce, se trouble et ne peut répondre.

« — Je te demande, reprend le pacha en haussant la voix, de quelle religion tu es?

« — Mais... je suis chrétien, comme le sait votre Excellence.

« — Chrétien? tu m'en imposes. Voyons, fais le signe des chrétiens. »

Et le jeune homme fit en tremblant le signe de la croix.

« — Ce n'est pas cela, dit le pacha en mettant la main à son poignard; prononce à haute voix les paroles qui accompagnent ce signe.

« — Au nom du Père, et du Fils, et du Saint-Esprit, » dit l'autre éperdu.

« — Répète, reprend Djezzar, et parle plus haut; je deviens sourd. »

Et le jeune homme de porter la main droite au front et de dire aussi haut qu'il le peut : « Au nom du Père, et du Fils, et du Saint-Esprit. »

« — Ah! Ah! s'écrie le pacha d'une voix qui fait frissonner le divan et glace d'effroi le coupable, Ah! Ah! scélérat! le Père est sur le front et le Fils est sur la poitrine!... Sais-tu ce que cela veut dire? Le Père est en haut et le Fils est en bas. Va, misérable! retourne à ta maison, et si dans un quart d'heure il n'en est pas ainsi chez toi, ta tête roulera dans la poussière. »

Besoin n'est de dire avec quel empressement le fils un peu trop sans gêne courut demander pardon à son père, et lui restituer la chambre dont il l'avait privé si injustement.

Ce qu'on raconte des froides atrocités de Djezzar et de ses ruses infernales surpasse tout ce qu'on peut imaginer. Un jour il fait monter chez lui un turc qui avait eu le malheur de lui déplaire, et ordonne à son barbier de lui arracher un œil. Le barbier tremble et hésite. « Oh! s'écrie Djezzar, tu as peut-être besoin d'une leçon; eh bien! regarde, je vais te la donner. » Le barbier s'avance; le pacha lui enfonce l'index de la main droite dans l'orbite, en fait sortir le globe de l'œil et le lui jette à la figure. Un autre jour, il trouve charmant de placer des sentinelles à l'entrée des principales rues d'Acre avec ordre d'arrêter tous les hommes qui passeraient et de les renfermer dans la salle basse du sérail. Quelque temps après on vient lui dire que la salle est pleine et lui demander où il faudra mettre ceux qu'on arrêtera encore. « Il y en a assez, répond-il, amenez-moi ceux que l'on a réunis. » Les infortunés, transis de terreur, entrent dans le salon où le pacha est assis; à mesure qu'ils se présentent, il les fait placer à sa droite et à sa gauche. Lorsqu'ils sont ainsi rangés au hasard sur deux lignes, il les toise en silence, promène tour à tour ses regards d'un côté et de l'autre ; puis enfin, comme s'il était fatigué de cette observation, il s'étend avec nonchalance sur son sofa et prononce ces paroles : « Qu'on donne à déjeuner aux hommes de la droite, et qu'on pende ceux de la gauche. » Qui fut dit fut fait. Ce monstre à face humaine, surnommé *le boucher*, fut l'ami de nos *bons amis* les Anglais ; c'est pour lui que la flotte britannique combattit contre l'armée de Bonaparte, alors qu'il s'avançait vers la ville comme un libérateur.

C'était en 1799, le héros des Pyramides et du Mont-Thabor espérait prendre Saint-Jean-d'Acre par un coup de main, comme il s'était emparé, en venant de l'Egypte, d'El-Arich, de Gaza et de Jaffa. Mais Djezzar-Pacha s'était enfermé dans la place avec une forte garnison, il était soutenu par l'anglais Sydney-Smith qui venait d'enlever la flottille française chargée de l'artillerie de siége, et qui fournit aux Turcs des ingénieurs et des canonniers (1). Bonaparte, à la tête de 13,000 hommes n'avait pour toute artillerie qu'une caronade de 32, quatre pièces de 12, huit obusiers et une trentaine de pièces de 4. Encore manquait-on de boulets, et était-on obligé d'utiliser ceux que Sydney-Smith faisait pleuvoir sur la plage. Bientôt les Turcs reçurent par mer un renfort de 12,000 soldats. Après deux mois d'une lutte acharnée et une perte de 3,000 hommes, Bonaparte se vit forcé de lever le siège ; le sort de Saint-Jean-d'Acre décida comme toujours de celui de la Syrie. Qu'il dût en coûter au jeune héros de renoncer en même temps à ses vagues et merveilleuses espérances de conquêtes en Orient! « Son regret fut tel, dit M. Thiers, que, malgré sa destinée inouïe, on lui a entendu répéter souvent en parlant de Sydney-Smith : « Cet homme m'a fait manquer ma fortune (2) ! » Cette retraite est l'un des événements qui ont le plus influé sur le sort de la France et même du monde.

Ce que n'avait pu faire le plus grand capitaine des temps modernes devait être accompli de nos jours par une armée d'Arabes. En 1832

---

(1) Acre était, de plus, défendue par deux émigrés français dont le nom déshonoré vit encore chez les Arabes. L'un s'appelait Phélippeaux ; il était de Bourges.

(2) *Révol. franç.* t. X.

Ibrahim-Pacha, à la tête de 30,000 combattants, s'empara de Saint-Jean-d'Acre. La ville avait été défendue pendant neuf mois par une faible garnison de 3,000 hommes sous le commandement du pacha rebelle Abdallah. Mais les malheurs d'Acre n'étaient pas encore à leur terme. En 1840, les flottes anglaise et autrichienne la criblèrent par un bombardement qui ne dura que trois heures mais fut terrible, et grâce auquel les alliés enlevèrent aux Egyptiens la malheureuse Syrie pour la replacer sous le joug des Turcs.

Saint-Jean-d'Acre, qui était au temps des Croisades la plus florissante cité de la côte syrienne, se trouve bien déchue aujourd'hui. Elle occupe une presqu'île triangulaire au nord de la grande baie demi-cintrée terminée au sud par le cap Carmel. On aperçoit dans la mer les restes des vieux remparts démolis en 1840, et du môle qui fermait le port maintenant ensablé, si vaste et si profond jadis. Du côté de la terre, de belles fortifications nouvellement construites lui donnent l'aspect d'une ville de guerre européenne; mais au dedans elle porte à un trop haut degré le cachet oriental : ce ne sont que des rues sales, étroites et tortueuses, parsemées d'édifices en ruines. De la cathédrale, du magnifique hospice des chevaliers, et des nombreuses églises ou abbayes qui ornaient Saint-Jean-d'Acre au XIIIe siècle, il ne reste que de minces vestiges. Çà et là, on rencontre des fragments d'anciens écussons armoriés, taillés dans des pierres que les ravages de la guerre ont épargnées. La fameuse mosquée bâtie par Djezzar avec de riches matériaux arrachés à tant de monuments payens et chrétiens, a été détruite en partie par les bombardements. La population d'Acre se monte à 10,000 âmes dont 1,000 sont grecs-schismatiques, 500 grecs-unis, 400 maronites, 1,700 latins et 7,000 musulmans. Son commerce se réduit à quelques balles de coton et quelques sacs de grains.

Les voyageurs qui arrivent à Acre peuvent se loger soit au couvent latin soit au Khân. Cet établissement consiste en une grande écurie couverte d'une terrasse asphaltée sur laquelle ouvrent de petites chambres dont tout le mobilier se compose de nattes en feuilles de palmier. Un gardien du Khân vous donne la cléf d'une de ces cellules, et vous devez vous pourvoir de tout ce qui vous manque, c'est l'auberge orientale. Je descendis au couvent des Franciscains; ils ont là une mission et trois écoles. On m'offrit un frugal repas. Je trouvai au pain une saveur toute particulière. Le pain d'Acre passe en effet pour être le meilleur de la Palestine. Sa réputation date de plus de trois mille ans, car le patriarche Jacob disait déjà : « C'est d'Aser que viendra le pain excellent, et il fera les délices des rois. » (*Genèse*, XLIX, 20). Combien j'aimais à contempler la vue admirable que présente le golfe d'Acre, avec le Mont-Carmel qui en est séparé par une belle nappe bleue et une mer étincelante de lumière pour horizon. A l'orient de la ville s'étend une vaste plaine; elle fut souvent foulée par de nombreux bataillons et paraît encore très-fertile quoiqu'elle soit en partie inculte.

C'est une intéressante excursion de longer la côte de Phénicie, en s'arrêtant sur les débris de ces antiques cités jadis si célèbres qui la garnissaient à des intervalles assez rapprochés. Arrivé au cap *Nakora*, je dus gravir un sentier qui a été bien nommé l'*Echelle des Tyriens*, car ce n'est qu'une suite de marches taillées dans le roc. Trois heures après, nous voyons un autre promontoire s'avançant au-dessus de la mer, c'est le cap *Blanc*, *Ras-el-Abiad*. On le franchit par un chemin étroit et escarpé, pratiqué sur la crête sinueuse des rochers dont les larges flancs, semblables à d'immenses murailles de craie, descendent perpendiculairement dans les flots. Ici il faut mettre pied à terre, car le passage est difficile; il serait même très-dangereux sans un petit parapet de deux pieds de haut qui est fortement endommagé. Ce parapet est de construction antique; — les Turcs n'ont pas souvent d'aussi bonnes idées; — on l'attribue ainsi que le chemin à Alexandre-le-Grand qui n'en fut peut-être que le restaurateur.

Au cap Blanc nous entrons dans la plaine de Tyr. Elle est couverte d'épines et complètement désolée. Bientôt nous sommes auprès des monuments extraordinaires qu'on appelle *Ras-el-Aïn* (tête de la source.) Ce sont quatre immenses réservoirs de différentes grandeurs et s'élevant à 5 mètres au-dessus du sol. Le plus grand est de forme octogone et mesure 22 mètres de diamètre. Le mur qui l'entoure a 3 mètres d'épaisseur; il est fait en cailloutage et revêtu intérieurement d'un ciment très-dur. Un plan ascendant permet d'en atteindre la partie supérieure. La profondeur est d'environ 10 mètres. Les sources souterraines jaillissent en bouillonnant avec une vive force et s'élèvent jusqu'au niveau du mur. Ces eaux étaient autrefois amenées à l'ancienne Tyr par le grand aqueduc en partie ruiné que l'on voit encore, et plus tard elles furent conduites à la nouvelle Tyr par le même aqueduc prolongé. Aujourd'hui elles tombent en légères cascades le long d'une colline, en faisant tourner quelques moulins, et s'écoulent dans la mer après avoir arrosé des jardins charmants. Les deux réservoirs situés à l'E. sont contigus et de forme irrégulière. Un escalier permet de monter sur le bord de leurs bassins qui mesurent, selon Robinson, 4 mètres et demi de profondeur. Le quatrième réservoir est plus petit. La tradition nomme ces réservoirs *les Puits de Salomon*, et les attribue à ce glorieux monarque. Il est certain que ce verset du *Cantique des Cantiques* : « La fontaine des jardins, le puits des eaux vives qui se précipitent du Liban (IV, 15)…, » s'applique à ces puits mieux qu'à aucun autre monument du même genre. Cependant quelques voyageurs, tels que MM. Poujoulat (1) et d'Estourmel (2) admettent comme plus probable que ces eaux ne descendent point du Liban, mais sortent de la plaine elle-même. S'il en est ainsi, il est naturel de penser que ces ondes jaillissantes furent peut-être amenées à la surface du sol par des procédés analogues à ceux usités de nos jours pour forer les puits artésiens sur l'invention desquels les puits de Salomon auraient trois mille ans de priorité. Rien sans doute ne s'accorderait mieux avec la sentence énoncée par ce grand sage au commencement de son *Ecclésiaste* : « Il n'y a rien de nouveau sous le soleil (I, 10). » Ceci me rappelle que, selon le chevalier d'Arvieux, les châteaux dont on retrouve les vestiges sur tous les caps et toutes les montagnes des côtes d'Asie et de Syrie, formaient jadis une ligne continue au moyen de laquelle, par des signaux particuliers, une nouvelle se transmettait rapidement de Jérusalem à Constantinople. Il prétend que ce fut sainte Hélène qui les fit élever lorsqu'elle alla chercher la croix du Sauveur, pour annoncer plus promptement à son auguste fils le résultat de ses pieuses investigations (3). Si ce fait est vrai, la mère de Constantin a devancé M. Chappe dans l'invention des télégraphes, et ce serait le cas de redire : « *Nihil sub sole novum.* » Chose remarquable

---

(1) *Corresp. d'Orient*, lettre CXXXVI.
(2) *Journal d'un Voyage en Orient*, t. I, LVI.
(3) *Mémoires de d'Arvieux*, t. I, p. 258.

les bassins de Ras-el-Aïn sont dans un état parfait de conservation, et cependant ils remontent certainement à une haute antiquité, car Josèphe nous apprend que lorsque Salmanasar abandonna le siége de Tyr, (sept cents ans avant J.-C.), il intercepta le cours des aqueducs de sorte que les habitants de la cité furent contraints de creuser des puits.

Parvenu auprès des murailles délabrées de Tyr sans avoir rencontré personne, sans que rien ne m'ait révélé le voisinage d'une ville, je pénétrai dans son enceinte par son unique porte, et après avoir traversé quelques ruelles obscures je mis pied à terre chez un grec catholique. En me reposant sous un palmier dont les panaches verdoyants abritaient la maison hospitalière, je songeais à l'étrange destinée de Tyr qui fut autrefois la plus importante ville de la Phénicie et la maîtresse du monde commercial, et qui n'est plus aujourd'hui que l'ombre d'elle-même, et je me mis à consulter son histoire; car pour cette illustre cité, comme pour tant d'autres dont les cadavres gigantesques sont ensevelis dans la poussière, le passé est tout, le présent n'est rien.

II — TYR.

L'origine de Tyr se perd dans la nuit des siècles. Hérodote, pendant son séjour dans ce lieu, apprit qu'elle avait été fondée, en même temps que son temple d'Hercule, depuis 2,300 ans, ce qui la fait remonter à 2,750 ans, avant J.-C. Il est certain qu'elle était déjà une ville forte du temps de Josué, 1450 avant J.-C. (*Josué*, xix, 29). L'ami de David et de Salomon, le roi Hiram, l'agrandit et l'embellit, et cette *fille de Sidon*, comme l'appelle Isaïe (xxiii, 12), surpassa bientôt sa mère. Elle s'éleva au plus haut degré de puissance et de richesse et fonda des colonies industrieuses telles que Carthage, rivale de Rome, Utique et Cadix, métropoles commerciales. Ses relations s'étendaient jusqu'aux limites du monde connu. D'une part, ses navires allaient jusqu'au-delà de l'Angleterre; de l'autre jusqu'aux Canaries. Ses marchands établissaient un entrepôt de commerce dans le golfe Persique, un autre sur la mer Rouge, et fréquentaient même les parages de l'Inde.

La grandeur et l'opulence de Tyr ont été célébrées par les prophètes : « Tes vaisseaux sont construits avec les sapins de Sanir ; les cèdres du Liban ont formé tes mâts, les chênes de Basan, tes rames. Tes matelots reposent sur l'ivoire des Indes et leurs chambres sont construites avec les dépouilles des îles de l'Italie. Le lin d'Egypte a tissu les voiles que supportent tes mâts, et tes vêtements sont teints de l'hyacinthe et de la pourpre de l'Hellespont. Les habitants de Sidon et d'Arad ont été tes rameurs, et tes sages, ô Tyr, sont devenus tes pilotes. Gébal t'a donné ses nautonniers. Tes guerriers sont le Perse, le Lydien et l'Egyptien, ils ont suspendu à tes murailles leurs casques et leurs boucliers pour te servir d'ornement.

« Les Carthaginois sont tes courtiers, ils remplissent tes marchés de toutes sortes de richesses, l'argent, le fer, l'étain et le plomb. La Grèce, Thubal et Mosoch amènent à ton peuple des esclaves et des vases d'airain. Juda et Israël t'apportent le froment, le baume, le miel, l'huile et la résine ; et Damas, en échange de tes nombreux ouvrages, te donne son meilleur vin et ses laines aux vives couleurs. Les Arabes du désert et les princes de Cédar t'offrent leurs agneaux et leurs chevreaux ; les marchands de Saba et de Reema (l'Arabie heureuse) font avec toi le négoce des aromates, de leurs pierres précieuses et de leur or. Tes vaisseaux ont eu l'empire du commerce et tu as été comblée de richesses et de gloire au sein de la mer. » (*Ezéch.* XXVII, 5.)

Mais la puissante Tyr s'était enivrée d'orgueil, et, abusant de ses trésors, elle s'était enfoncée dans des abîmes de corruption. Ses iniquités devaient attirer sur elle les châtiments que Dieu inflige tôt ou tard aux peuples prévaricateurs. Aussi lisons-nous encore dans Ezéchiel : « J'amènerai contre Tyr Nabuchodonosor, roi de Babylone, avec des chevaux et des chars et un peuple innombrable. Il battra tes remparts avec ses machines et il détruira tes tours ; il massacrera tes habitants et ravira tes richesses. Je ferai cesser tes cantiques de joie, je ferai de toi une pierre polie, propre à sécher les filets et tu ne seras plus rebâtie ; on te cherchera et on ne te trouvera plus jamais. » (*Ezéchiel*, XXVI, 7.) On ne peut voir cette plage désolée sans être frappé de stupeur en remarquant l'accomplissement littéral des anathèmes prophétiques.

L'an 584 avant Jésus-Christ, Tyr fut prise par Nabuchodonosor, et rasée de fond en comble après un siége de treize ans. Depuis, *elle n'a plus été rebâtie, on la cherche et on ne la trouve plus.*

Il paraît certain que cette ancienne Tyr (*Palœtyrus*) était située à Ras-el-Aïn, à une lieue au sud de l'île de Tyr, où l'on rencontre quelques ruines qui attestent la présence d'une ville antique. Mgr Mislin pense qu'elle s'étendait au nord jusqu'au delà du Nahr-Kasmiéh, ce qui lui donnerait plus de deux lieues de longueur.

Cet énorme développement de Tyr s'accorde bien avec la description grandiose que la Bible fait de cette *Reine de la mer*. Isaïe, en prédisant sa chute, annonça aussi sa résurrection (XXIII). On pense que c'est après le siége de Nabuchodonosor que les Tyriens se retirèrent dans l'île qui jusque-là avait été seulement la demeure de leur Dieu Hercule et des marchands. Ils y fondèrent la nouvelle Tyr qui s'éleva du sein des eaux pour reprendre son ancienne splendeur.

Alexandre s'étant emparé de la Syrie, voulut soumettre Tyr. Les insulaires se défendirent avec le courage du désespoir. Le roi de Macédoine jeta dans la mer les débris de Palœtyr pour construire une chaussée gigantesque qui, réunissant l'île au continent, lui permit d'arriver sous les murs de la ville pour les battre en brèche. Les Tyriens résistaient toujours. Un moment, le jeune conquérant fut sur le point de lever le siége ; mais qu'eut dit le monde si Alexandre eût pu laisser croire qu'il n'était pas invincible ? Les travaux furent repris avec une nouvelle ardeur. Enfin, la ville attaquée par terre et par mer, succomba après sept mois de siége ; elle fut détruite et tous ses habitants furent massacrés ou réduits en esclavage (332 avant J.-C.). Tyr se releva encore de ses ruines, et saint Jérôme nous apprend que c'était la plus belle cité de la Phénicie et qu'elle avait des relations commerciales avec le monde entier.

Elle fut honorée de la présence de notre Sauveur (St Marc, VII, 31). C'est de saint Pierre lui-même qu'elle reçut les lumières de la foi chrétienne, et nous lisons dans les *Actes des Apôtres* (XXI) que saint Paul, profitant de ce que son vaisseau abordait dans son port pour déposer des marchandises, la visita et y trouva des disciples. Il y resta sept jours avec eux. L'Église de Tyr fut la première dans ces contrées après celle de Jérusalem, et ses archevêques avaient quatorze suffragants.

En 636, Tyr tomba sous la domination des Sarrasins. La flotte vénitienne l'assiégea en 1124, tandis que le comte de Tripoli, régent du royaume de Jérusalem, l'attaquait du côté de l'isthme. La défense fut opiniâtre, car les habitants de toutes les villes déjà occupées par les chrétiens s'étaient réfugiés dans cette place parce qu'ils la croyaient imprenable. Enfin après un siège de cinq mois, ses formidables remparts s'écroulèrent sous les efforts des Croisés. Tyr put jouir alors de quelques années de prospérité. Elle se vit de nouveau, en 1187, assiégée par Saladin tout fier du triomphe qu'il venait de remporter sur les chrétiens à Tibériade. Mais les Croisés repoussèrent l'assaut avec un courage héroïque, l'île fut encore une fois séparée du continent et Saladin dut lever le siège. Cette ville fut moins heureuse en 1291, car, en subissant le joug des musulmans, elle tomba dans une décadence qui s'aggrave chaque jour.

Tyr est située sur la partie nord-est de la presqu'île, seul endroit où elle touche à la mer. Elle n'est entourée d'une vieille muraille qu'au sud et à l'est, au point de jonction avec la chaussée d'Alexandre. Cet isthme est tellement recouvert de sable qu'on croirait qu'il a toujours existé. Le quartier mahométan est composé de maisons basses, semblables à des tombeaux, en pierre ou en terre ; mais dans le quartier chrétien on voit des maisons assez élevées. Des palmiers et autres arbres fruitiers plantés çà et là peuvent à peine égayer ce lieu de désolation où l'œil ne rencontre partout que des ruines ; car il ne reste à cette antique capitale phénicienne, jadis si riche et si puissante, que ce que les hommes n'ont pu lui ravir : sa situation agréable et forte. Sur un seul point j'ai remarqué plus de cinquante colonnes en marbre ou en granit enfouies en partie dans le sable et en partie dans les eaux qui leur donnent une teinte noirâtre. J'y ai vu aussi, en grande quantité, des pierres de taille d'une énorme dimension. Les Tyriens modernes, quoique très-dégénérés de leurs ancêtres, ont toujours l'esprit mercantile, et ils font de ces curieux débris un article de commerce ; ils en vendent à quiconque a besoin de matériaux de construction ; on vient en chercher d'Alexandrie et de Beyrouth. Une grosse pierre coûte une piastre (20 centimes). J'aurais pu avoir une des plus jolies colonnes de la cathédrale pour cinquante sous ! Quoique ce prix fût bien tentant pour un amateur, la difficulté d'emporter mon emplette m'empêcha de l'acheter.

La cathédrale, le seul monument de Tyr qui soit reconnaissable, mesure 70 mètres de long sur 22 de large. Elle avait trois nefs et trois absides contiguës, séparées du transsept par une travée. Cette église était la plus belle de toute la Phénicie ; elle renfermait les tombeaux d'Origène et de Frédéric Barberousse. Tout le sol de cet édifice est couvert aujourd'hui de masures arabes. La seule portion conservée est l'extrémité orientale ; les trois absides sont enclavées dans le rempart de la ville moderne. Il n'en restera bientôt plus rien, car on démolit ses ruines. On voit par terre de magnifiques colonnes doubles en granit rose. Elles sont formées de deux fûts parallèles et monolithes, réunis par leur base et leur sommet.

Le port du côté nord, c'est-à-dire le port actuel, protégé par une chaîne de rochers et par des digues, est un des meilleurs de la côte de Syrie, mais il est peu profond. Dans les temps antiques, c'était le rendez-vous d'une multitude de vaisseaux chargés des plus riches cargaisons, maintenant on n'y voit que quelques petites barques et, sur ses rives désertes, des pêcheurs étendent leurs filets. Mais deux grosses masses aux formes bizarres, débris des murs qui le défendaient jadis, se dressent encore au-dessus des flots et lui donnent un caractère des plus pittoresques. M. de Bertou a découvert sous l'eau, au-devant du port du sud, les restes d'une immense digue de 12 mètres d'épaisseur et de plus de deux kilomètres de longueur qui protégeait la ville contre les fureurs de la mer, et empêchait le sable de s'accumuler dans le port, comme il l'a fait depuis plusieurs siècles. Ces importantes ruines nous donnent une idée des travaux considérables exécutés par les Tyriens pour leur commerce maritime.

Tyr a conservé parmi les Arabes son ancien nom de *Sour*, c'est celui que lui donnaient déjà les Phéniciens et les Hébreux, et c'est de ce nom qu'est dérivé celui de la Syrie tout entière. Du même mot les Grecs ont fait Τυρος, les Romains *Tyrus* ; et nous *Tyr*. Cette ville a donné le jour au jurisconsulte Ulpien ainsi qu'à Sanchoniaton, le premier des historiens profanes, qui vivait environ 1250 ans avant J.-C., et seulement 250 après Moïse. Elle eut pour archevêque Guillaume de Tyr, qui a écrit, au XIIe siècle, une histoire des Croisades regardée par M. Poujoulat comme la plus complète, la plus fidèle et la mieux écrite des chroniques du moyen-âge.

La population de Tyr est évaluée à 3,000 âmes, dont une grande partie est chrétienne. Les Grecs catholiques, au nombre de 900, ont là un évêque. Le commerce se borne à l'exportation du blé et du charbon de bois. L'art de teindre les étoffes en couleur de pourpre est tout-à-fait inconnu maintenant dans ces lieux où il fut jadis si célèbre; et c'est en vain que l'on y cherche le petit coquillage d'où l'on extrayait cette précieuse liqueur.

J'avais quitté Tyr depuis une heure et demie, quand j'arrivai au bord du *Nahr-Kasmyeh*, appelé aussi *Litany* et autrefois *Léontès*. Ce fleuve, le plus grand de la Syrie, a sa source auprès de Baalbek. Son voisinage présente un vert tapis de gazon, chose fort rare en Orient. Je traversai ses eaux profondes sur un beau pont d'une seule arche et sans garde-fous. Un peu plus loin sont des ruines informes, nommées *Adloun*, dans lesquelles on croit retrouver l'antique *Ornithopolis (la ville des oiseaux)*. Les colombes étaient honorées d'un culte particulier par les Syriens ; elles sont encore très-nombreuses en ce lieu. Tout auprès, se dresse une longue montagne dont les flancs renferment une foule de grottes sépulcrales taillées dans le roc vif. On regarde cette immense nécropole comme ayant appartenu à Palœtyr ; elle était bien proportionnée à l'étendue d'une si grande ville, car elle se continue jusqu'à Sarepta. Cette dernière est connue par le séjour qu'y fit Elie. C'est là que l'illustre thaumaturge juif rencontra, dans un temps de famine, une pauvre veuve qui s'occupait à ramasser du bois pour préparer son dernier repas, résignée à mourir ensuite avec son fils. Il lui demanda à manger, et elle, oubliant ses propres besoins, alla prendre le peu qui restait de farine pour lui cuire un pain sous la cendre. Deux miracles récompensèrent cette action généreuse. Tant que la famine dura, le pot de farine et la cruche d'huile de la pauvre femme ne désemplissaient pas, et son fils unique étant mort, le prophète reconnaissant obtint du Seigneur sa résurrection (III *Rois*, XVII, 10). Il ne reste de Sarepta que des minces débris situés auprès du petit village de *Sarfand* qui rappelle son nom.

Ici, comme sur toute la côte de Syrie, aux souvenirs sacrés viennent se mêler les souvenirs mythologiques. C'est sur ce rivage que la fable place l'enlèvement d'Europe par Jupiter métamorphosé en taureau.

III — SIDON

Je suivais un chemin serpentant au milieu de larges plantations de figuiers et de mûriers. Après avoir traversé des jardins où croissent, dans le plus charmant désordre, les orangers, les pêchers et les grenadiers, puis un petit bois de lilas de Perse qui sont ici de grands arbres, je me trouvai devant les murs de Sidon, nommée actuellement *Saïda* (*pêche*). La distance de Tyr à Sidon est de six ou sept lieues. Il était presque nuit lorsque je pénétrai dans cette ville ; je me rendis au Khan français. C'est un vaste bâtiment au milieu duquel on voit une cour carrée, entourée de galeries à arcades. Au centre est une jolie fontaine ombragée de bananiers. Des magasins occupent le rez-de-chaussée, et l'étage supérieur contient des logements. Le khan est tout à la fois une auberge, un dépôt de marchandises, une forteresse. Le vice-consul de France y demeure, et les PP. Franciscains y possèdent une église, une école et un couvent auquel je demandai l'hospitalité. Le lendemain je sortis pour visiter la ville.

La situation de Sidon, construite au bord de la mer sur une éminence isolée, est très-analogue à celle de Tyr, mais beaucoup plus belle. Tandis que Tyr a l'aspect d'un navire échoué sur le sable, Sidon se présente au voyageur avec un air de fête. Une ceinture de murailles l'entoure du côté de la terre, sans lui procurer une solide défense. À l'intérieur, Sidon l'emporte encore sur Tyr. Elle a plus l'air d'une ville. Les maisons sont assez bien bâties. Les rues sont couvertes soit de nattes, suivant l'usage asiatique, soit de treilles, soit, comme à Jérusalem, de voûtes qui les assombrissent et leur donnent un air de mystère. Les bazars ne manquent pas d'animation. Sidon renferme 7,600 habitants dont 5,000 sont musulmans, 1,000 juifs, 800 catholiques-grecs, 120 latins et 700 maronites. On n'y rencontre d'autres traces de l'antiquité que quelques colonnes brisées et de nombreux fragments de pavés en mosaïque. Le port a été ensablé par Fakreddin, comme tous ceux situés entre Saint-Jean-d'Acre et Beyrouth, pour empêcher une descente des Turcs. Il est censé défendu par un château-fort situé dans un îlot et relié à la ville par un pont ruiné de sept arches. Il y a dans le château quelques soldats et de vieux canons rouillés. C'est de là surtout que Sidon offre un aspect gracieux. Elle sort pour ainsi dire de l'eau et s'élève en amphithéâtre d'albâtre, entourée des verdoyants jardins qui s'étendent sur la côte et sur les collines libanaises. L'antique métropole phénicienne semble encore être ceinte du diadème de gloire qui l'ornait autrefois, mais bientôt l'illusion cesse quand on s'aperçoit que son port où se pressaient jadis les navires des nations est aujourd'hui vide et abandonné. Le commerce de Sidon, qui embrassait la moitié de l'univers, a péri avec sa splendeur et sa puissance.

Selon Josèphe, cette ville fut fondée par Sidon, fils de Chanaan et petit-fils de Cham (*Genèse*, x, 15). Elle échut à la tribu d'Aser qui ne put la soumettre, et elle méritait déjà d'être nommée « *la grande Sidon* » 1450 ans avant J.-C. (*Josué*, xix, 28).

« Ce qui frappe d'abord dans les âges antiques de Sidon, dit M. Poujoulat, c'est le génie inventeur, la science industrieuse des habitants. Homère vante les Sidoniens « *comme habiles en toutes choses* ; » les annales les plus reculées sont remplies de la gloire des enfants de Sidon. C'est un sujet de hautes pensées pour le voyageur que cette terre sidonienne, premier berceau des sciences humaines, premier berceau des arts qui ont préparé la civilisation du monde. Les Phéniciens, peuple unique, travaillés du besoin d'agir et de connaître, formaient une famille à part dans l'Orient : peut-être avaient-ils reçu de l'Inde, de la Perse, de Babylone, quelques lumières primitives, quelques traditions fécondes, mais ce qu'ils n'inventèrent point ils le perfectionnèrent. Et toujours est-il vrai de dire que de ce peuple nous sont venues les plus grandes choses : on leur donna une étincelle, et ils en firent un soleil. La vieille Egypte, qui fit un mystère de sa sagesse et de sa science, voilait pour ainsi dire son flambeau et n'éclairait point le reste de la terre ; mais la Phénicie, moins silencieuse et beaucoup plus communicative, chercha à répandre au loin ses lumières ; l'Egypte des temps passés se présente à moi sous la figure d'un prêtre muet qui cache la flamme sainte au fond du sanctuaire ; la Phénicie, au contraire, se montre comme un de ces dieux antiques qui portaient un phare sur leur tête au milieu des mers (1). »

Il est surtout deux découvertes capitales dont l'honneur revient aux

---

(1) *Corresp. d'Orient*, lettre cxxxvii.

enfants de Sidon ; je veux dire la navigation et l'écriture. Ce sont eux en effet qui, les premiers, ont osé s'asseoir sur le dos mobile des vagues et s'ouvrir un chemin à travers l'abîme. Ils ont ainsi forcé cette plaine liquide à devenir le trait-d'union des peuples, elle qui semblait, par son inconstance, devoir les séparer à jamais. Cette mer de Phénicie s'offrait d'elle-même au génie aventureux de l'homme ; chacun de ses rivages présentait un port, et la nature servait à souhait les vœux de leurs habitants qui, se voyant trop resserrés entre les montagnes et la Méditerranée, sentaient le besoin de donner à leur activité une sphère plus large et une plus vaste carrière à leur ambition. Ce sont encore les Sidoniens qui ont substitué l'écriture alphabétique à l'écriture figurée ou représentative, nommée aussi hiéroglyphique, qui était particulière à chaque peuple et que les vieux Egyptiens poussèrent au suprême degré de perfectionnement. Les Sidoniens ont su peindre la parole par les caractères de l'alphabet au moyen desquels les choses intellectuelles trouvèrent une facile représentation aux yeux de tous les hommes. Qui nous dira l'origine précise d'une si utile invention ? Les plus merveilleuses découvertes dans les annales humaines sont entourées de ténèbres mystérieuses. On sait seulement que les premiers Grecs reçurent l'écriture de la Phénicie ; c'est d'eux que l'ont apprise toutes les régions de l'Occident. On attribue aussi aux Sidoniens l'art de faire le verre, de tailler les pierres et le bois. Il est certain du moins qu'ils excellaient dans ces industries. « Il n'y a personne parmi nous, écrivait Salomon à Hiram (1,000 ans avant J.-C.), qui sache couper le bois comme les Sidoniens (III *Rois*, v, 6). » Les plus habiles ouvriers qui travaillèrent à la construction du temple de Jérusalem étaient de Tyr et de Sidon. Cette dernière dut courber la tête sous tous les conquérants de la Syrie, Salmanasar, Alexandre, les Ptolémées, les Séleucides, et les Romains. Elle connaissait déjà l'Evangile quand saint Paul s'y arrêta en se rendant en Italie : « Nous vînmes à Sidon ; et Jules, traitant Paul avec humanité, lui permit d'aller vers ses amis et d'accepter leurs services (*Actes des Ap.* xxvii, 3). »

Sidon fut soumise aux chrétiens par Baudouin qui en confia le gouvernement à un chevalier français, Eustache Grenier (1111). Elle porta alors le nom de *Saïette*, — les Croisés défiguraient à plaisir les noms propres, — et devint un fief auquel les *Assises de Jérusalem* reconnurent le droit de haute justice et celui de monnayage. Sans doute, au lieu de démembrer tous ces petits états chrétiens, il eut mieux valu les réunir sous un seul gouvernement capable de tenir tête aux infidèles ; la féodalité, importée en Orient, fut l'une des causes qui contribuèrent le plus à amener la ruine de l'œuvre glorieuse des croisades. En 1252, saint Louis fit rebâtir les murs de Sidon. On raconte qu'après un sanglant combat livré par les Turcomans, il trouva les cadavres des chrétiens étendus autour de la ville. Déjà ces tristes restes tombaient en pourriture et exhalaient une odeur infecte. Le roi ordonne de les ensevelir ; mais personne ne se présente pour accomplir une si pénible tâche. Alors saint Louis prend un cadavre dans ses bras, en disant : « Courage, mes amis, donnons un peu de terre aux martyrs de Jésus-Christ ! » Tous imitèrent ce bel exemple, et c'est ainsi que la charité du pieux monarque procura aux chrétiens les honneurs de la sépulture.

Ce fut en 1294 que les croisés furent dépossédés de Sidon pour la dernière fois par les Sarrasins. Au xviie siècle, Fakreddin parvint pendant quelque temps à rendre à cette ville une certaine prospérité. Il accorda sa protection aux chrétiens et surtout aux français qui firent de Saïda l'entrepôt de Damas et de toute la côte. C'est alors que, sous l'impulsion de l'émir et du chevalier d'Arvieux, des relations commerciales très-importantes s'établirent entre la France et la Syrie. Le centre de ce négoce était le khan où j'avais un asile, il a été construit par Fakreddin. Pendant plus d'un siècle notre commerce se maintint dans un état florissant. Mais en 1791, Djezzar-le-Boucher chassa nos compatriotes des domaines soumis à son sanguinaire pouvoir ; Saïda tomba dans un état de détresse dont elle ne s'est pas relevée et ce furent Beyrouth et Alep qui héritèrent de ce qu'elle avait perdu.

C'est ici, suivant les Evangiles, le point extrême où Notre-Seigneur s'avança vers le nord (*saint Marc*, vii, 31). On montre dans un jardin une petite mosquée ressemblant à une ancienne chapelle, qui fût bâtie, dit-on, à l'endroit où l'Homme-Dieu guérit la fille de la Chananéenne et prononça ces paroles : « O femme ! votre foi est grande, qu'il vous soit fait comme vous désirez (*saint Mathieu*, xv, 28). »

CHAPITRE II

BEYROUTH — DEIR-EL-KAMAR

I — BEYROUTH

En sortant de Saïda, je traversai de très-jolis jardins arrosés par de nombreux canaux dérivés du Nahr-el-Aoualy, et je me trouvai bientôt au bord de ce fleuve. C'est l'ancien *Bostrenus*. Il n'y a point de pont, cela va sans dire, et il s'agit de passer à gué. L'entreprise pourrait être périlleuse ; mais les choses se font bien simplement : deux hommes à demi nus viennent prendre votre cheval par la bride, pour lui faire suivre un banc de sable qu'ils connaissent et qui permet au voyageur d'arriver sain et sauf à l'autre rive. Quand les eaux sont hautes, c'est encore plus simple : on ne passe pas.

Après trois heures de marche, j'aperçus sur ma droite un village : c'est *Djouni*. Là était la demeure de lady Esther Sthanhope qui a donné au monde, il y a vingt-huit ans, un des plus curieux exemples de l'excentricité anglaise.

A la mort du fameux Pitt, son oncle, lady Stanhope, jeune et riche comme Crésus, refusa les meilleurs partis de la Grande-Bretagne qui s'offrirent à elle, quitta sa patrie et parcourut l'Europe, puis l'Orient. Son esprit, son grand air, et ses royales largesses frappèrent l'imagination poétique des Orientaux. Lorsqu'elle visita les ruines de Palmyre, elle fut accueillie comme une autre Zénobie par 20,000 Arabes accourus de tous les points du désert, et ils la proclamèrent leur sultane, *la reine de Palmyre*. Enfin lady Esther choisit sa retraite dans une solitude du Liban, près de Sidon. Elle bâtit des châteaux et des jardins à la turque et vécut plusieurs années dans un luxe asiatique, revêtue du costume des hommes arabes. Elle jouissait d'une autorité considérable parmi les peuples de la Syrie, et se les attachait par des actes de bienfaisance. Mais sa fortune diminua peu à peu, et en perdant son or, elle perdit le secret de sa puissance et l'auréole de sa gloire. L'amitié intéressée des Arabes s'attiédit et la fée du Liban tomba dans un isolement complet. Une foule de voyageurs européens, désireux de connaître cette femme extraordinaire, dont le nom était célèbre en Orient comme en Occident, sollicitaient des audiences d'autant plus recherchées qu'elles étaient plus rarement accordées. Elle aimait à jouer le rôle de Sybille et prétendait lire dans les astres les événements futurs. On a fait beaucoup de bruit de ses prédictions à M. de Lamartine, ce n'était pas la peine d'en tant parler. Dans un entretien avec M. de Marcellus, elle prononça ces phrases qui renferment de grandes vérités quoiqu'elles soient peut-être trop empreintes de misanthropie : « Reverrez-vous l'Angleterre ? lui demanda le voyageur. — Non, jamais, répliqua-t-elle avec feu ; votre Europe !... elle est si fade ! Laissez-moi mon désert. Qu'irais-je faire en Europe ? voir des nations dignes de leurs chaînes et des rois indignes de régner. *Avant peu, votre vieux continent sera ébranlé jusqu'en sa base.* Vous venez d'Athènes, vous allez voir Tyr : voilà ce qui reste de ces nobles républiques protectrices des arts, de ces monarchies reines de l'industrie et des mers. Ainsi sera l'Europe : tout y est usé, les rois n'ont plus de race ; ils tombent emportés par la mort ou par leurs fautes et se succèdent en dégénérant. L'aristocratie bientôt effacée du monde, y donne sa place à une bourgeoisie mesquine et éphémère, sans germe ni vigueur. Le peuple seul, mais ce peuple qui laboure, garde encore un caractère et quelques vertus ; tremblez s'il connaît jamais sa force. Non, votre Europe me fatigue ; je détourne l'oreille aux derniers bruits qui m'en viennent et qui expirent bien affaiblis sur cette plage isolée. Ne parlons plus de l'Europe ; j'en ai fini avec elle (1). » Lady Stanhope se plaignait aussi à M. de Marcellus d'un autre Stanhope « qui avait osé en plein parlement calomnier la nation française, la grande nation. Ne sait-il pas que jamais l'Angleterre n'atteindra à la glorieuse hauteur de sa rivale ? » Napoléon avait la première place dans son cœur ; en

---

(1) *Souvenirs d'Orient*, I, xi.

revanche, elle détestait souverainement les Anglais, et ne s'en cachait pas. « J'ai souvent méprisé les Anglais, écrivait-elle, mais pourquoi ? Parce qu'ils ont avili et perdu le caractère national. Leur aristocratie est une classe fière, morose, inactive, sans principes fondamentaux pour se conduire, sans supériorité intellectuelle pour se soutenir, n'étant pas plus digne de la confiance de son souverain que de celle du peuple, pleine d'égoïsme et bouffie de sa propre importance (*Lettre à sir Edouard Sagden*).» Cette femme superbe et fantasque termina tristement sa vie aventureuse, en 1839; la reine de Palmyre n'a pu payer ses dettes.

Un peu après Djouni, je distinguai au fond d'une petite baie une mosquée et quelques maisons. C'est *Khan-Nebi-Younès* (*le khan du prophète Jonas*). Suivant une tradition commune en Orient, Jonas fut rejeté sur ce rivage après sa réclusion de trois jours et trois nuits dans le sein d'un monstre marin, pendant son trajet de Joppé à Tarsis (*Jonas*, II).

Je fis plus loin une halte auprès d'une rivière assez large, mais peu profonde, c'est *le Nahr-el-Damour, le Tamyras* des anciens. Il n'a pas de pont. Les voyageurs en sont donc encore réduits à passer le fleuve à gué, ce qui, en hiver, est plus que désagréable, car le Damour en descendant des montagnes s'enfle quelquefois tout-à-coup et se précipite dans la mer comme un torrent. Chaque année il faut déplorer la mort de quelques personnes qui se noient en voulant le traverser.

Deux lieues avant Beyrouth, le paysage change complètement, son aridité fait place à une richesse inattendue qui ne peut se comparer à rien de ce que j'ai vu jusqu'ici en Orient, et le Liban lui-même se découvre à mes yeux dans toute sa beauté. La mer disparaît, il n'y a plus autour de moi qu'une large et fertile vallée, et je marche au milieu de délicieux jardins. Beyrouth ne se montre pas de loin ; à mesure que j'approche les habitations disséminées dans la campagne deviennent plus nombreuses ; bientôt je pénètre dans la ville par une porte voûtée et je descends à l'hôtel-de-Bellevue.

Beyrouth, autrefois *Berytus*, n'acquit une grande importance qu'en devenant colonie romaine sous Auguste qui l'appela *Felix Julia*. La célébrité littéraire ne lui manqua point, elle eut une école qui se signala par l'enseignement du droit civil; saint Grégoire-le-

Thaumaturge fut un de ses élèves. Sous Justinien, Beryte était regardée comme la plus belle cité de la Phénicie. Elle fut soumise par Baudouin Ier, en 1110, reprise par Saladin, en 1187, et reconquise par les chrétiens dix ans plus tard ; elle rentra sous l'autorité musulmane après la prise de Saint-Jean-d'Acre, en 1291. Au xviie siècle, le puissant émir des Druses, le hardi Fakreddin, en fixant sa demeure à Beyrouth lui donna une prédominance qu'elle n'avait pas eu depuis plusieurs siècles. Elle fut bombardée en 1840, par les flottes anglaise, autrichienne et turque, mais elle s'est relevée promptement de ses ruines et est entrée dans une voie ascendante de prospérité.

La ville proprement dite ne contient pas d'antiquités. En dehors, quelques colonnes et sarcophages en pierre, des piédestaux ornés d'inscriptions romaines sont les seuls vestiges de l'antique Beryte, avec un squelette de monument très-remarquable. Ces débris se composent d'une longue salle quadrangulaire, terminée du côté de la mer par une abside circulaire. Il n'y a plus que le noyau des murailles. M. de Saulcy pense que cet appareil est d'une époque très-reculée, et que cet édifice était une basilique, c'est-à-dire un lieu où les marchands phéniciens se réunissaient pour opérer leurs transactions commerciales. L'entrée était ornée d'une mosaïque très-grossière dont les cubes rouges et blancs ne forment aucun dessin suivi.

Beyrouth est située sur une colline qui descend du pied du Liban et s'avance en pointe dans la mer environ deux lieues hors la ligne commune du rivage, en formant un promontoire appelé *Ras-Beyrouth*.

La ville actuelle, moins grande que l'ancienne, est resserrée dans une enceinte de murailles flanquée de quelques tours peu solides. Comme dans toutes les cités d'Orient, les rues sont étroites, tortueuses, sombres, quelquefois couvertes par des nattes ou des voûtes. Chaque maison est complètement fermée aux regards des voisins et des passants ; c'est une petite forteresse où l'on peut défier les attaques du dehors, où la vie de famille est comme cloîtrée et séparée du monde entier. Les toits sont toujours en terrasse. J'observai sur ceux de Beyrouth quelque chose de particulier. Chaque angle est surmonté d'un cône en maçonnerie haut d'un mètre ou deux qui donne aux maisons un caractère assez original. Tout le mouvement de la ville est dû aux négociants européens. Il se concentre dans les bazars et sur le quai. Beyrouth est le port de Damas et absorbe tout le commerce de la côte de Syrie. A l'intérieur, il n'y a point de place publique, mais en dehors on en voit une assez spacieuse, auprès de la porte orientale. On l'appelle la place des Canons, parce qu'elle est située au pied de la citadelle.

Beyrouth ne renferme aucun monument intéressant, si ce n'est l'église de Saint-Jean dont les Turcs ont fait leur principale mosquée. Cette ancienne cathédrale a trois nefs, trois absides, un porche, des piliers cantonnés et des arcades ogivales s'appuyant sur des chapiteaux romans. La nef entière est voûtée en berceau. Cette particularité, jointe à l'absence de coupole, est pour M. de Vogüé un indice que cette église est la plus vieille de celles qui ont été construites par les Croisés, c'est-à-dire qu'elle fût bâtie au commencement du XIIe siècle. Chose curieuse, les musulmans ont épargné un reliquaire de Saint-Jean, ainsi que cette inscription qui signale la place de l'ancien baptistère :

Η ΦΩΝΗ ΚΥΡΙΟΥ ΕΠΙ ΥΔΑΤΩΝ
« *Vox Domini super aquas (Psalm.* 28). »

Un clocher quadrangulaire, isolé, s'élevant devant la porte orientale, est devenu un minaret d'où le muezzin annonce la prière.

« Une population variée par la couleur, le costume, la langue, se presse sur les quais étroits, aux abords de la ville, des bazars, des maisons des consuls au-dessus desquelles flottent les pavillons des principales nations de l'Europe. Des hommes noirs et demi-nus se disputent les voyageurs et leurs bagages, et les portent sur leurs épaules, du quai jusque dans les petits canots que les lames de la mer menacent de briser les uns contre les autres. Partout des arabes assis à l'ombre sous des portiques, sous des échoppes, sous des toiles tendues d'un côté de la rue à l'autre, fument leur narghileh à deux branches, et demeurent en extase au roucoulement de sa fumée enivrante. Le moucre du Liban, avec son turban étriqué, sa veste éclatante de Damas, toute chamarrée d'ornements pareils à des hiéroglyphes, et à manches pendantes et ouvertes, chasse lentement ses mules par ses cris stridents et répétés, tandis que le Bédouin du désert, au costume sévère, mène une longue file de chameaux en se balançant sur le plus grand de ces animaux ornés de coquillages de la mer Rouge.

« En général le costume des Orientaux est ample, embarrassant, aux couleurs vives, majestueux quand il est propre. Des pantalons larges, des tuniques, des manteaux, d'immenses turbans, des ceintures : tout cela, posé l'un sur l'autre, flotte au gré des vents ou retombe jusqu'à terre en plis et replis lourds. Ce costume convient à un peuple aux allures lentes, qui vit couché sur des divans, qui se traîne plutôt qu'il ne marche, qui a horreur du mouvement et qui, même en voyage, ne se sépare jamais de ses tapis, de ses coussins, de ses matelas, de ses pipes incommodes, et de ses armes. Notre activité remuante, qui ne peut tenir en place, devait inventer le costume si réduit des peuples occidentaux ; la vapeur simplifiera encore notre léger bagage : entre nous et les peuples du levant il y a plus que la Méditerranée, il y a tout l'abîme d'un costume.

« Les amateurs du pittoresque déplorent les réformes du sultan Mahmoud, qui se sont bornées jusqu'ici à l'habillement. Assurément le costume officiel des Turcs est aujourd'hui passablement laid, et il est très-mal porté ; mais c'est un pas, sinon dans la civilisation, au moins hors de la barbarie. L'ancien costume, c'est la vie oisive, accroupie ; le nouveau, c'est un bout de vie européenne. Quand un jour les Turcs, travestis sous nos vêtements étroits, s'apercevront qu'ils peuvent se mouvoir plus facilement, ils se mouveront peut-être ; quand ils remarqueront leurs jambes cambrées par la fainéantise, au lieu de s'assoupir ils marcheront, s'ils sont capables de marcher. Aujourd'hui, dans nos grandes villes, même sous le costume européen, on reconnaît un Turc entre mille à sa démarche de perroquet. Le costume en lui-même, c'est peu de chose ; mais il a plus d'influence sur l'homme qu'on ne pense. L'habit ne fait pas le moine, sans doute ; mais un moine sans son habit n'est plus moine qu'à demi. Malheureusement, les Turcs *civilisés* sont comme les moines défroqués ; ils ne sont plus rien du tout : ils ne sont plus musulmans, et ils sont bien loin d'être chrétiens.

« La coutume de porter une longue écritoire enfoncée dans la ceinture comme un pistolet est générale en Orient et remonte aux temps les plus anciens, ce que prouve ce passage d'Ezéchiel : « Il y en avait un au milieu d'eux qui avait une écritoire à ses reins » (*Ezéch.* ix, 2).

Elle est en laiton ou en argent ; l'encrier est à une des extrémités ; dans le manche se trouvent les roseaux (*calami*) qui servent de plumes.

« Quant aux femmes, elles se couvrent, pour sortir, du costume le plus bizarre qu'il soit possible d'imaginer. Non contentes de se voiler la moitié de la figure, comme les femmes de Constantinople, elles se couvrent entièrement le visage par un morceau d'étoffe, le plus souvent de couleur noire ou sombre, qui s'ajuste sur le haut de la tête. Elles jettent par-dessus une pièce d'étoffe blanche, dans laquelle elles s'enveloppent de la tête aux pieds, de sorte qu'elles ressemblent à des spectres. Leur démarche lente, embarrassée par ce voile obscur et leur double chaussure de bottines et de pantoufles, ajoute encore à l'illusion, et les ferait prendre pour de véritables fantômes ou de colossales chauves-souris. Cet attirail est nécessaire, selon l'expression du Coran, « afin qu'elles soient reconnues pour être des matrones de bonne renommée. » Par un usage inconcevable, les femmes chrétiennes, excepté celles des Francs, ne paraissent jamais autrement dans les rues. On dit que c'est pour être plus respectées des Turcs ; mais les européennes vont partout la figure découverte, et elles sont respectées à Beyrouth par les musulmans comme par les chrétiens.

« Ce que j'ai dit plus haut de l'influence du costume s'applique surtout aux femmes. Les réformes de Mahmoud se sont arrêtées à la porte des harems, parce que les franchir, c'eut été entrer dans le Coran la sape à la main. En effet, les indignes mascarades des femmes du Levant, leur séquestration de la société, les fenêtres grillées, les eunuques, les prisons des harems, ces barbares inventions d'une volupté jalouse, toutes ces choses se tiennent, et elles ne peuvent se soutenir aujourd'hui que par le Coran : affranchir la femme, ce serait porter le coup de mort à l'islamisme, et il deviendrait beaucoup plus facile de civiliser, d'évangéliser l'Orient : c'est en grande partie parce que le christianisme est inaccessible aux femmes qu'il ne fait aucun progrès en Turquie.

« Sous leur accoutrement informe et grotesque, les femmes de Beyrouth portent un costume riche et fort élégant. Un gracieux turban ou une calotte d'or ciselé, des tresses de cheveux nombreuses, ornées de longues chaînes de sequins, une veste brodée ouverte sur la poitrine, de larges pantalons de soie, une ceinture de couleurs vives et variées, des brodequins rouges ou jaunes, voilà le costume que les femmes des classes aisées portent chez elles, et qui est si différent de celui que nous avons vu plus haut. Du reste, ici comme à Constantinople, comme dans le Liban, comme à Damas, comme en Palestine, tantôt elles se teignent les ongles en jaune, les cils et les sourcils en noir, les joues en rouge et en blanc, les lèvres en bleu ; tantôt elles dessinent des figures bizarres sur le front et autour de la bouche ; il n'y a pas de couleur qui n'ait son usage, ni de ridicule qui ne trouve sa place ; sous la tente, au désert comme dans les palais de Londres, de Vienne, de Paris, on veut partout corriger la nature, et on ne rend que plus apparentes les défectuosités que la résignation et la modestie voileraient infiniment mieux que la vanité et la peinture (1). »

« Le plus grand plaisir des femmes et des hommes, c'est le bain, le bain oriental qui n'a avec le nôtre rien de commun, si ce n'est le nom. Les bains, dans l'Orient, sont les étuves grecques et romaines, avec des raffinements plus sensuels encore. Les salles de bains se composent d'une suite de pièces qu'éclairent de petits dômes à vitraux peints. Pavées de marbres à compartiments de diverses couleurs, elles ont aussi des parois de mosaïque ou de marbre sculpté en colonnettes mauresques. La pièce qui sert d'entrée au *hammam* (*bain public*) est vaste, haute, garnie d'estrades où se déposent les vêtements. De là on passe dans diverses salles dont la chaleur augmente par gradations presque insensibles. C'est d'abord la température de l'air extérieur, puis une atmosphère douce et tiède, puis une raréfaction de plus en plus grande, jusqu'à la dernière pièce où la vapeur de l'eau bouillante s'élève des bassins, et suffoque presque ceux qui y arrivent. Le bain oriental ne se compose que d'aspersions et d'immersions, d'étuves ou de douches. Nulle cuve remplie n'attend celui qui se baigne ; mais couché sur le marbre, il se tient immobile sous un nuage odorant qui va pénétrer dans tous ses pores. Peu à peu, en effet, le corps s'ouvre à cette température insolite ; une moiteur douce et graduelle s'échappe de la peau, les fibres se dilatent, les membres s'assouplissent. Après cette première impression, arrivent les serviteurs du hammam qui saisissent le baigneur couché alors sur des nattes fines, la tête appuyée sur un coussin et abandonnant ses membres détendus.

---

(1) Mgr Mislin, *les Saints-Lieux*, I, VIII.

Le serviteur masse les chairs, fait craquer les jointures, et, la main garnie d'un gant de crin, il exerce sur tout le corps un frottement rapide qui porte le sang à la peau avec une vivacité incroyable. Cette friction, ce massage, auxquels les Européens ne se font qu'avec peine, est un des plus grands délices du bain oriental. Quand l'opération est finie, on éprouve une atonie vague et complète. Cet état, s'il durait, serait dangereux peut-être. Aussi ne le prolonge-t-on que peu de temps, à peu près comme on peut le faire dans les étuves de nos bains de vapeur ou d'eaux minérales. On quitte alors cette atmosphère brûlante pour passer en sortant par les salles que l'on a parcourues en entrant. Dans l'une d'elles, le serviteur du hammam reparaît avec de l'eau tiède qu'il jette en douches sur les épaules avec de la mousse de savon et de l'eau de rose destinée à parfumer le corps, puis il laisse le baigneur étendu sur un divan, où le tabac aromatisé, le café, les sorbets réparent les forces. Ce bain, qui dure ainsi plusieurs heures, fait la grande préoccupation du Musulman. Au bain, les femmes turques trouvent la seule distraction permise à leur réclusion; elles y traitent de leurs petites affaires, de toilettes, de mariages, etc. Les hommes, qui n'approchent pas de ces établissements aux heures où les femmes sont admises, s'y réunissent comme dans un cercle pour deviser sur les choses de la politique et du commerce (1). »

J'ai fait usage de ces bains à Jérusalem et à Beyrouth, un peu par hygiène et un peu par curiosité, mais j'avoue que je ne leur ai pas trouvé le même attrait que les Orientaux.

Allons maintenant du côté de la mer. Le quai est très-resserré, le port est ouvert à des vents qui, à certaines époques de l'année, le rendent encore plus dangereux que son fond de roc. Les agitations de la mer s'y font sentir d'une manière assez forte pour que la communication entre les navires et la terre soit fréquemment impossible. Aussi les vaisseaux se tiennent-ils à un quart de lieue du rivage, ce qui ne les empêche pas quelquefois d'être brisés contre les récifs, pendant les tempêtes. A l'entrée du port on voit une grosse tour carrée qui est bâtie dans les flots et se relie au quai par de massives constructions. C'était sans doute une forteresse destinée à défendre

---

(1) *La Syrie*, par Laorty-Hadji, II.

le port. On attribue sa fondation aux Croisés. Vivent les Turcs pour leur empressement à cicatriser leurs plaies et à restaurer leurs édifices ! Il y a plus de vingt-cinq ans que ce fort a été délabré par le bombardement des Anglais, et depuis cette époque on n'a pas songé à relever ses ruines, pas même à boucher un seul des trous faits par les boulets. Au moment où je me trouvais à Beyrouth, l'escadre française mouillait en rade pour protéger les chrétiens. Un jour je m'y transportai. Je montai à bord de l'*Algésiras*, commandé par le contre-amiral Pâris qui me reçut dans son splendide salon, et m'honora d'un accueil plein d'affabilité. Il venait aussi de visiter Jérusalem, et me disait que son pèlerinage l'avait extrêmement intéressé. L'amiral Pâris n'est pas seulement un des hommes les plus éminents de notre armée navale, c'est aussi un excellent chrétien. Il dessine à merveille quoiqu'il soit privé d'un bras et me montra un très-joli album dans lequel il avait habilement retracé les principaux sanctuaires de la Ville-Sainte. Je visitai ensuite le *Redoutable* et la *Bretagne*, commandée par le vice-amiral Le-Barbier-de-Tinant. Quelle immense et admirable machine! C'est toute une petite ville dans laquelle règne l'ordre le plus parfait. La *Bretagne* est un des plus grands vaisseaux de la flotte française. Il a 90 mètres de long, porte 1,250 hommes et 140 canons. A bord de ces vaisseaux, j'avais une vue complète de Beyrouth et de son golfe. Aucune des brillantes descriptions que l'on a faites de cette ville ne peut donner une idée de ces sites magnifiques, de cette rade aux ondes argentées, de cette cité semblable, pour employer le style oriental, à une charmante sultane accoudée sur un coussin vert, et regardant les flots dans sa rêveuse indolence. Les blanches terrasses des maisons, surmontées çà et là par les flèches légères des minarets et les cimes des palmiers, se détachent sur les bosquets des orangers, des figuiers, des grenadiers. Une large forêt entoure la ville jusqu'aux premières pentes du Liban dont les sommets majestueux encadrent ce tableau enchanteur, en confondant leurs teintes violacées avec l'azur de la voûte céleste.

Ce qu'il y a de particulier à Beyrouth, c'est que les faubourgs sont presque aussi considérables que la ville elle-même; ils se composent d'habitations dont plusieurs sont de très-belles villas, parsemées au milieu de jardins à riche végétation.

La population de Beyrouth s'accroît chaque jour, non-seulement à cause de son commerce maritime et de sa position avantageuse, mais encore parce que, à la suite des massacres de Damas, un grand nombre de chrétiens de cette ville et du Liban, sont venus chercher là une sécurité qu'ils ne rencontrent pas ailleurs. On y compte environ 60,000 âmes dont un tiers seulement est mahométan. Les Grecs, les Maronites et les Franciscains y ont de jolies églises. Les Capucins dirigent une école et la paroisse latine de 12,000 âmes. Les Jésuites donnent aux jeunes garçons une éducation excellente dans leur collége dont l'externat réunit 300 élèves, de toutes races et de tous cultes. Ils ont même organisé une typographie polyglotte qui leur permet de répandre à bon marché des livres religieux et instructifs en arabe, en turc, en syriaque, etc. Sur la promenade qui longe les murs de la ville au midi, on voit un grand bâtiment européen : c'est un hôpital fondé en 1847, sous le patronage de la France. Il est desservi par les Lazaristes et les Sœurs de Saint-Vincent-de-Paul qui, là comme partout, offrent au monde les plus beaux exemples du dévouement qu'inspire la charité chrétienne. Dans le même établissement, les Sœurs tiennent quatre classes ouvertes à 400 jeunes filles catholiques et schismatiques, et de plus elles ont un pensionnat, un orphelinat et un dispensaire où l'on n'a pas compté moins de 35,566 consultations et pansements en moyenne par année. Le nombre des malades visités à domicile ou dans les prisons s'est élevé, dans le même temps, à 3,500.

Je remarquai dans la campagne un vaste château tout neuf, c'est une école dans laquelle les protestants procurent aux enfants du Liban une éducation plus ou moins relevée, à la condition qu'ils renonceront à la foi de leurs ancêtres pour embrasser les erreurs de Luther et de Calvin. Ces missionnaires Anglais ou Allemands, distribuent des bibles à profusion et déploient une excessive activité pour s'attirer même les catholiques. Mais leurs efforts ont peu de succès, car les Maronites et autres chrétiens de Syrie sont très-attachés à leur religion, et ne se soucient pas de la quitter pour le culte si froid du protestantisme.

J'aimais à me promener dans les environs de Beyrouth. Tantôt je parcourais le rivage de cette mer de Phénicie, sillonnée dans les temps anciens par les galères qui faisaient le commerce du monde et maintenant solitaire; tantôt je me rendais au bois des Pins, situé à une demi-lieue de la ville. Ses arbres forment de frais ombrages en étendant en parasol leurs têtes verdoyantes; ces Champs-Elysées de Beyrouth sont très-fréquentés le dimanche. On dit que l'émir Fakreddin a planté ces pins pour arrêter les sables qui, chassés par les vents du sud, s'amoncellent en hautes dunes et, s'avançant d'année en année, menacent d'ensevelir, dans un temps indéterminé, la gracieuse Beyrouth.

La plaine qui descend du Liban jusqu'à Beyrouth est couverte d'une belle culture. On y voit des plantations de mûriers, de cannes à sucre, de cotonniers, de maïs, etc. Le palmier n'y est pas rare, sa haute tige s'élance dans les airs au-dessus de tous les autres végétaux, surmontée d'un dôme de feuillage comme d'une couronne royale d'émeraude. C'est dans une habitation située au milieu de cette campagne que résidait M. de Lamartine pendant son séjour à Beyrouth, et c'est là qu'il eut la douleur de perdre sa fille unique. Le P. de Géramb y a vu *Julia* de Lamartine; il dit que c'était une des jeunes personnes les plus aimables qu'il ait rencontrées dans sa vie, qu'elle avait une figure angélique et réunissait à un degré supérieur l'esprit, la candeur et la bonté. Cette charmante enfant mourut à l'âge de dix ans après une courte maladie, le 7 décembre 1832, au moment où sa santé, altérée en France, paraissait complètement rétablie par la douce température de l'Asie. Ses funérailles furent célébrées à l'église des Capucins, en présence des évêques et prêtres catholiques des différents rites orientaux, ainsi que d'une foule innombrable. Son corps fut embaumé et transporté ensuite à Saint-Point.

M. Delaroière, un des compagnons de voyage de notre grand poète, fait au sujet de cette mort ces sages réflexions : « Que ceux qui s'appuient sur les choses humaines, qui croient que la fortune, la gloire et le génie peuvent donner ce bonheur après lequel nous courons tous, auraient été vite désabusés, s'ils avaient vécu avec nous ! Combien le sort du pauvre qui n'a autour de lui qu'une jeune famille que ses bras nourrissent, qui n'a pour toute joie dans ce monde que les caresses de ses enfants, quand le soir il vient se reposer de son travail, était préférable à tout l'éclat, à tout le brillant qui environnait notre triste demeure ! Jamais je n'ai vu d'une manière plus frappante le néant de la félicité humaine, et combien celui-là seul qui promet le bonheur pour l'éternité, peut l'assurer ici-bas (1). »

II — DEIR-EL-KAMAR

Deir-el-Kamar n'est éloigné que de cinq lieues de Beyrouth ; il a acquis une triste notoriété depuis les massacres de 1860, je voulus le visiter. La route est assez pittoresque, mais elle est pénible, car elle traverse une des chaînes du Liban. Ici il faut monter pendant un quart de lieue, là il faut descendre. La plus longue de ces rampes a été bien améliorée par nos soldats pendant leur séjour à Beyrouth. Ils ont taillé le rocher en forme de marches et en ont fait un escalier de géants. A moitié chemin, je m'arrêtai dans un village pour déjeuner. Le premier étage du Khan où je m'installai était occupé par un poste turc. On ne s'imaginerait pas à quoi passaient leur temps les descendants de ces terribles Osmanlis qui ont conquis l'Asie, l'Afrique et la moitié de l'Europe... Ils filaient !

Deir-el-Kamar (le couvent de la lune) n'était primitivement qu'un couvent, et est devenu un gros bourg, comme cela est souvent arrivé en France, par l'agglomération des maisons particulières qui s'empressèrent de se grouper auprès de l'établissement monastique. Il est dans une singulière position : ses maisons carrées, assises sur les pentes presque à pic d'une montagne, sont dominées par des masses de rochers ; le coteau inférieur est couvert de jardins en terrasses qui s'abaissent jusqu'au fond d'une large vallée de l'autre côté de laquelle se dressent d'autres rochers, comme une immense muraille.

La population, presque toute chrétienne, se monte à 8,000 habitants. Dans quel état déplorable se trouvait Deir-el-Kamar, lorsque j'y parvins ! Une année seulement s'était écoulée depuis que les Druses l'avaient ensanglanté et à moitié détruit. De toutes ces maisons solidement construites en pierres, il ne restait que les quatre murs ; les toits avaient été dévorés par l'incendie dont on voyait encore les traces

---

(1) *Voyage en Orient,* XXIV.

lugubres. Un tiers à peine des habitations était restauré, et quelques maçons travaillaient, avec leur indolence proverbiale, à en relever d'autres.

Le *Moniteur* a donné, en 1860, des détails précis sur les scènes horribles qui ont fait frémir l'Europe ; je n'en extrais que ces lignes :

« Maîtres de Deir-el-Kamar, les Druses, après avoir désarmé les chrétiens, commencèrent le pillage qui dura toute la nuit du 19 au 20 juin. Dès le matin, les Druses des districts mixtes arrivèrent pour y prendre part avec leurs femmes et leurs enfants, sans que les soldats turcs fissent la moindre tentative pour les arrêter. Le massacre succéda alors au pillage ; personne ne fut épargné ; des enfants furent égorgés sur les genoux de leurs mères, des femmes et des filles violées et éventrées sous les yeux de leurs maris et de leurs pères. On dépéçait les hommes dans les rues à coups de hache ; des femmes furent brûlées après avoir été baignées dans le sang de leurs enfants ; les religieuses elles-mêmes ne furent point épargnées. La ville était jonchée de cadavres, et les rues ruisselaient de sang. Cependant 500 chrétiens environ avaient trouvé un refuge avec leurs familles dans le palais du gouverneur Turc. Excités par le carnage, les Druses réclamèrent ces malheureuses victimes, qui leur furent aussitôt livrées. Ceux qui avaient trouvé dans le sérail un asile momentané, en étaient chassés par les soldats eux-mêmes à coups de baïonnettes. Deux chrétiens qui s'étaient réfugiés sur les terrasses de la caserne furent découverts par les Turcs et précipités dans la rue... Deux mille personnes, au moins, ont péri sous les coups de ces forcenés. »

M. Lenormant, dans une lettre adressée de Beyrouth à l'*Ami de la religion*, le 1er juillet 1860, porte le nombre des chrétiens massacrés en ces lieux à 2,730 personnes. Il atteste en outre que la dérision favorite des Druses et des Turcs dans ces fatales journées était d'égorger sur la croix les infortunés, en leur disant : « Pourquoi ton Dieu ne te sauve-t-il pas maintenant ? » D'autres furent tués sur le drapeau français avec des injures analogues.

Il est certain que ces affreux massacres ont été exécutés avec la connivence des hauts fonctionnaires du sultan dont le premier devoir était de les empêcher, et qui auraient pu le faire. Quelle infernale trahison ! Au palais du gouverneur, on me montra une chambre dans laquelle une foule de chrétiens avaient été égorgés, et une sorte de gouttière par laquelle le sang humain avait coulé comme l'eau. On avait lavé ces pierres, mais je remarquai avec tristesse une teinte sanguinolente en certains endroits.

Presque en face de Deir-el-Kamar, de l'autre côté d'un profond ravin et sur un rocher escarpé, s'élève un édifice nommé Beiteddin. Je m'y rendis. Ce palais est le plus beau du Liban, et un des monuments les plus intéressants du style moresque; tous les voyageurs l'admirent pour sa construction grandiose et forte, et sa riche ornementation. Malheureusement il est en partie ruiné, moins par le temps que par le fait des Turcs qui y tenaient garnison avant l'arrivée de l'armée française. C'est là que résidait le fameux émir Beschir, qui fut, pendant plus de trente ans, le roi presque indépendant du Liban. Allié forcé d'Ibrahim-Pacha, il tomba par suite de l'intervention anglaise en Syrie, en 1840, et finit misérablement ses jours à Constantinople.

Un large et sombre portique sert d'entrée à de grandes cours embellies de bassins, de jets d'eau, de cyprès et de chênes énormes. De longues galeries d'arcades en ogive, de riches façades garnies de sculptures, de hautes portes avec des décorations de marbre et de bois doré, de mosaïques et de rinceaux artistement disposés, des colonnettes, des dômes, des tours, réalisaient sur ce sommet du Liban toutes les féeries de l'architecture orientale. On y trouve des chambres innombrables, une salle de bain très-luxueuse, couverte par une coupole en verres de couleurs, les salons des femmes avec des plafonds et des pavés ornés d'arabesques, des murs peints des nuances les plus vives. Plusieurs portes sont surmontées d'inscriptions gravées en arabe; en voici une qu'on m'a lue, elle est digne d'être chrétienne : « La crainte de Dieu est le commencement de la sagesse; craignez-le en contemplant ses bienfaits; et si vous regardez les deux paradis, choisissez celui qui durera. » On y voit aussi une chapelle et une mosquée délabrées; car la politique de l'émir Beschir était de paraître Chrétien avec les Chrétiens, Musulman avec les Musulmans, et Druse avec les Druses. Une seule pièce est restée intacte, c'est celle qui renferme les tombeaux de plusieurs épouses de l'émir Beschir. Ce mausolée est en marbre blanc sculpté et chargé de caractères arabes qui retracent, en langage emphatique, les noms et les qualités, vraies ou supposées, des princesses. Il a l'aspect des tombes musulmanes. Pendant l'expédition en Syrie nos troupes ont occupé Beiteddin, et elles y ont laissé un souvenir de leur passage : dans une petite chambre on a peint à fresque, sur les murs, des casques, des drapeaux tricolores, des tambours, des fusils, en un mot, tous les attributs de la Bellone française. Ce n'est pas sans un sensible plaisir que le voyageur rencontre ces glorieux insignes, qui lui rappellent sa patrie absente.

Le château de Beiteddin a de jolis jardins et des écuries, autrefois très-vantées, qui peuvent contenir cinq cents chevaux.

Outre ce palais auquel un autre plus petit est adjacent, on en voit trois autres placés sur la colline en face; tous furent construits par l'émir Beschir il n'y a pas plus de soixante ans, et ils sont déserts aujourd'hui. Rien n'est plus charmant et plus poétique que ces demeures princières, entourées de parterres fleuris et d'arbres suspendus sur les précipices d'une vallée profonde, toute plantée de vignes ou d'oliviers, et dominée par des montagnes abruptes qui s'inclinent jusqu'au bord de la mer de Syrie, à la limite de l'horizon.

Avant de quitter Deir-el-Kamar, l'ancienne capitale des Druses, disons un mot de cette nation ; elle se partage avec les Maronites l'empire du Liban. Un calife fathimite, Hakem, le Néron de l'Egypte, entreprit de se faire passer pour Dieu et trouva des adorateurs dans un peuple ignorant et corrompu. Le premier apôtre de cette religion impie fut un Turc dépravé, nommé *Durzi*, et c'est de lui que les Druses ont pris leur nom, d'après l'opinion de Sylvestre de Sacy regardé, par M. Poujoulat, comme *le roi de la science orientale*. Après la mort d'Hakem, ses sectateurs chassés de l'Egypte vinrent se réfugier dans les montagnes du Liban. Les Maronites se virent forcés de céder une partie de leurs terres à ces envahisseurs : ce fut la source de toutes leurs calamités. Pour le genre de vie, la forme du gouvernement, la langue et les usages, ces deux nations se ressemblent beaucoup ; mais leurs religions sont bien différentes. Celle des Druses a été longtemps pour nous une énigme ; voici ce que l'on sait sur leurs dogmes fondamentaux. Les Druses ne reconnaissent qu'un seul Dieu, mais ce Dieu s'est incarné dix fois, la dernière fois dans Hakem. Ce calife reviendra au jour du jugement et règnera par la force. Il récompensera ses disciples en leur prodiguant les richesses et les royautés, et réduira les autres hommes à l'état d'esclaves des croyants. Un mauvais esprit, nommé Iblis, lutte sans cesse contre le bien. Chaque homme ne meurt que pour revivre aussitôt dans une personnalité différente, avec le pouvoir indéfini de perfectionner son être. Au point de vue religieux, la population druse est divisée en deux classes : celle des *Akkals* (*spirituels ou initiés*), et celle des *Djahels* (*non initiés ou ignorants*). De la seconde on peut entrer dans la première, en subissant une série d'épreuves qui constituent une initiation à plusieurs degrés. C'est comme une espèce de franc-maçonnerie ouverte à tous, et dans le sein de laquelle les riches, les cheiks eux-mêmes, traitent sur un pied d'égalité avec tous les initiés du même degré, quelle que soit d'ailleurs leur condition sociale. Les non initiés n'ont pas droit à une place dans le paradis. Les Druses n'ont ni prêtres ni mosquées. Ils se réunissent de temps en temps, soit dans une maison, soit sous un arbre, non point pour se livrer à la prière, mais pour y traiter des mystères de leur culte empruntés aux hiérophantes d'Egypte. On dit qu'ils adorent un veau ; ce serait une réminiscence du bœuf Apis.

Ces païens respectent l'Evangile et le Coran, n'épousent qu'une seule femme, mais divorcent pour le moindre prétexte. Ils sont bien faits, forts et courageux. Ils habitent particulièrement la région qui s'étend depuis le Nahr-el-Kelb jusqu'à Tyr. On les distingue des autres Syriens par une espèce de blouse sans manches, à larges raies de couleurs variées, ainsi que par un turban, souvent blanc, assez élevé et renflé au milieu. Ils quittent rarement leurs armes.

« Il faut dire un mot des cornes des femmes druses. Quoique tous les voyageurs en aient parlé, elles sont si extraordinaires, que, malgré tant de témoignages, on est toujours tenté de les révoquer en doute. Donc les femmes druses portent sur le haut de la tête un tube en cuivre, souvent en argent, quelquefois doré et orné de ciselures; il est long d'un pied et demi, et peut avoir deux pouces de diamètre à sa base et un pouce seulement au sommet : il se nomme *tantour*, c'est-à-dire *corne*. Il penche un peu en avant; il est fortement serré à la tête par des courroies, et tenu en équilibre par des boules de même métal, faisant contre-poids, qui sont attachées à cette corne par de petites chaînes, et qui descendent par-derrière jusqu'au milieu du corps. Un voile blanc et léger s'accroche au sommet, et se divise en descendant de chaque côté de la figure pour la couvrir au besoin. Cette coiffure ridicule, qui a l'aspect des rideaux de nos lits ajustés sur des têtes humaines, prouve jusqu'où peut aller le ridicule quand il a pour mobile la vanité. Chez les Druses et les Métoualis, la plupart des femmes mariées portent cet étrange ornement qui commence néanmoins à se perdre (1). »

Chez plusieurs peuples de l'antiquité, tels que les Hébreux, la corne était le symbole de la force et de la dignité. C'est ce qui nous explique divers passages de l'Ecriture-Sainte où la corne est mentionnée comme le signe de la puissance ou de l'orgueil ; par exemple, dans ce verset des psaumes, adressé aux impies : « Cessez de lever votre corne vers le ciel. » (*Ps.* 74.) Dans un autre endroit le psalmiste dit que la corne du juste s'élèvera avec gloire : « *Cornu ejus exaltabitur in gloriâ.* » (*Ps.* 111.)

Au XVII° siècle, l'émir Fakreddin fit monter la nation druse à un haut degré de prospérité. Il régnait depuis Beyrouth jusqu'à Saint-Jean-d'Acre. Lorsqu'il visita l'Italie, certains savants, en recherchant l'étymologie du nom de *Druse*, pensèrent qu'il ne pouvait venir que de *Dreux*, et que les Druses doivent descendre d'une colonie d'habitants de la ville de Dreux, qui, partis de France sous la conduite de leur comte, frère de Louis-le-Jeune, se seraient établis dans le Liban à l'époque de la seconde croisade. Cette étymologie est inadmissible, cependant les Druses l'ont adoptée. Fakreddin fut enchanté de sa prétendue origine française, non moins que du gracieux accueil qu'il reçut à la cour des Médicis, et il accorda sa protection aux Francs.

« Les Druses idolâtres sont les protégés du protestantisme et de l'Angleterre, dit Mgr Mislin, parce que les Maronites catholiques sont les protégés de la France. J'ai entendu moi-même un Anglais faire cet étrange raisonnement à un cheik maronite qui lui avait demandé pourquoi l'Angleterre chrétienne avait protégé les Druses contre les Chrétiens de la montagne. « L'Angleterre et la France, dit l'Anglais, sont deux puissances rivales, elles ont des intérêts opposés ; si donc la France établit dans votre pays son influence par les Maronites, il faut nécessairement que l'Angleterre cherche à la contre-balancer par

---

(1) *Les Saints-Lieux*, I, VIII.

les Druses. » — « Alors, répondit froidement le cheik, le jour où la France prendra parti pour Dieu, l'Angleterre prendra nécessairement parti pour le diable. »

En rentrant à Beyrouth, je remarquai sur mon passage que les Maronites me saluaient avec bienveillance, et les Druses, au contraire, me lançaient des regards farouches.

CHAPITRE III

LA ROUTE DE DAMAS — DAMAS — ABD-EL-KADER

I — LA ROUTE DE DAMAS

Une visite à Damas me souriait beaucoup. J'avais entendu dire des merveilles de cette ville, et pour y parvenir il faut franchir le Liban et l'Anti-Liban, en un mot traverser toute la Syrie dans sa largeur ; cette excursion me promettait donc d'être extrêmement intéressante ; je l'entrepris avec ardeur. La route carrossable exécutée par des ingénieurs français, de Beyrouth à Damas, est terminée maintenant, et les voitures font le trajet entre ces deux villes dans l'intervalle de douze heures ; à l'époque de mon voyage, cette voie difficile n'était achevée que jusqu'à Zahléh. Le 14 octobre 1861, je partis de Beyrouth pour Damas en compagnie de M. le comte de S*, Parisien, et de M. Thémistocles X*, fils du consul de Russie et de Grèce à Damas. A sept heures du matin, nous nous rendîmes sur la place des Canons pour monter dans la voiture publique qui allait à Zahléh ; ayant retenu nos places la veille, nous pensions être sûrs d'en avoir ; mais nous avions compté sans le Pacha. Son Excellence turque avait jugé à propos de faire voyager les femmes de son harem, et elle les avait colloquées dans l'omnibus sous la garde d'un eunuque ; il n'y avait donc point de place pour nous. Nous fîmes venir des chevaux de louage et nous partîmes accompagnés d'un moucre. Nous voilà gravissant les premières pentes du Liban.

Je ne dirai pas, comme un bon pèlerin du XVIIe siècle : « Le Liban est la plus haute, la plus grande, la plus belle, la plus fertile, la plus gentille, la plus riche, la plus terrible et la plus difficile et inaccessible montagne de toutes les montagnes de la Palestine (1) ; » mais je dirai que le Liban est célèbre dans le monde, et qu'il a eu l'honneur d'être chanté par l'Ecriture-Sainte comme l'emblème de la beauté la plus majestueuse. Son nom est répété jusqu'à soixante-sept fois dans l'Ancien-Testament. Isaïe, en voyant les grandeurs spirituelles de l'Eglise dans ses extases prophétiques, dit : « La gloire du Liban lui a été donnée (xxxv, 2.) » Le mot *Liban* signifie *blanc*, et est bien justifié par l'aspect de ces monts dont les cimes blanchâtres sont revêtues de neiges en plusieurs endroits. Le Liban se compose de deux chaînes qui se dirigent parallèlement du N.-E. au S.-O. Celle qui est le plus près de la Méditerranée s'appelle proprement le Liban ; l'autre est double et se nomme l'Anti-Liban. Ces deux chaînes sont séparées par une large plaine appellée anciennement *Cœlésyrie* (*Syrie creuse*), et par les arabes *Békaa* (*la plaine*). Leurs plus hauts sommets sont : dans le Liban, au nord, vis-à-vis de Djebel, le Sunnin, haut de 6,800 pieds ; et le Makmel, haut de 8,800 ; dans l'Anti-Liban, au sud, vis-à-vis de Saïda, le Grand-Hermon ou Djebel-Cheik, haut de 9,500 pieds. Les montagnes libanaises, en s'élevant les unes au-dessus des autres, présentent quatre zones bien distinctes. Le sol de la plus basse abonde en grains aux épis dorés ; la seconde est couverte en plusieurs endroits de beaux arbres fruitiers ; la troisième offre aux yeux des sapins toujours verts ; la quatrième, se confondant avec les nuages, est composée de rochers nus et stériles qui renferment des amas de neiges dans leurs cavités inaccessibles. C'est ce qui a fait dire à des poètes arabes que le Liban porte l'hiver sur sa tête, le printemps sur ses épaules, l'automne dans son sein, tandis que l'été sommeille à ses pieds. On ne peut exprimer combien est pittoresque la vue de ces montagnes aux découpures variées, dont chaque crête est dominée par un village, une église, un couvent. La main industrieuse de l'homme a encore embelli la nature, et en cherchant l'utile a trouvé l'agréable. Les habitants sont parvenus à rendre cultivables toutes les pentes de la montagne. Ils ont établi des irrigations nombreuses ; par de laborieux terrassements, ils ont arraché des pierres mêlées au sol, et en ont fait de petits murs destinés à retenir l'humus

---

(1) Le P. Boucher, *le Bouquet sacré*, p, 497.

fécond que les pluies de l'hiver pourraient entraîner en déracinant les plantes, de sorte que la partie moyenne du Liban ressemble à un immense escalier dont chaque gradin supporte un rang de vignes, de figuiers ou de mûriers.

De distance en distance on voit des Khans sur la route ; nous fîmes halte dans l'un d'eux pour déjeuner. Un Khan arabe ne répond pas exactement à l'idée que nous nous faisons d'une auberge ; ce n'est qu'une mauvaise échoppe où les voyageurs sont toujours sûrs de rencontrer de l'ombre et de l'eau plus ou moins fraîche : deux choses dont ils ont un besoin pressant ; puis beaucoup de puces dont ils se passeraient fort bien. Quatre murs surmontés d'une terrasse composent le khan ; sur un des côtés est un avant-toit fait avec des branches d'arbres ou des nattes ; c'est-là que les voyageurs s'établissent sur des bancs en pierre, tandis que les chevaux et les mules sont attachés à l'entour ; ils profitent de l'ombre quand ils en trouvent. Nous tirons de nos sacs des provisions, de la viande froide et des œufs durs. On peut avoir ordinairement au khan du café, des pipes et des raisins.

Nous atteignîmes la voiture de Beyrouth, et la manière dont le conducteur se faisait faire place nous amusa beaucoup. L'usage des voitures était encore inconnu en Syrie, et les arabes venaient voir l'omnibus, le *carroussa*, comme ils disent, avec la même curiosité que nous allions voir les chemins de fer, il y a vingt-sept ans. Le transport des marchandises s'opérait donc exclusivement à dos de chameaux, d'ânes ou de mulets, qui parcouraient la route par troupes nombreuses. Lorsque leur guide ne les faisait pas ranger assez vite sur les côtés du chemin et qu'ils gênaient le passage de la voiture, le conducteur descendait, tirait son couteau, en proférant toutes sortes de malédictions, puis il se précipitait comme un furieux sur les pauvres ânes, les bousculait, les faisait tomber à terre au risque de leur casser les pattes, et coupait les cordes qui retenaient les ballots de marchandises. Tout cela était fait avec une prestesse étonnante. Pendant ce temps, le muletier s'empressait de garer les autres bêtes pour leur éviter la même avanie, jurant entre ses dents qu'on ne l'y prendrait plus.

Notre route ne se composait que de montées et de descentes continuelles. Le soir approchait lorsque nous eûmes à faire une ascension plus longue et plus rapide que les autres ; nous gravissions la principale chaîne du Liban, et quand nous fûmes au sommet nous aperçûmes au bas les maisons de Zahléh, puis la plaine de Békaa et l'Anti-Liban qui la ferme. « Aucune montagne, pas même les Alpes, couvertes d'un côté par la sombre végétation des contrées du nord et de l'autre par les vignes, les amandiers, les citronniers de la riante Italie, n'offre un contraste aussi frappant que les deux versants du Liban. A l'occident, on trouve une population nombreuse, bienveillante, active ; des coteaux couverts d'habitations, de culture et de vie ; chaque rocher a sa source, chaque colline a son troupeau, chaque vallée a son fleuve ; sur les hautes montagnes on voit les chênes, les pins, les cèdres, à leur pied la mer de Syrie ; au contraire, la partie orientale est blanche, aride, inhabitée ; il n'y a ni eau, ni ombrage, ni culture. Quelques bédouins qui disparaissent aussitôt dans les ravins, quelques aigles qui se perdent dans les nues, sont les seuls êtres vivants que nous voyons dans ces déserts élevés (1). »

La nuit commençait lorsque nous vîmes un groupe de cavaliers qui couraient sur nous. Notre premier sentiment fut celui de la crainte ; mais bientôt nous fûmes rassurés. Ces hommes, loin d'être des agresseurs, étaient des amis, et ce qui nous semblait des lances n'était autre chose que les tuyaux de leurs pipes, tuyaux de cinq pieds de long. Un cheik arabe et chrétien de Zahléh, ayant appris notre arrivée, venait avec sa suite à notre rencontre pour nous faire une escorte d'honneur, et nous offrir une hospitalité que nous acceptâmes avec reconnaissance. Peu de temps après, nous parvînmes au gros village de Mallaka ; c'est comme le faubourg de Zahléh. Nous fûmes agréablement surpris de voir en ce lieu le drapeau national. Si loin qu'un Français puisse aller, sa patrie reparaît tout entière à la vue de son noble drapeau. En ce moment bien des souvenirs se pressèrent dans nos esprits.... La maison où flottaient nos couleurs était une auberge tenue par un français. Madame l'aubergiste se pavanait avec une très-large crinoline, que je ne m'attendais pas à rencontrer au-delà du Liban. Il est vrai que les modes parisiennes vont jusqu'au bout du monde. En un quart-d'heure nous fûmes à Zahléh.

C'est une ville nouvelle, bâtie en amphithéâtre sur les pentes rapides de deux coteaux séparés par un torrent, qui débouche d'une gorge sauvage. Un pont unit les deux quartiers. Vues de la hauteur,

(1) *Les Saints-Lieux*, I.

ses maisons cubiques, couvertes de toits plats, percées de trous réguliers qui forment les fenêtres, semblent de gros dés échappés au hasard du cornet d'un joueur, et répandus sur un tapis vert. Zahléh a été pillée et saccagée lors des massacres de 1860, mais quand je la visitai, l'année suivante, elle était déjà relevée en entier, grâce à l'activité de ses habitants qui sont très-industrieux. Leur nombre se monte à 15,000 sur lesquels on compte : 9,000 grecs catholiques, 3,000 maronites et 1,500 grecs schismatiques. Les grecs-unis ont là un évêque et un clergé considérable. En 1840, les Jésuites y ont fondé une mission qui, en peu de temps, a produit les plus heureux fruits. Un collége vint bientôt compléter cette œuvre ; il était dernièrement dirigé par un religieux aussi modeste que savant, appartenant à l'une des plus illustres familles d'Italie, le fils du prince Sorogna, de Parme. Les Jésuites ont aussi une maison et une église à Mallaka. Leurs écoles sont fréquentées par 1,000 élèves. C'est à Zahléh que les Sœurs arabes du Sacré-Cœur ont leur maison-mère. Ces pieuses filles se dispersent dans tous les villages de la Cœlésyrie, pour donner aux enfants une instruction qui leur manque absolument.

Ayant appris que le tombeau de Noé se montre dans le hameau musulman de Kérak, à une demi-lieue de Zahléh, je m'y fis conduire. Il faudrait n'avoir qu'une bien légère dose de curiosité, — et je n'en suis pas là précisément, — pour ne point désirer voir le sépulcre du second père du genre humain, surtout quand on n'a qu'une lieue à faire pour cela. Ce tombeau est placé sous un long édifice aplati, à côté d'une vieille mosquée bâtie avec les débris d'un temple païen. Il a une longueur de 34 mètres 77. On dit, en Asie, que les hommes antédiluviens étaient doués d'une stature gigantesque, et que Noé avait cent pieds de haut. En faisant la part de l'exagération orientale, qu'y aurait-il d'étonnant à ce que leur taille ait surpassé la nôtre d'une mesure proportionnée à leur longévité qui atteignait près de mille ans? (Mathusalem vécut jusqu'à 969 ans. *Genèse*, v, 27). Beaucoup de califes, Tamerlan entre autres, sont venus en pèlerinage à ce tombeau si célèbre dans tout l'Orient. Je laisse à d'autres le soin d'établir son authenticité qui, du reste, n'a rien d'improbable.

Notre cheik nous avait reçu à l'européenne, moins les lits toutefois; après un déjeuner confortable nous lui fîmes nos adieux. Reprenons la route de Damas.

Nous sommes ici dans la vallée de Békaa que nous devons traverser dans la direction du sud-est. Elle s'appelle aussi plaine de Baalbek, et encore plaine de Noé, parce qu'on croit que ce patriarche l'habita après le déluge. On y trouve plus de cent villages, et cependant elle paraît déserte tant elle est vaste. Son sol est à peu près inculte, mais il pourrait être très-fertile, car il est arrosé par de nombreux cours d'eau. Le principal est le Nahr-el-Litany qui la parcourt tout entière au milieu, du nord au sud. Nous passâmes ce fleuve sur un pont. Une heure après, nous avons franchi de même une autre rivière, c'est l'Anjar, un des affluents du Litany, puis il fallut gravir la première chaîne de l'anti-Liban. Elle est beaucoup moins belle que le Liban, et présente, comme ce dernier, deux versants très-différents l'un de l'autre ; mais ici le côté le moins effacé, le moins aride, regarde l'orient. Au bas de ce versant, nous arrivons au village d'Aithy, et aussitôt nous montons de nouveau les pentes escarpées de la seconde chaîne de l'Anti-Liban. Le jeune Thémistocle X*** s'était chargé de nous guider, mais il ne connaissait pas bien le chemin. Nous suivions, à peu de distance, les poteaux qui soutiennent le fil du télégraphe électrique de Beyrouth à Damas. A un moment pourtant, nous prîmes une fausse direction, et sans un arabe qui nous remit sur la route, nous aurions couché à la belle étoile. La nuit commençait déjà à étendre sur la terre son voile ténébreux, que nous étions encore à errer par monts et par vaux. Nous avions beau presser le pas de nos chevaux, les pauvres bêtes étaient harassées comme nous, et avaient plus envie de dormir que de courir. Généralement les montures de louage, en Syrie, sont de maigres rosses, d'autant moins vigoureuses que souvent on ne leur donne de nourriture que tout juste ce qu'il en faut pour qu'elles se tiennent sur les quatre pattes ; quelquefois même on ne leur en donne pas assez pour cela ; j'en ai vu la preuve en allant de Jaffa à Jérusalem. Nous ne savions pas dans combien de temps nous pourrions atteindre Dimas, et en nous voyant obligés de traverser de nuit des chemins affreux, et exposés aux attaques des Druses pillards, de sinistres pensées agitaient nos esprits. Thémistocle, habitant du pays, augmentait encore nos inquiétudes par ses tristes lamentations : « Hélas! quelle malheureuse journée pour nous, s'écriait-il. Les Druses vont tomber sur nous; ou bien nous allons être attaqués par les charbonniers qui sont établis sur le bord de la route et lancent souvent des coups de fusils aux voyageurs. » Tout cela n'était pas de nature à nous donner des idées couleur de rose. Mais que faire? Il n'y avait qu'à prendre patience, et c'est aussi le parti que j'adoptai. Enfin nous arrivâmes à ces redoutables charbonniers. Je pouvais les distinguer au milieu de leurs huttes en branchages, à la lueur blafarde des feux qu'ils attisaient en y jetant des fagots. A voir ces indigènes, dont la mine noire et rébarbative n'avait rien de bien rassurant, on eût dit les suppôts de Satan occupés à entretenir les brasiers de l'enfer. Nous continuâmes cependant notre route tout près d'eux, sans presser le pas, en tenant haut le seul fusil que nous eussions pour nous trois, et en chantant à gorge déployée comme des hommes qui sont au-dessus de toute crainte, quoique nous ne fussions pas tout-à-fait dans ce cas. Les charbonniers furent bons princes, ils se contentèrent de nous regarder passer, et une heure après nous étions à Dimas.

Quel détestable petit village! Il s'élève sur la pente rapide et poudreuse d'un plateau dont quelques arbustes clair-semés ne parviennent pas à rompre la monotonie. Ses maisons ne sont que de pauvres cabanes en pierres. Nous descendîmes chez le cheik; c'était la moins mauvaise demeure du pays et où nous devions être le plus en sûreté. Mais les dames du harem, qui nous avaient *soufflé* l'omnibus de Beyrouth à Zahléh, avaient fait de même à Dimas. Nous trouvâmes la cour du cheik encombrée de leurs litières, et on nous en refusa poliment l'entrée. Après plusieurs pourparlers, un homme nous conduisit dans une autre maison où une chambre, blanchie à la chaux et garnie de blé et autres provisions, nous fut assignée. Là nous dûmes vivre complétement à la mode arabe qui n'est pas souvent amie du confortable: pour siége, une natte étendue sur la terre; pour table, *idem;* pour lit, *idem.* Nous mourions de faim et de soif; pour nous désaltérer on nous donne de l'eau pure; le souper se fait bien attendre. On nous promet une salade, et déjà je m'en délecte comme d'un mets rafraîchissant. Enfin, le maître du logis apporte une douzaine de pains. C'était beaucoup pour trois convives, dira quelqu'un. Mais les pains arabes, remarquez-le, sont bien différents des nôtres; ce sont de petites galettes plates et rondes comme une assiette; elles sont très-légères et très-molles, de sorte qu'on peut en déchirer des morceaux et en faire des cornets pour prendre les aliments liquides, en guise de cuillers, lesquelles ne sont pas en usage. Les doigts servent de fourchettes et de couteaux. Un gamin place ensuite à nos pieds des écuelles de bois, d'une propreté douteuse, contenant du lait caillé, des raisins, des figues, puis un mets qui me semble inconnu. En regardant de plus près, je m'aperçois que ce sont des tomates encore toutes vertes, et remplies de leurs pépins. Elles sont coupées par morceaux, et nagent dans de l'huile saupoudrée de sel et de poivre. C'est, dit-on, la salade. J'aime beaucoup la salade ainsi que les tomates, mais non pas à la mode arabe. Le caillé est aigre. Je me rejette sur les raisins et les figues : ils sont à peine mûrs. Quant à la viande, il n'en est pas question. Après ce frugal repas, ce que nous avions de mieux à faire c'était de le compléter par le sommeil, car « *qui dort dîne,* » dit le proverbe. Nous nous étendons donc tout habillés sur nos nattes. — J'avais le corps brisé. — Mais Morphée ne daigne pas répandre sur nous ses pavots soporifiques. D'abord notre chambre est aussi chaude qu'une étuve, puis les moustiques et les puces nous lardent à qui mieux mieux, enfin les souris et les rats se mettent de la partie et piétinent nos membres fatigués. C'était à n'y pas tenir. Aussi, à bout de patience, nous nous levâmes tous les trois et allâmes prendre un peu l'air dans la cour. Mais ensuite il fallut bien rentrer, et nous coucher de nouveau sur nos nattes dont nous oubliâmes la dureté dans un sommeil réparateur.

Le lendemain matin, dès sept heures nous étions en route. Nous traversâmes d'abord un plateau désolé. Nous fûmes ensuite agréablement surpris de voir un long rideau de peupliers et de saules, et un fleuve serpentant à leur pied, c'était le Baradah. Ses eaux portent partout la fertilité. On les franchit sur un pont à Rabuhié; c'est là que nous faisons halte pour le repas. Quelle charmante oasis nous offre ce lieu ! Assis sous un noyer, nous sortons de nos sacs quelques pains, et nous buvons de l'eau limpide du Baradah. Cette rivière, après s'être divisée en sept branches, arrose Damas et sa riche vallée, puis va se perdre, à quelques lieues de la ville, dans des étangs nommés *Bahr-el-merdji (le lac des prairies)*. Le luxe du café ne nous est pas refusé; on nous l'apporte d'un khan placé non loin de là. Après nous être ainsi restaurés, continuons notre marche avec l'espoir d'arriver dans peu à Damas, dont nous ne sommes éloignés que de deux lieues à peine. Les sites les plus pittoresques se succèdent sans interruption. Nous apercevons devant nous une montagne nue et rocailleuse, c'est Djebel-Kasiun, sur laquelle, selon les Orientaux, Caïn a tué son frère Abel. Gravissons encore ses pentes escarpées, nous serons bientôt dédommagés de nos peines. Arrivés au sommet, nous nous trouvons sur une plate-forme de roc uni comme un marbre ; nos chevaux peuvent à peine s'y tenir; ils font des faux pas à chaque instant. Descendons par un passage étroit, creusé dans une roche crayeuse, nous voyons maintenant se dérouler sous nos yeux le panorama général de Damas, de son oasis et du désert qui l'entoure. C'est l'Orient dans toute sa magnificence. On comprend alors le mot de Mahomet sur Damas. Quand, des pentes où je me trouvais, il la contempla dans sa merveilleuse splendeur, il ne voulut pas y entrer : « On ne peut avoir qu'un seul paradis, et le mien est dans le ciel. » Et il tourna bride aussitôt. Peu de villes, au monde, présentent un aspect plus féerique que cette grande cité, *la perle de l'Orient*; aussi M. de Lamartine en a profité pour nous donner une belle description de son panorama. Je sais qu'il faut souvent se défier de l'enthousiasme poétique de l'illustre voyageur, dont la muse n'est pas toujours amie de la vérité; mais ici il peut lâcher les rênes de son Pégase sans qu'on le taxe d'exagération immodérée.

« Je marchais à la tête de la caravane, dit-il, à quelques pas derrière les arabes de Zebdany ; tout à coup ils s'arrêtent et poussent des cris de joie en me montrant une ouverture dans le rebord de la route; je m'approche, et mon regard plonge à travers l'échancrure de la roche, sur le plus magnifique et le plus étrange horizon qui ait jamais étonné un regard d'homme : c'était Damas et son désert sans borne, à quelques centaines de pieds sous mes pas. Le regard tombait d'abord sur la ville qui, entourée de ses remparts de marbre jaune et noir, flanquée de ses innombrables tours carrées, de distance en distance ; couronnée de ses créneaux sculptés, dominée par sa forêt de minarets de toutes formes, sillonnée par les sept branches de son fleuve et ses ruisseaux sans nombre, s'étendait à perte de vue dans un labyrinthe de jardins en fleurs, jetait ses bras immenses çà et là dans la vaste plaine, partout ombragée, partout pressée par la forêt de ses abricotiers, de ses sycomores, de ses arbres de toutes formes et de toute verdure ; semblait se perdre de temps en temps sous la voûte de ces arbres, puis reparaissait plus loin en larges lacs de maisons, de faubourgs; labyrinthe de jardins, de vergers, de palais, de ruisseaux, où l'œil se perdait et ne quittait un enchantement que pour en retrouver un autre. Nous ne marchions plus ; tous pressés à l'étroite ouverture du rocher percé comme une fenêtre, nous contemplions, tantôt avec des exclamations, tantôt en silence, le magique spectacle qui se déroulait ainsi subitement et tout entier sous nos yeux, au terme d'une route, à travers tant de rochers et de solitudes arides, au commencement d'un autre désert qui n'a pour bornes que Bagdad et Bassora, et qu'il faut quarante jours pour traverser. Enfin nous nous remîmes en marche ; le parapet de rochers qui nous cachait la plaine et la ville s'abaissait insensiblement, et nous laissa bientôt jouir en plein de tout l'horizon. Nous n'étions plus qu'à cinq cents pas des murs des faubourgs ; ces murs entourés de charmants kiosques et de maisons de campagne des formes et des architectures les plus orientales, brillent comme une enceinte d'or autour de Damas ; les tours carrées qui les flanquent et en surmontent la ligne sont incrustées d'arabesques, percées d'ogives à colonnettes minces comme des roseaux accouplés, et brodées de créneaux en turbans ; les murailles sont revêtues de pierres ou de marbres jaunes et noirs, alternés avec une élégante symétrie ; les cimes des cyprès et des autres grands arbres, qui s'élèvent des jardins et de l'intérieur de la ville, s'élancent au-dessus des murailles et des tours, et les couronnent d'une sombre verdure ; les innombrables coupoles des mosquées et des palais d'une ville de quatre cent mille âmes (!) répercutaient les rayons du soleil couchant, et les eaux bleues et brillantes des sept fleuves étincelaient et disparaissaient tour à tour à travers les rues et les jardins ; l'horizon, derrière la ville, était sans bornes comme la mer ; il se confondait avec les bords pourprés de ce ciel de feu qu'enflammait encore la réverbération des sables du grand désert ; sur la droite, les larges et hautes croupes de l'Anti-Liban fuyaient comme d'immenses vagues d'ombre, les unes derrière les autres, tantôt s'avançant comme des promontoires dans la plaine, tantôt s'ouvrant comme des golfes profonds, où la plaine s'engouffrait avec ses forêts et ses grands villages ; des branches de fleuve et deux grands lacs éclataient là, dans l'obscurité de la teinte générale de verdure où Damas semble comme englouti ; à notre gauche, la plaine était plus évasée, et ce n'était qu'à une distance de douze à quinze lieues qu'on retrouvait des cimes de montagnes, blanches de neige, qui brillaient dans le bleu du ciel, comme des nuages sur l'Océan. La ville est entièrement entourée d'une forêt de vergers d'arbres fruitiers, où les vignes s'enlacent comme à Naples, et courent en guirlandes parmi les figuiers, les abricotiers, les poiriers et les cerisiers ; au-dessous de ces arbres, la terre grasse, fertile et toujours arrosée, est tapissée d'orge, de blé, de maïs et de toutes les plantes légumineuses que ce sol produit ; de petites maisons blanches percent, çà et là, la verdure de ces forêts et servent de demeure au jardinier, ou de lieu de récréation à la famille du propriétaire ; ces jardins sont peuplés de chevaux, de moutons, de chameaux, de tourterelles, de tout ce qui anime les scènes de la nature, ils sont, en général, de la grandeur d'un ou deux arpents, et séparés les uns des autres par des murs de terre séchée au soleil ou par de belles haies vives ; une multitude de chemins, ombragés et bordés d'un ruisseau d'eau courante, circulent parmi ces jardins, passent d'un faubourg à l'autre, ou mènent à quelques portes de la ville : ils forment un rayon de vingt à trente lieues de circonférence autour de Damas (1). »

II — DAMAS

Le sentier escarpé nous a conduit dans le faubourg de Saléhiyéh. Nous pénétrons dans la ville par une porte de médiocre apparence. Aussitôt une odeur fétide se fait sentir ; bouchons nos narines et détournons les yeux : un cadavre de cheval, à demi-rongé par les chiens et par les vautours, est étendu sur un côté de la voie. Il est fâcheux qu'en Orient la malpropreté accompagne presque toujours la beauté. Nous parcourons ensuite une rue d'une largeur et d'une longueur démesurées, dont le pavé est affreusement mauvais. Nos pauvres chevaux ne savent où mettre le pied sur ces pierres larges et glissantes ; mais s'ils ne sont pas rassurés, nous le sommes encore moins qu'eux. Ce boulevard est bordé de jardins et de maisons. Après avoir traversé des bazars sans fin, mettons pied à terre à la porte de l'hôtel où

---

(1) Lamartine, *Voyage en Orient*, t, II.

locanda, comme on dit ici. Il est une heure, et nous sommes tellement harassés que le reste du jour doit être consacré au repos. Profitons-en pour jeter un coup-d'œil sur l'histoire de Damas.

Cette cité est l'une des plus anciennes du monde; elle était déjà considérable au temps d'Abraham (*Genèse*, xiv, 15), et c'est la seule de toutes celles mentionnées dans le premier de nos livres saints qui ait conservé son nom, son emplacement et son importance à travers les vicissitudes d'une existence de 3,800 ans. Eliézer, auquel fut confiée la charge d'aller chercher Rébecca en Mésopotamie, était Damasquin (*Genèse*, xv, 2). Selon Josèphe, Damas fut fondée par Us, fils d'Aram et petit-fils de Sem. Pendant la monarchie juive, elle devint la capitale de la Syrie (*Isaïe*, vii, 8), dont le chef est appelé roi de Damas (II *Paralip.* xxiv, 23). David s'en empara et y mit une garnison (II *Rois*, viii, 6). Elle a passé successivement sous la domination des Babyloniens, des Perses, des Macédoniens et des Romains. Dès le règne d'Achab, un quartier de la ville avait été cédé aux Juifs. Ils s'y multiplièrent et y firent de nombreux prosélytes. Les *Actes des Apôtres* nous apprennent que lorsque saint Paul vint à Damas, une communauté chrétienne s'y était déjà formée sous la direction d'Ananie. Pendant l'empire byzantin, Damas fut éclipsée par Antioche; elle se soumit, dès 633, au joug des Arabes. En devenant la résidence du calife Moawiah, fondateur de la dynastie des Ommiades, elle parut aussi le centre du plus puissant empire de cette époque; et, pendant près d'un siècle (661-747), les richesses, les arts, le commerce et les sciences l'élevèrent à un haut degré de gloire : c'est la plus brillante période de son histoire. En 1148, l'armée chrétienne commandée par Baudouin III, roi de Jérusalem, Louis VII, roi de France, et l'empereur d'Allemagne, Conrad, vint assiéger Damas. Les musulmans étaient sur le point de se rendre, lorsque de funestes divisions s'introduisant parmi les Croisés amenèrent leur défaite, puis leur retraite. Cette ville, qui avait vu un si grand nombre d'armées se disputer sa possession, n'eut jamais tant à souffrir que sous les Mongols. Tamerlan la livra aux flammes et passa ses habitants au fil de l'épée (1401). C'est à cette époque que Damas perdit ses célèbres manufactures de lames. Cependant, grâce aux avantages qu'elle offre au commerce par son heureuse position, elle se releva rapidement de ses ruines. Tombée au pouvoir des Mamelouks, elle fut prise, en 1516, par Sélim Iᵉʳ, qui l'incorpora à l'empire ottoman dont elle fait encore partie. Ibrahim-Pacha s'en empara en 1832, mais, en 1840, elle fut rendue au Sultan.

Damas est appelée *Demechk* par les Turcs; les Arabes la nomment *Scham* (*Syrie*), suivant leur habitude de donner le nom d'un pays à sa capitale. C'est la ville la plus populeuse de la Turquie d'Asie. Elle a une grande importance militaire comme résidence du Séraskier, ou commandant en chef de l'armée de Syrie, et le Pacha qui la gouverne est un des premiers de l'empire en sa qualité d'*Emir-el-Hadji*, conducteur de la caravane des pèlerins de la Mecque. L'enceinte des murailles forme un ovale dont le circuit est d'une lieue et demie, et dans lequel s'ouvrent dix-huit portes. Le Baradah arrose la cité par d'innombrables canaux; il n'y a pas une seconde ville au monde plus généreusement et plus habilement traitée sous ce rapport. Des réglements, de date immémoriale et d'une incroyable minutie, régissent la répartition de ses eaux entre toutes les maisons des différents quartiers qui ont chacune trois bassins.

Dans toutes les villes turques, on trouve une multitude de chiens qui n'appartiennent à personne, et élisent domicile dans les coins ou même au milieu des rues. Souvent dans nos promenades nous étions obligés de nous déranger, car ils ne daignent pas le faire, mais ils se contentent de mordre leurs agresseurs. Hors ce cas, ils ne font aucun mal. Ils se nourrissent de cadavres d'animaux abandonnés et des débris qu'ils rencontrent dans les immondices; ils font ainsi l'office d'agents-voyers sans en percevoir le traitement. Nulle part je n'ai vu la gent canine aussi nombreuse qu'à Damas, elle y pullule à foison. Chose extraordinaire, mais très-heureuse pour l'humanité, la rage n'atteint jamais les chiens en Orient.

Damas nous présente un attrait qu'aucune autre grande ville de Turquie ne partage avec elle. Par son isolement au fond de la Syrie et son peu de contact avec les Européens, elle a conservé, au plus haut degré, un caractère oriental et original qui frappe le voyageur dès les premiers pas. La population, aussi blanche que celle d'Europe, se distingue entre toutes par la beauté de ses traits, la noblesse de ses formes et la pureté de son sang arabe. Elle n'offre pas, comme à Constantinople et au Caire, cette variété de types résultant du mélange des races. Les difformités naturelles y sont très-rares. L'affreux uniforme des Turcs de la réforme et le costume européen, doué de la même laideur, ne s'y montrent pas souvent. Au milieu de cette foule pittoresque, glissent, comme des fantômes, les femmes couvertes de très-longs manteaux blancs; leur visage est caché par un voile noir percé de deux trous pour les yeux. Les rues sont étroites, tortueuses et mal pavées quand elles le sont; cependant quelques-unes ont de la largeur et de la propreté. Les principales sont terminées par de massives portes en bois qui ne produisent pas un gracieux effet. Les villes d'Orient ne sont jamais éclairées le soir, chacun doit donc porter avec soi sa lanterne, mais à Damas, j'ai vu des reverbères; il est vrai qu'ils sont d'une simplicité toute primitive : une petite veilleuse, au chevet d'un malade, donne autant de clarté; enfin cela vaut mieux que rien. C'est dans ces rues que le porte-étendard de Saladin se promena, par ordre de son maître mourant, tenant au bout d'une lance un morceau du drap dans lequel le calife devait être enseveli, et disant à haute voix : « Voilà ce que le maître de l'Orient emporte avec lui de toute sa gloire! » *Sic transit gloria mundi.*

Les maisons, recouvertes d'une espèce de boue grisâtre, n'ont à l'extérieur qu'une apparence pauvre et mesquine. Les palais n'ont guère un meilleur aspect; de sorte que l'intérieur de la ville est loin de répondre à son admirable panorama. Mais franchissez le seuil de ces habitations, vous êtes alors, comme par enchantement, transporté dans un monde nouveau, vous retrouvez là-dedans tout le luxe oriental, la splendeur poétique et la vie voluptueuse des contes arabes. Il est impossible aux Européens de visiter les maisons musulmanes, mais nous pouvons pénétrer dans celles des riches négociants juifs; en décrivant l'une d'elles, je les ferai connaître toutes, car ces demeures ne diffèrent que par le plus ou moins d'opulence. On entre d'abord dans un étroit corridor assez sombre qui aboutit, après plusieurs coudes, à une vaste cour carrée et pavée de marbre blanc ou de mosaïques, et au milieu de laquelle se trouve un large bassin également en marbre, entouré d'orangers, de citronniers, de grenadiers et d'une masse de fleurs dont les odeurs suaves embaument l'air. L'onde jaillit vers les cieux, en gerbes cristallines, pour retomber en rosée sur les jolis poissons aux écailles dorées qui se jouent dans le bassin. Les murs sont peints de larges raies multicolores, disposées horizontalement. Sur une des faces de la cour, s'ouvre une énorme baie ogivale (*Leidan*) qui forme une espèce de portique entouré d'un divan. A droite et à gauche de cette pièce, sont les portes des appartements éclairés par de grandes fenêtres et dont l'intérieur n'est pas indigne de cette gracieuse entrée. Mais c'est surtout dans la chambre principale, le salon d'été, que l'imagination arabe aime à déployer ses fantaisies les plus élégantes et les plus capricieuses. Le pavé est formé de deux plans d'inégale hauteur : la première partie, dallée de mosaïques, renferme un bassin octogone avec un jet d'eau ; le second plan, auquel on arrive par trois marches, est couvert de nattes d'Egypte ou de tapis de Perse, et entouré d'un moelleux divan. Les parois des murs sont revêtus de boiseries ou de plaques de marbre blanc découpées en arabesques légères, rehaussées de moulures d'or. Le plafond de bois peint est orné d'une rosace qui renferme dans ses cavités de petits miroirs. Une niche en forme d'ogive, sculptée avec soin, est pratiquée dans l'épaisseur du mur. Là sont réunis, comme sur une étagère, des narghilés précieux, des porcelaines chinoises, de petits coffrets incrustés de nacre, de charmantes tasses à café, des vases de cuivre ciselé contenant l'eau de rose, des cassolettes pour brûler les parfums, etc. Dans un coin de la cour, un escalier en bois conduit aux chambres du premier étage et au toit en terrasse. Il est facile de remarquer que les maisons, en Orient, sont construites sur le plan des maisons antiques de la Grèce et de Rome, telles que Pompéï nous les a révélées : un vestibule, comme chez les Romains, une cour quadrilatère et dallée sur laquelle donnent les ouvertures des principales pièces, un seul étage au-dessus du rez-de-chaussée, comme chez les Grecs ; peu ou point de fenêtres sur la rue, des toits en terrasse. Les maisons grecques étaient partagées en deux séries d'appartements : l'une pour les hommes, *l'Andronitis*, l'autre pour les femmes, *le Gynécée ;* ce qui existe encore en Orient. Mais si l'on examine les détails accessoires de ces habitations, toute analogie cesse, et l'art et le goût y diffèrent autant que l'élégance artistique des mœurs grecques diffère de l'apathie routinière des orientaux. Du reste, ceux-ci passent de même la journée en plein air et hors de chez eux, seulement ils ont pour forum les bazars et les cafés, et, au lieu de s'occuper des affaires publiques ou des spectacles de l'amphithéâtre, ils végètent dans la plus profonde ignorance et dans une enfance perpétuelle.

Mais je n'oublie pas que nous trouvons ici des souvenirs évangéliques qui nous intéressent vivement; commençons donc l'exploration de la cité damasquine par rechercher les traces du grand *Apôtre des nations*. Pour cela sortons d'abord par la porte orientale (*Bab-Charki*) pour aller, au sud-est de la ville, sur un emplacement situé à un quart d'heure des murailles, et qui est maintenant un cimetière chrétien. On y avait construit autrefois une église, il n'en reste seulement que quelques tronçons de colonnes. En cet endroit s'est opéré le miracle de la conversion de saint Paul, miracle qui emporte avec lui une si forte conviction pour tout esprit droit et sincère qu'un auteur anglais, Littleton, s'en est servi pour démontrer, par ce seul fait, la divinité de notre sainte religion. Paul, respirant encore la menace et altéré du sang des chrétiens, avait obtenu du grand-prêtre des lettres pour les synagogues de Damas, afin que s'il découvrait quelques disciples de cette religion, il les amenât prisonniers à Jérusalem. Comme il était en chemin et approchait de Damas, tout à coup une lumière du ciel l'environna, et, tombant à terre, il entendit une voix qui lui dit : « Saul, Saul, pourquoi me persécutes-tu? » — Il répondit : « Qui êtes-vous, Seigneur? » — « Je suis Jésus que tu persécutes. » — Effrayé et tremblant, Saul s'écrie : « Seigneur, que voulez-vous que je fasse? » — Et le Seigneur : « Lève-toi et entre dans la ville, on te dira ce qu'il faut que tu fasses. » Or, les compagnons de Saul restaient dans la stupéfaction, entendant une voix, mais n'apercevant personne. Saul se leva, et, ouvrant les yeux, il ne voyait point. On le prit par la main pour le conduire à Damas. (*Actes des Apôtres*, ix.). La tradition locale a varié sur le lieu de cette scène mémorable. Quelques-uns le placent à trois heures de marche de la ville, comme on le dit au P. de Géramb ; mais il résulte des expressions du texte sacré, que cet évènement a dû se passer à peu de distance de Damas, et par conséquent la tradition que je viens d'indiquer est la plus probable.

Pour éviter de revenir sur nos pas, considérons de suite un autre endroit célèbre encore par le souvenir de saint Paul. Saul était tombé à terre persécuteur des chrétiens, il se releva apôtre. Pendant le séjour qu'il fit à Damas, après sa conversion, il prêchait la divinité de Jésus-Christ dans les synagogues. Tous ceux qui l'entendaient étaient saisis d'étonnement, et ils disaient : « N'est-ce pas celui-ci qui persécutait dans Jérusalem ceux qui invoquaient ce nom (de Jésus), et qui est venu ici afin de les conduire prisonniers aux princes des prêtres? » Les juifs résolurent donc de le faire mourir, et pour cela ils gardaient jour et nuit les portes de la ville. Mais les disciples le descendirent pendant la nuit, dans une corbeille, le long de la muraille (*Actes*, ix, 20). Près de la porte bouchée de *Kisan*, on me montra une ouverture ogivale dans le rempart; c'est le lieu de l'évasion de saint Paul.

Rentrons dans Damas par la porte *Bab-Charki*, une des plus remarquables de la ville et la même par laquelle l'apôtre est rentré après sa conversion. Cette porte de construction romaine présente un aspect imposant. Elle avait trois arcs s'appuyant sur des piliers très-forts; celui du côté nord est seul en usage, les deux autres sont murés. L'entrée centrale est en plein cintre, et large de six mètres sur douze de hauteur. Saint Paul, pour se rendre dans la maison de Jude, suivit ensuite la *rue droite* qui aboutit à la porte dont je viens de parler. Cette rue occupe le même emplacement et garde le même nom que celle dont il est question aux *Actes des Apôtres* (ix, 11), elle traverse la ville dans toute sa longueur de l'est à l'ouest. Elle a environ 1,600 mètres de long et était autrefois ornée de colonnades, comme les rues de Palmyre et de Djérasch. La *rue droite* est toujours la principale et la plus riche artère de Damas. Rien ne change en effet, excepté les hommes, dans cet immuable Orient. Les descriptions de l'Écriture-Sainte, après plusieurs milliers d'années, s'appliquent encore exactement à l'état des pays dont elles nous représentent jusqu'aux moindres détails avec une invariable fidélité. La maison de Jude, qui eut l'honneur de donner l'hospitalité à saint Paul après sa conversion, est située dans la *rue droite*, non loin de la porte Bab-Charki. C'est là qu'Ananie se rendit par inspiration divine; il imposa les mains à Saul en lui disant : « Saul, mon frère, le Seigneur Jésus, qui t'est apparu dans le chemin par lequel tu venais, m'a envoyé afin que tu voies et que tu sois rempli du Saint-Esprit. » Et aussitôt Saul, devenu un vase d'élection, sentit tomber de ses yeux comme des écailles, et il recouvra la vue; il se leva et fut baptisé (*Actes*, ix, 17). Dans la même rue, à quarante pas plus loin, je vis la maison d'Ananie. Il n'en reste qu'un caveau dont les chrétiens ont fait une chapelle.

La *rue droite* partage la ville en trois quartiers : celui des Juifs, au sud; celui des Chrétiens, au nord-est, et celui des Turcs, au nord-ouest. Ce dernier est le plus important, il renferme les bazars, c'est-à-dire la partie la plus commerçante et la plus animée. On compte trente et un bazars. Plusieurs sont spécialement consacrés à un seul genre d'industrie ; tous sont des lieux de rendez-vous où l'on traite habituellement des affaires. En parcourant ces bazars qui se croisent en tous sens sur une immense étendue, je distinguai le *Khan-Assad-Pacha.* C'est à la fois une hôtellerie et une bourse où se réunissent les gros marchands. La porte de cette rotonde, en marbre blanc et noir, est d'un style élégant, c'est un chef-d'œuvre d'architecture arabe. L'édifice est surmonté de huit petits dômes que domine un dôme plus grand, soutenu par quatre piliers de marbre blanc et noir. Les murs sont revêtus de plaques de marbre de même couleur disposées symétriquement, comme les cases d'un damier. Au milieu du khan, un large bassin de marbre, orné d'un jet d'eau, sert à désaltérer les chevaux et à entretenir la fraîcheur. La salle est bordée de galeries qui renferment des boutiques et des cafés, et remplie de ballots de marchandises ainsi que de négociants discutant avec les acheteurs. Damas fait un commerce considérable avec les arabes du désert. Elle sert d'entrepôt pour tous les produits de la Perse et des Indes, qui arrivent par les caravanes de Bagdad et s'écoulent par celles de la Mecque. Les principaux objets de l'industrie indigène sont : les cuirs pour selles et pour chaussures, les savons, les confitures de fruits et les parfums. Ses fabriques de soie dite de *Damas*, et ses riches étoffes pour les abayéh ou manteaux, sont célèbres dans tout l'empire turc.

Les musulmans, privés de nos boissons ordinaires par leur religion qui leur défend l'usage du vin et autres liqueurs fermentées, se sont rejetés sur le café, l'opium et le tabac. Près de cent cinquante cafés existent à Damas. Ces établissements se composent de salles plus ou moins vastes, dallées de marbres, avec une voûte soutenue par des colonnes entre lesquelles règnent des divans. Des estrades bordent le tour des salles et sont recouvertes de tapis diaprés ou de simples nattes. Les longues pipes, disposées en forme de couronne autour des bassins pleins d'eau, sont constamment au service des habitués.

Favorables par le calme et leur riante situation à la sensualité paresseuse des Asiatiques, les cafés sont toujours remplis d'une foule bigarrée qui vient là humer les parfums de la liqueur amère et aspirer les fumées du narghiléh ; car jouer aux échecs, boire ou fumer silencieusement, à l'abri du soleil sous de frais ombrages, telles sont les charmes de la vie des Turcs et des Arabes ; on pourrait presque dire, c'est toute leur existence.

C'est aussi dans les cafés qu'ils prennent ce repos si délicieux, qui n'est autre chose que l'oisiveté égoïste élevée à sa plus haute puissance; ils l'expriment par le mot *keff*, presque intraduisible pour nous, signifiant dans une seule syllabe : *bonheur intime* et *inaction*. M. C. Didier va nous apprendre ce que c'est que *faire son keff*. « Lorsqu'un arabe a terminé ses affaires, quelles qu'elles soient, et que sa journée est finie, il se retire dans son harem, quitte son costume de ville, s'habille à la légère, prend sa pipe, s'établit les jambes en croix sur son divan, et là se plonge insensiblement, tout en fumant, dans une somnolence physique et morale qui participe du sommeil et de la veille, sans être ni l'un ni l'autre. Personne au monde, sa femme elle-même, n'oserait le troubler dans ce moment solennel. Cet état mixte, intermédiaire entre l'être et le non-être, indéfinissable, incompréhensible pour un Européen, n'est que la réalisation et comme la mise en pratique de cette maxime orientale qu'il vaut mieux être assis que debout, couché qu'assis, endormi que couché, et mort qu'endormi. Pourtant ce n'est pas la mort : on ne pense pas, on ne sent pas, on ne rêve pas, on ne vit pas, mais on respire, on existe à la manière des plantes, ce qui, pour un Arabe, est le souverain bien et l'avant-goût de la béatitude éternelle. Voilà ce qu'on appelle faire son *keff* (1). »

Le plus beau monument de Damas, c'est la grande mosquée, *Djamia-el-Amwi* (*mosquée des Ommiades*). L'entrée de cet édifice est formellement interdite aux Chrétiens par le fanatisme musulman; à peine nous permet-on de nous arrêter devant les portes pour examiner à l'intérieur. Une fois que je jetais des regards attentifs dans la cour de cette mosquée, un turc en m'apercevant se plaça au milieu de la porte, les bras étendus et les poings fermés, en me lançant des œillades si féroces que je fis céder la curiosité à la prudence, et je continuai mon chemin. J'emprunte donc à d'autres voyageurs des détails sur la grande Mosquée.

(1) *Séjour chez le Grand-Chérif de la Mecque*, VI.

Elle occupe avec ses dépendances un espace rectangulaire de 160^m de long sur 105 de large. La mosquée proprement dite est formée par l'ancienne église chrétienne de Saint-Jean, et mesure environ 140^m de long sur 40 de large. Elle est divisée en trois nefs parallèles au grand axe de l'édifice, recouvertes par trois toits à fronton triangulaire, et soutenues à l'intérieur par une double colonnade surmontée d'arcs en plein-cintre. Il n'y a pas de plafond ; comme à la basilique de Bethléem, et à la mosquée El-Aksa de Jérusalem, on voit les poutres qui supportent le toit couvert extérieurement en plomb. L'édifice est coupé en deux parties égales par un transsept à fronton triangulaire qui s'appuie intérieurement sur huit gros piliers. Du centre du transsept s'élève une coupole de 15^m de diamètre et de 35^m de hauteur, reposant sur quatre des piliers.

L'intérieur de la mosquée est pavé de dalles de marbre, revêtues de nattes et de tapis. On y voit un joli édicule en bois sculpté, surmonté d'un dôme : il est placé au-dessus d'un caveau où la tête de saint Jean-Baptiste est conservée, — disent les Turcs, — dans une cassette en or. Le mihrab, orné de marbres variés et de briques peintes, est fort beau. La chaire est en chêne bien travaillé.

Au nord de cette mosquée, dont la grande porte d'entrée ressemble exactement à celle d'une église, s'étend une cour spacieuse entourée d'arcades formées par des colonnes en marbre et en granit. Au milieu se trouve une fontaine à coupole octogone, ornée de colonnettes.

La *Djamia-el-Amwi* est accompagnée de trois élégants minarets assez semblables à nos clochers, et dont l'un, nommé *Médinet-Aysa* (*minaret de Jésus*), atteint 60^m de hauteur.

Après ce monument, le plus considérable de la ville c'est la citadelle, vaste bâtiment rectangulaire de 280^m de long sur 200 de large, muni de tours massives. Malgré son aspect imposant, cette forteresse n'a aucune importance militaire, car tout ce qui n'a pas croulé déjà y est croulant et n'attend qu'un prétexte pour tomber.

Un jour où je me promenais seul au milieu de Damas, après avoir traversé une ruelle dominée par les hautes murailles de la forteresse, je m'arrêtai saisi d'admiration. J'avais devant moi un des arbres les plus curieux qui existent dans l'univers. C'est un platane dont l'âge doit être très-respectable. Le tronc de ce géant du règne végétal a environ 44 pieds de circonférence, et élève à plus de 100 pieds ses branches énormes où la sève pousse avec vigueur.

Damas renferme plus de trois cents mosquées, la plupart fort belles; je citerai entre autres la Djamia-el-Senaniyéh, dont l'intérieur est richement orné de colonnes en marbre; son gracieux minaret se distingue des autres par les brillantes tuiles vertes dont il est revêtu. De nombreuses écoles sont jointes aux mosquées; on n'y fait que des études très-élémentaires. Les Damasquins couvrent les murs de leurs mosquées, maisons particulières, cafés, etc., à l'intérieur comme à l'extérieur, de larges raies tricolores disposées horizontalement; ils affectionnent surtout nos couleurs nationales, — je les ai vues sur plusieurs mosquées et sur la maison que j'habitais; — mais on se tromperait beaucoup si on voyait en cela un indice de leur amour pour la France.

Le palais du Séraskier, commandant en chef de l'armée de Syrie, est un des plus grands de Damas. Une caserne y est annexée. Les soldats turcs sont habillés, sont armés et manœuvrent à l'européenne, depuis la réforme du Nizam par Mahmoud. Ils ont pour vêtement une tunique et un pantalon vert foncé, pour coiffure une calotte rouge à gland bleu surmontée d'une plaque de cuivre. Leur tenue n'est pas belle; souvent ils ont leurs habits déchirés et des souliers percés. Du reste, ce sont des hommes robustes et très-faciles à discipliner; ils feraient de bonnes troupes s'ils étaient mieux dirigés et mieux payés.

En errant à l'aventure, je me trouvai, en dehors de la ville et à l'ouest, dans un endroit charmant. C'est une immense plaine, toute garnie d'un vert gazon, — chose très-rare en Orient, — et arrosée par un bras du fleuve. Cette solitude, entourée d'arbres, n'était animée que par quelques promeneurs, et par des bédouins montés sur des chevaux agiles, qui couraient l'un sur l'autre en simulant un combat; c'est la *fantasia*, exercice cher aux Arabes. A côté de cette prairie, un édifice attira mon attention, c'est le *Tekyéh (hôpital)*. Il fut fondé au XVIe siècle, par Sélim Ier, pour les pauvres pèlerins qui se rendent à la Mecque. Au fond d'une grande cour, entourée de galeries à colonnes et d'une cinquantaine de petits dômes, je remarquai une mosquée; son énorme coupole est flanquée de légers minarets qui s'élancent bien haut dans les airs. Il existe à Damas plusieurs autres hospices, mais celui-ci est le plus important. L'administration intérieure de ces établissements est fort mauvaise. D'après le fatalisme des Musulmans, on comprend que la clinique qu'on y observe ne saurait être très-favorable aux malades. Les hôpitaux des fous sont les seuls dont la bienfaisance publique prenne un soin tout particulier. En général les fous sont l'objet d'une grande sollicitude en Orient ; non pas que les bons traitements qu'on leur prodigue aient pour but de les guérir ; l'insensé passe pour un inspiré, un élu de Dieu, un saint, et on n'aurait garde de vouloir le priver d'une prérogative aussi précieuse. Dans les soins qu'il donne aux fous, le musulman ne veut que prévenir leurs besoins et satisfaire jusqu'à leurs caprices.

Je fis d'autres excursions en dehors de la ville. Outre le faubourg de Salahiéyh, il en existe deux très-considérables. Le plus populeux est celui de Meïdan auprès duquel un cimetière s'étend à perte de vue. On m'y montra plusieurs tombes célèbres. Elles se distinguent des autres par un édicule en pierre ou en bois, plus ou moins orné, qui les surmonte. J'ai noté les sépulcres de trois des femmes de Mahomet, de sa petite-fille Fathmé et de Moawiah, fondateur de la dynastie des Ommiades. Le tombeau de Saladin, dont le nom est encore honoré en Orient, se trouve dans l'intérieur de la ville, non loin de la grande mosquée, mais on ne peut en approcher.

Un soir, après dîner, M. le comte de S*** m'offrit de faire une promenade dans la campagne avec lui et M. Outrey, Consul de France à Damas, (aujourd'hui Consul général à Alexandrie d'Égypte), rempli d'amabilité pour moi. Je vis alors de près ces jardins de Damas si vantés en Asie. Ce sont de délicieux vergers qui s'étalent autour de la ville sur un espace de cinq à six lieues. Il y a là de jolis kiosques, des bosquets odorants. Les noyers balancent leurs touffes ombreuses au-dessus des orangers, et des poiriers ; tous nos arbres de l'Europe produisent là-bas des fruits plus beaux et plus savoureux. La vigne grimpe en festons jusqu'à leur sommet, et les couvre de ses grappes vermeilles dont plusieurs pèsent jusqu'à six livres. Les abricotiers sont innombrables. Leurs fruits se répandent dans tout l'Orient, sous la forme d'une espèce de pâte suave appelée *misch-misch*. Les pruniers, d'où nous viennent les espèces dites de *Damas*, se rencontrent partout dans ces lieux enchantés. Plusieurs sortes d'arbres donnent par an deux ou trois récoltes. Le chanvre atteint la hauteur de douze pieds ; en un mot, aucun site dans toute la Syrie n'offre une végétation plus variée et plus luxuriante. Aussi ne faut-il pas s'étonner si les Arabes, ravis des charmes du *Goutha*, l'oasis de Damas, pensent que c'est l'emplacement du Paradis terrestre. Cette opinion a, du reste, pour défenseurs Heidegger, Leclerc, Jean Herbinius, Ménochius et le P. Abram. Elle ne manque pas d'une certaine probabilité, car Damas n'est point très-éloignée de l'Euphrate qui était certainement un des fleuves du Paradis terrestre, et la Genèse, en énonçant que l'Eden était arrosé par quatre grands fleuves, semble indiquer qu'il avait une étendue très-considérable.

Nous ignorons le lieu où était situé le Paradis terrestre, aussi bien que le bonheur dont y jouissaient nos premiers parents; beaucoup d'hypothèses ont été faites sur ce sujet; mais l'opinion la plus probable est celle de Dom Calmet et de Reland, qui placent le Paradis terrestre dans cette portion de l'Arménie où l'on voit les sources des quatre fleuves, l'Euphrate, le Tigre, le Phase et l'Araxe ou Cyrus. On peut croire que la Mésopotamie en faisait partie, et par conséquent si Damas n'était pas située dans le Paradis terrestre, elle en était du moins limitrophe, et elle a pu participer à sa fertilité. Quand au désert qui la sépare des rives de l'Euphrate, on l'explique en admettant que le déluge a produit dans ces lieux des changements notables, a pu ensabler certaines terres et leur enlever ainsi leur vertu productive.

Nous continuâmes notre promenade dans la campagne jusqu'au village de Djobar, à une demi-lieue au nord-est de Damas. C'est jusqu'en ce lieu, nommé autrefois *Hoba*, qu'Abraham libérateur de Lot, poursuivit les rois de la Pentapole, après leur défaite (*Genèse*, XIV, 15).

En Orient, où l'on ne tient point de registres d'état-civil, il est impossible d'évaluer la population d'une manière exacte. Les voyageurs varient beaucoup sur l'estimation de celle de Damas. Volney ne la portait qu'à 40,000 âmes, M. Joanne l'élève à 150,000, le P. de Géramb à 140,000, et Mgr Mislin à 112,000. On peut adopter comme s'approchant davantage de la réalité le chiffre de 125,000 qui se subdivise ainsi :

Musulmans..................	95,000
Chrétiens...................	20,000
Juifs	4,000
Druses, soldats et autres...	6,000
TOTAL...........	125,000

Mais il faut observer que, depuis l'année 1860, cette population a été notablement diminuée, la plupart des chrétiens ayant été tués ou s'étant exilés.

A Damas, les hommes portent de longues robes recouvertes de manteaux très-amples, et sur la tête le turban ; le tout en étoffes légères aux couleurs voyantes. Quant aux femmes, il est difficile de connaître leur costume parce qu'on les rencontre peu dans la rue, surtout les riches, et elles sont toujours enveloppées d'un large voile qui cache leurs vêtements et même leur visage. M. de Saulcy va nous indiquer quelques détails de leur toilette.

« Toutes les dames, quand il s'agit de faire un pas, grimpent sur des patins de bois, formés d'une semelle installée sur deux planchettes d'un demi-pied de hauteur. Je ne comprends pas comment elles peuvent marcher, avec ces ustensiles incroyables, sur les dalles glissantes de leurs cours et de leurs appartements. Outre qu'ils leur donnent une taille démesurée et peu gracieuse, on entend perpétuellement un cliquetis de bois sec sur la pierre, et cela ne me paraît pas très-divertissant. Les sourcils que le bon Dieu leur a donnés ne sont pas dignes d'elles, à ce qu'il paraît, aussi les rasent-elles avec soin, et les remplacent-elles par des sourcils fantastiques, formés d'une ligne arquée très-longue et d'autant plus noire qu'elle est entièrement peinte. A leur place, je déclare que je préférerais de beaucoup les vrais sourcils. Les cheveux sont une parure que les jeunes filles seules ont le droit de porter. Dès qu'elles se marient leurs pauvres cheveux sont coupés ; ce qui en reste est soigneusement caché et remplacé par des tours formés de plumes d'autruche noires. Ceci est encore d'une laideur très-satisfaisante. Espérons, dans l'intérêt du beau sexe damasquin, qu'il mettra quelque jour à l'index ces modes absurdes.

« A propos de mode, j'ai oublié d'en mentionner une qui est universelle parmi les femmes du peuple, et qui commence à se montrer partout, dès qu'on arrive près de Damas ; celle-là n'est pas nouvelle, il s'en faut, puisqu'elle remonte à l'antiquité la plus reculée. Il s'agit d'un petit bouton d'or, garni souvent d'une turquoise et qu'on s'implante dans une narine, à l'instar d'un bouton de chemise. Voici, à ce sujet, ce que je trouve dans la Bible, à propos du serviteur d'Abraham, venu en Mésopotamie, afin d'y chercher une femme pour

Isaac (*Genèse*, xxiv, 47) : « Je lui mis ensuite une boucle à la figure et des bracelets aux mains. » (Traduction de Cahen). Le texte porte en réalité : « je lui mis le *nezem* au nez et les bracelets aux mains... » Ce *nezem*, déjà Mendelsohn l'a traduit par *pendant du nez*, bien que les Septante (et la Vulgate) l'aient traduit par *pendant d'oreilles*. Au verset 22 du même chapitre, il est dit : « Et quand les chameaux eurent fini de boire, cet homme prit une boucle d'or, et deux bracelets pour ses mains... » Le texte samaritain, après la mention du premier bijou, ajoute : « et il la lui mit au nez. » Quand on a parcouru les villages des environs de Damas et de Baâlbek, on sait parfaitement à quoi s'en tenir sur le sens de ces deux versets; il y est indubitablement question de l'ornement du nez que les femmes portent toutes, et qui n'est pas le moins du monde un anneau, ni un pendant; c'est un véritable bouton (1). »

Le départ et le retour des pèlerins de la Mecque sont les deux plus grandes fêtes de Damas. Les caravanes réunissaient, il y a quelques années, jusqu'à 50,000 pèlerins, elles en comptent un peu moins aujourd'hui. « Alors, dit Laorty-Hadji, Damas ressemble à une foire immense ; elle est encombrée d'hommes, de chevaux, de chameaux et de ballots de marchandises. Quand l'heure est venue, cette foule s'ébranle pêle-mêle afin de pouvoir faire son entrée à la Mecque pour les fêtes du Baïram. Ce voyage ne s'effectue pas sans quelques légers combats, mais le plus souvent le pacha, qui est l'*Emir-Hadji* (*pèlerin*), a traité avec le chef principal des Arabes, qui se porte garant de la sécurité des routes, et devient chef de conduite. En cette qualité il fournit des chameaux moyennant un louage convenu. On calcule qu'il meurt, année commune, dix mille chameaux dans ce trajet. Le but de cette caravane, religieux seulement dans l'origine de l'institution, a pris depuis plusieurs siècles un caractère mercantile et spéculateur. La caravane est moins un pèlerinage qu'un moyen commode et sûr d'exploiter toutes les branches du commerce asiatique et africain. C'est un vrai bazar perpétuel où chaque voyageur apporte les denrées de son pays, qu'il échange, soit en route, soit à la Mecque, tantôt contre les mousselines et les toiles de l'Inde, contre les châles de Kachemyr et l'ambre du Dekkan,

---

(1) De Saulcy, *Voyage autour de la mer Morte*, II.

tantôt contre les perles de Ceylan, les poivres de Sumatra ou les cafés de l'Yémen. Plusieurs de ces pèlerins, vieux courtiers des caravanes, ont parcouru jusqu'à dix fois le chemin de la Mecque, et y ont recueilli des profits immenses (1). »

Le rassemblement de la caravane à Damas donne à cette ville une activité commerciale plus importante que ne le suppose sa situation isolée, mais en même temps il entretient parmi ses habitants le fanatisme le plus exalté. On comprend quels sentiments doit faire naître, dans une population si facilement impressionnable, la présence d'hommes surexcités eux-mêmes par les privations d'une route longue et difficile, et par le souvenir des lieux qu'ils viennent de vénérer où tout leur a rappelé l'intolérance, les combats et les succès du fondateur de l'Islamisme. Le peuple Damasquin a déjà par lui-même un assez mauvais caractère, si l'on en croit ce proverbe arabe : « *Schami choumi,* — *Damasquin coquin.* » De toutes les villes musulmanes, Damas est la plus intolérante; (après les cités *saintes* de l'Arabie s'entend); elle a en horreur tout ce qui vient de l'Europe : les hommes, la religion et même le costume. Jusqu'au moment de l'occupation égyptienne les Européens étaient soumis à des formalités humiliantes : avant de franchir les portes, ils devaient descendre de cheval et déposer leurs armes. Même à cette époque (1832), le P. de Géramb fut obligé de quitter sa robe de trappiste et de prendre des vêtements turcs pour visiter Damas. M. de Lamartine fit de même. Quand nous entrâmes dans la ville, en plein jour, avec nos habits francs et à cheval, les habitants nous regardèrent avec étonnement et d'un air farouche, mais ils nous laissèrent tranquilles.

Le fanatisme des Damasquins contre les chrétiens éclate, de temps à autre, avec une intensité plus ou moins grande, mais toujours d'une manière terrible. C'est ainsi qu'un volcan, qui recèle dans son sein un foyer assoupi, demeure habituellement dans le calme et le silence, mais à certaines époques, il commence à faire entendre de sinistres grondements, puis il fait explosion en lançant ses feux destructeurs et répandant autour de lui la désolation et la mort.

« Le P. Thomas, Capucin, passait son temps entre les travaux du ministère sacerdotal et ceux de la médecine qu'il exerçait avec

(1) *La Syrie,* par Laorty-Hadji.

succès, il avait introduit l'usage de la vaccine à Damas, et à chaque instant on réclamait ses soins. Le 5 février 1840, il est mandé chez un juif ; le pauvre Père, croyant qu'il s'agit de vacciner un enfant, se munit de sa lancette et recommande à son domestique de venir le rejoindre là, si, pour une heure convenue, il n'est pas de retour. L'heure arrivée, le serviteur va chez le juif pensant retrouver son maître. Jamais on ne les revit ni l'un ni l'autre.

« Cette double disparition avait vivement frappé les esprits ; rien ne pouvait mettre sur la trace des criminels, lorsqu'en voulant déboucher un canal qui s'était obstrué, au milieu d'une rue dans le quartier de la juiverie, on découvrit des tronçons de membres humains. Un procès commença et les proportions de cette affaire devenaient sérieuses, car ce Père était français, et par conséquent sous la protection de notre consulat. Les auteurs du crime étaient connus, c'étaient des juifs ; ils avouèrent même qu'ils avaient choisi cette victime comme étant pure et agréable à Dieu, et que son sang avait été envoyé au grand rabbin pour je ne sais quelle cérémonie sacrilége. D'accord avec l'Autriche, l'Angleterre, effrayée de l'importance qu'aurait pu avoir la France à la suite des justes réparations qu'elle ne manquerait pas d'exiger, aida les juifs à étouffer cette affaire en la couvrant de sa protection, et en la faisant passer comme complot politique, affaire de parti, que sais-je ? Méhémet-Ali, gagné par des juifs européens qui avaient envoyé deux de leurs coreligionnaires, (MM. *Crémieux* avocat à Paris, et *Montefiore*), sur les lieux pour étouffer la vérité sous des sacs d'or, avait fait grâce aux assassins et donné ordre de mettre fin à la procédure. Notre gouvernement laissa là cette affaire, pensant sans doute que la mort d'un Capucin serait bientôt oubliée, et qu'il n'y avait pas là motif à chercher plus loin, puisque l'Autriche et l'Angleterre semblaient s'y opposer. Une brouille avec l'Angleterre, (Et l'entente cordiale !) peut-être la guerre même, tout cela pour un moine mort...! Et la bourse donc, que deviendrait-elle...? et la baisse ? et les affaires.... ? (1). »

En 1849, lorsque M. Combes, Consul de France, avait vu sa femme et sa fille emportées par le choléra sous ses yeux, atteint lui-même du fléau, il fut arraché de son lit par les musul-

---

(1) *Souvenirs d'Orient*, par Gentil, V.

mans et entraîné hors des murs, de peur que son cadavre d'*infidèle* ne souillât la *Ville-Sainte*. Il expira peu d'heures après avoir subi ce barbare traitement.

En 1856, un Européen poussé par une curiosité fatale, s'étant hasardé sous un déguisement turc dans la grande mosquée, fut reconnu et roué de coups ; il y laissa une oreille et faillit perdre la vie.

Mais c'est en 1860, que l'intolérance cruelle et la haine des mahométans de Damas contre les chrétiens, se déchaîna d'une manière horrible.

« Le 8 juillet, des dessins informes, représentant des croix et des mitres, furent figurés sur le pavé des rues de Damas. Sous quelle instigation ? C'était sans doute le secret d'Ahmed-Pacha, le gouverneur. Toujours est-il que l'idée, une fois suggérée, fut imitée par plusieurs, par des enfants surtout, qui se livrèrent à l'égard de ces signes vénérés du christianisme aux insultes les plus grossières, et, nous pouvons ajouter, les plus dégoutantes. Lorsqu'un chrétien venait à passer, ces insultes redoublaient en sa présence ; on le forçait à piétiner sur la croix ; résistait-il, il se voyait outrageusement frappé.

« Les chrétiens élevèrent la voix pour se plaindre ; leurs plaintes devaient être d'autant mieux écoutées qu'elles étaient plus impatiemment attendues. En effet, le 9 juillet au matin, parut un ordre du Pacha portant, d'une part, que les musulmans qui s'étaient livrés sur des chrétiens (c'est-à-dire sur des hommes qui, depuis le *hatti-humaïoun* (1), se trouvaient leurs égaux), à des voies de fait condamnables, seraient punis de la bastonnade ; de l'autre, qu'une insulte publique ayant été faite à une religion protégée par le même décret impérial, une réparation publique lui était due, et qu'en conséquence *les rues salies par les ordures lancées sur les croix seraient lavées par des musulmans*.

« Une telle proclamation, dans un semblable moment d'effervescence, était, il faut le reconnaître, un chef-d'œuvre d'infernale habileté ; car, destinée en apparence à donner une satisfaction à l'Europe, elle montrait aux musulmans, habitués à considérer les chrétiens comme des êtres inférieurs, les conséquences du *hatti-humaïoun* qui déjà excitait toutes leurs colères. Conformément à cet ordre, quelques

---

(1) Décret du Sultan qui releva la condition de ses sujets chrétiens.

individus sont saisis et soumis au bâton. L'émotion produite par ces exécutions se communique aussitôt de rue en rue, de maison en maison ; la populace fanatisée accourt ; elle est excitée par les hommes qui sont au fait du complot : « Des musulmans frappés, punis pour avoir insulté quelques chrétiens maudits, s'écrie-t-on de toutes parts, nous ne permettrons pas un acte aussi monstrueux ! Aux armes ! mort aux chrétiens ! »

« Il était environ midi, heure habituelle de la sieste, lorsque tout à coup de grands cris retentissent dans la direction de *Bab-Thouma,* (*la porte de Thomas,* c'est le quartier des chrétiens) ; à ces cris répondent les éclats de la fusillade, tandis que, dans le lointain, des torrents de fumée s'élèvent au milieu d'un ciel incandescent et annoncent que l'œuvre de destruction est commencée. De tous côtés, on entend dans les rues les pas précipités des malheureux qui, fuyant devant des hordes acharnées à leur proie, cherchent à gagner, soit la demeure d'Abd-el-Kader, comme s'ils prévoyaient le rôle que va jouer l'émir pendant le massacre, soit quelque consulat, car ils espèrent dans la sauvegarde inviolée jusque-là du drapeau européen. Mais bientôt les consulats eux-mêmes ne seront plus à l'abri de la fureur des assassins. Ceux de France, de Russie, des Etats-Unis, de Grèce, auront l'honneur d'être pillés ou incendiés les premiers, tandis que, seul entre tous, celui de la Grande-Bretagne subira l'injure d'une exception qui impressionnera douloureusement l'opinion publique en Europe.

« Aux premiers cris d'alarme, Abd-el-Kader réunit une poignée de *Moghrebins* (*Algériens*) qui se trouvent auprès de lui, et, sous la conduite de son fidèle Kara-Mohamed et de Mohamed-bel-Kheir, il les dirige sur le consulat de France avec mission de le protéger, et de se faire tuer au besoin jusqu'au dernier pour le défendre. De sa personne, l'émir, suivi de quelques serviteurs, cherche à gagner la demeure du muphti, auprès duquel il veut faire, au nom de leur commune religion, une suprême tentative en faveur des chrétiens. En vain s'efforce-t-il d'arriver jusqu'à lui ; la réponse qui l'accueillit fut que *le muphti dormait.*

« Mais au fur et à mesure que les Moghrebins viennent le rejoindre, Abd-el-Kader reçoit des renseignements de plus en plus effrayants sur la situation générale de Damas. Il apprend que les troupes restent consignées dans la citadelle, que la populace tout entière est dans la rue, qu'elle massacre impitoyablement les chrétiens et brûle leurs maisons. Il ne s'agit donc pas d'une simple émeute, comme il a pu l'espérer, mais d'un égorgement général auquel l'autorité prête la main. Dès lors, sa pensée se reporte vers le représentant de la France, dont l'hôtel, attaqué une première fois et protégé par Kara et ses quarante Moghrebins, va se trouver enveloppé par le flot qui monte et menacé de l'emporter avec ses défenseurs. Abd-el-Kader se dirige en toute hâte vers le consulat, et après avoir porté à la connaissance de M. Lanusse, (Consul par intérim en l'absence du titulaire), les premières informations qui lui sont parvenues :

« Maintenant, lui dit-il, écoute et pèse bien mes paroles : moi vivant, un seul de mes Moghrebins vivant, on ne touchera pas à ta personne, car je suis responsable de toi vis-à-vis de celui qui m'a fait libre. Le danger grandit ; je dois donc agrandir tes moyens de défense. Si tu persistes à demeurer ici, tu m'obliges à diviser les forces dont je dispose; si tu consens, au contraire, à devenir mon hôte, je puis appliquer à secourir les chrétiens, les soldats que j'emploierais à te protéger. Tu m'as dit toi-même : là où est le drapeau de la France, là est la France. Eh bien ! emporte avec toi ton drapeau, plante-le sur ma demeure, et que la demeure d'Abd-el-Kader devienne la France. ».

« En présence de sentiments aussi nobles, appuyés de considérations aussi puissantes, il n'y avait pas à hésiter pour M. Lanusse. Dans les circonstances où l'on se trouvait, qu'importait l'hôtel d'un consul ! Ce qu'il fallait, c'était sauver des hommes. Le gérant du consulat de France ne balança pas, en effet ; il fit amener son pavillon, et, bientôt après, le drapeau tricolore flotta sur la maison d'Abd-el-Kader. L'émir, à son retour, trouva réunis, le reste de ses Moghrebins accourus, comme ils en avaient reçu l'ordre, au premier signe du danger, un certain nombre de chrétiens fugitifs, plusieurs consuls, et notamment ceux de Russie, d'Amérique et de Grèce.

« Mais contre une populace fanatisée, contre les contingents du dehors venant à chaque minute augmenter le nombre des égorgeurs du dedans, qu'allait faire Abd-el-Kader ? On pouvait bien admettre sans doute (et, réduit à ces proportions, son rôle eut encore été bien beau), qu'à l'aide des 1100 hommes dont il disposait, il arrivât à défendre contre la multitude, lui, les siens, les consuls, les chrétiens qui avaient trouvé un asile dans sa maison ; mais ne devait-on pas considérer comme une folie l'idée de prendre, avec l'appui d'une poignée de soldats, l'offensive vis-à-vis du massacre ? Cette folie néanmoins tenta son grand cœur. Les cris des victimes parviennent jusqu'à lui ; elles ne peuvent briser la haie d'assassins au-delà de laquelle se trouve le salut ; il ira les arracher lui-même aux mains sanglantes de leurs bourreaux.

« Abd-el-Kader, à la tête de 300 hommes à peine, suivi de deux de ses fils, s'enfonce résolûment dans les quartiers où sévit la révolte ; il s'avance, précédant de quelques pas son escorte, suppliant les musulmans de lui prêter assistance, conviant les chrétiens à se réfugier au milieu des siens : « Oh ! les chrétiens ! s'écriait-il, oh ! les malheureux ! Venez à moi, venez. Je suis Abd-el-Kader, fils de Mahi-ed-Din le Moghrebin. Ayez confiance en moi, et je vous protégerai ! »

« Au bruit de cette parole d'espérance, quelques visages affolés de terreur apparaissaient derrière les petites fenêtres des maisons chrétiennes, un immense cri de joie retentissait dans la demeure désolée, et chacun se précipitait au-devant du secours inattendu que Dieu lui envoyait. Plus de 300 personnes furent ainsi recueillies dans le seul consulat de Grèce où elles s'étaient réfugiées.

« De trois à cinq heures de l'après-midi, Abd-el-Kader fut constamment occupé à parcourir les rues de Damas ; lorsqu'il avait réuni un certain nombre de chrétiens, il les conduisait à sa maison, d'où il s'élançait de nouveau au secours d'autres victimes. Il était environ cinq heures quand il parvint devant un couvent de Pères Capucins (c'est-à-dire Franciscains). Ceux-ci, au nombre de huit ou neuf, s'étaient barricadés dans leur demeure, et refusaient, malgré les supplications de l'émir, de se remettre entre ses mains. Après avoir perdu un temps précieux à parlementer avec eux, Abd-el-Kader se vit dans la nécessité de les abandonner à leur sort. A peine avait-il disparu, que les pauvres moines étaient attaqués et brûlés vifs dans leur retraite.

« Un établissement préoccupe surtout la pensée de l'émir : c'est celui du P. Leroy et des *Sœurs de la Charité*, car cet établissement renferme environ 400 enfants des deux sexes. La nuit approchait, lorsqu'à travers des rues où les cadavres, disposés en tas, s'élevaient quelquefois à plus d'un mètre de hauteur, il parvint à la porte des Pères Lazaristes. La situation de ce couvent, son éloignement du quartier dans lequel le massacre s'était trouvé circonscrit durant les premières heures, n'avaient pas encore permis à l'insurrection de se porter de ce côté, ou plutôt, devant faire un choix, elle avait d'abord couru à l'assassinat productif. Grâce à cette circonstance, les six prêtres Lazaristes, les onze sœurs de la Charité qui desservaient les écoles et les 400 enfants qui les fréquentaient purent être sauvés. Ce dut être assurément un grand et magnifique spectacle que le passage, à travers les rues ensanglantées de Damas, de ce descendant du *Prophète*, marchant entouré de prêtres, de religieuses, d'enfants qu'il venait d'arracher à la mort ; de ces soldats, anciens combattants de *la guerre sainte*, conduisant maintenant, d'une main, de pauvres orphelins dont ils sont devenus les protecteurs, et repoussant, de l'autre, à coups de crosse de fusil, les égorgeurs qui s'efforcent de leur arracher le dépôt sacré confié à leur fidélité ! Et cependant, protecteurs et assassins appartenaient au même culte ! Seulement il s'était trouvé, de l'un des côtés, un homme de cœur et d'énergie qui avait su exalter une poignée de soldats par le sentiment d'une belle action et d'un devoir à remplir envers l'humanité.

« A la nouvelle que des masses de chrétiens avaient trouvé asile chez Abd-el-Kader, une immense agitation se produisit parmi la multitude. Il fut décidé, dans la nuit du 9 au 10, que le lendemain une tentative serait faite pour enlever de chez l'émir les malheureux qu'il avait recueillis. En effet, le 10 au matin, un parti nombreux vint entourer sa maison, et réclamer avec insolence qu'il leur livrât les chrétiens qu'elle renfermait ; ils voulaient bien admettre qu'il gardât les consuls, mais ils exigeaient que les autres réfugiés leur fussent remis. Les clameurs, qui s'élevaient et devenaient de plus en plus menaçantes, avertirent Abd-el-Kader que son intervention personnelle était nécessaire. Comme dans toutes les agitations populaires, il pouvait arriver qu'un coup de fusil tiré par imprudence déterminât une catastrophe ; d'un autre côté, il y avait lieu de craindre que les Moghrebins, en voyant insulter leur maître, ne finissent par perdre patience. L'émir se détermina donc à aller au-devant de la foule pour la haranguer, et, afin de bien lui prouver qu'il venait à elle avec des paroles de conciliation, il affecta de sortir sans armes. Son arrivée fut accueillie par une explosion tumultueuse de cris désordonnés, mais qui tous s'unissaient à demander la remise des chrétiens. Lorsque le calme se fut un peu rétabli :

« O mes frères! dit Abd-el-Kader, votre conduite est impie. »

« Puis se tournant vers Kara-Mohamed : « Kara! mon cheval, mes armes! » A cet appel de leur ancien Sultan, il s'éleva des rangs des Moghrebins une immense acclamation qui, sans doute, parut aux assaillants une confirmation suffisante des paroles de l'émir, car la foule, se ruant comme un troupeau vers toutes les issues, n'eut rien de plus pressé que de se soustraire à l'attaque dont elle se croyait menacée.

« A partir de ce moment, des colonnes de 100 à 200 Moghrebins furent envoyées dans les différents quartiers de la ville, pour recueillir les chrétiens. La terreur qu'ils surent bientôt inspirer devint telle que, négligeant de recourir à leurs armes, ce fut *à coups de bâtons* qu'ils s'ouvrirent le chemin jusqu'aux victimes. Mais avec les chrétiens qui, à chaque instant, augmentaient la masse des réfugiés, la situation était devenue intolérable dans la maison d'Abd-el-Kader. Les appartements, les cours, les galeries une fois remplis, il avait fallu songer à se procurer de nouveaux asiles. L'émir s'était emparé, pour ce glorieux usage, des maisons appartenant à quelques-uns de sa famille, lesquelles, voisines de la sienne, formaient une sorte d'îlot au milieu de Damas. Au bout du troisième jour, habitation d'Abd-el-Kader, habitations des siens, tout était comble : 4,000 chrétiens s'y trouvaient entassés sans pouvoir même s'asseoir, et des odeurs méphitiques, provenant de ces masses agglomérées, menaçaient de tuer par la peste ceux que le fer avait épargnés. Les consuls réunis chez l'émir décidèrent qu'une députation serait envoyée, sous la protection d'une colonne de Moghrebins, à Ahmed-Pacha, afin de le mettre en demeure d'aviser.

« Ahmed, effrayé de la responsabilité qu'il avait encourue, et du langage que les consuls tenaient au nom de leurs gouvernements, se décida à prendre quelques mesures dictées, sans doute, moins par l'intérêt des chrétiens, que par celui de sa défense, si, comme il commençait à le craindre, il devait avoir besoin de se justifier. Il chercha d'abord à excuser l'abstention de ses troupes par cette circonstance qu'étant composées, pour la plupart, de mauvais sujets incorporés par punition, (ce qui d'ailleurs était exact), il eut appréhendé qu'elles n'apportâssent un contingent au massacre, au lieu de lui présenter un obstacle. Il offrit donc de recevoir dans la citadelle les chrétiens qui avaient trouvé un refuge chez Abd-el-Kader, et, comme on lui faisait observer que, puisqu'il n'était pas sûr de ses soldats, on ne pouvait pas leur confier ces malheureux, alors il fut convenu qu'un corps de Moghrebins les y suivrait pour les protéger au besoin. Il restait toutefois une difficulté à surmonter : c'était d'amener les chrétiens à accepter ce nouveau refuge. Ce fut alors une scène déchirante, et qu'aucune langue ne pourrait traduire. Les uns, se cramponnant à tous les objets qui pouvaient aider à leur résistance ; les autres se roulaient aux pieds de l'émir.

« Ah ! tue-nous ! s'écriaient-ils ; tue-nous toi-même ; car, au moins, toi qui nous as donné asile, tu auras la pitié de ne pas nous faire souffrir. Mais ne nous laisse pas tomber vivants entre les mains de nos bourreaux ; ne livre pas nos femmes et nos filles à leur brutalité. Tue-nous ! Tue-nous ! »

« Cette scène dut faire une bien vive impression sur l'émir, car, cinq mois après, en la racontant à l'officier français de qui nous tenons ce détail, des larmes brillaient dans ses yeux. « Les malheureux ! lui disait-il ; malgré tout ce que j'avais déjà fait, ils me croyaient capable de les envoyer à ces bouchers de chair humaine ! Et cependant, bien que mon cœur saignât d'un pareil soupçon, je ne leur en voulais pas... ils souffraient tant ! » Il fallut employer la force pour entraîner les premiers hors de l'asile qui leur avait été d'abord ouvert, et que deux consuls, parmi lesquels celui de Russie, se déterminassent à les accompagner à la citadelle. Bientôt, il est vrai, toute résistance cessa, lorsque ceux qui étaient restés chez Abd-el-Kader apprirent que leurs compagnons d'infortune étaient arrivés sains et saufs à leur destination.

« Grâce au vide qui vient de se faire dans sa maison, l'émir peut se consacrer de nouveau à la mission de salut à laquelle il s'est dévoué. Par les soins de ses Moghrebins, il fait proclamer dans toute la ville qu'il payera une somme de 50 piastres par chaque chrétien qui lui sera conduit vivant. Assis sous le vestibule, entouré de ses fils qui vont, circulent, portent ses ordres, il préside à la réception des malheureux dont il rachète la vie. Auprès de lui est un sac d'argent; pour chaque chrétien qu'on lui amène, il paie la rançon promise; lorsque le sac est vide, il est remplacé; lorsqu'un nombre suffisant de chrétiens se trouve réuni, il les fait conduire à la citadelle. Pendant cinq jours consécutifs, au bout desquels arrivèrent enfin de Beyrouth 1,000 hommes de renfort, tel fut le rôle glorieux d'Abd-el-Kader. Nuit et jour sur pied, ne sentant ni sommeil, ni faim, ni fatigue, songeant à tous excepté à lui, il dirige ce grand sauvetage de la population chrétienne de Damas. Les armées de la civilisation sont absentes : il s'est donné la mission de les remplacer. Un pacha criminel, à qui était confié le maintien de l'ordre, a laissé tomber son épée dans une boue de sang; l'émir l'a ramassée aux acclamations de l'Europe reconnaissante, et, grâce à elle, 12,500 chrétiens se sont vu arracher à la fureur de l'Islamisme déchaîné (1). »

Lorsque nous nous présentâmes à l'entrée du quartier chrétien pour l'examiner, nous fûmes arrêtés par un factionnaire turc. Heureusement nous rencontrâmes, en même temps, M. Nicora, médecin français résidant à Damas, il demanda pour nous au chef du poste la permission de parcourir le quartier chrétien ; elle nous fut accordée à condition que nous serions accompagnés d'un soldat. Nous ne pouvions avoir un meilleur guide, dans cette triste visite, que le docteur Nicora, car il connaît parfaitement ces lieux et a été témoin oculaire des massacres. Aussi, nous a-t-il donné, sur ces scènes de carnage, des renseignements d'un grand intérêt qui ne font que confirmer ceux que j'ai consignés plus haut. Il nous raconta ses transes et ses angoisses mortelles pendant trois jours qu'il fut enfermé chez lui, prêt à tomber, à chaque minute, entre les mains des égorgeurs. Il ne se sauva qu'à grand'peine. Je vis les ruines d'une église grecque dans laquelle 500 chrétiens avaient été brûlés vifs par les musulmans, et celles du couvent des Franciscains. Ces religieux espagnols dirigeaient la petite paroisse latine de 300 âmes, avaient un collège pour enseigner l'arabe aux nouveaux missionnaires et recevaient dans leur école une centaine d'enfants. Ils étaient au nombre de huit, et tous cueillirent

---

(1) Alex. Bellemare, *Abd-el-Kader*, XX. En récompense de ce dévouement héroïque, Napoléon III a fait remettre à l'émir la décoration de la Légion-d'Honneur.

la palme du martyre, dans la rigueur du terme, car ils furent tués par les infidèles en haine de la foi chrétienne, comme on va le voir.

Quand le massacre commença, le supérieur fit exposer le Très-Saint-Sacrement, et faire des prières pour obtenir du Ciel l'éloignement de cette tempête menaçante, ou la grâce de la supporter avec courage. Il adressa aussi un discours des plus touchants aux Pères et aux catholiques qui, tout tremblants et pleurants, étaient venus chercher là un refuge. Il finissait de parler lorsqu'une horde de Turcs en fureur enfonça la porte du couvent. A leur approche, le P. *Emmanuel Ruys*, supérieur (âgé de 57 ans, en ayant 37 de religion et 29 de mission), consomma les saintes espèces pour les soustraire à la profanation, et, pressé de rendre hommage à Mahomet, il déclara énergiquement qu'il voulait mourir en chrétien, et que la religion musulmane était fausse. Il conduisit ensuite les sicaires au maître-autel et y posant sa tête, en invoquant le saint nom de Jésus, il leur dit : « Tranchez. » A l'instant cette tête vénérable tombait devant l'autel, et les flots de sang en inondaient le marche-pied. Le P. *Carmel Volta*, Curé des catholiques latins et professeur de langue arabe pour les jeunes missionnaires, reçut d'abord dans la figure un coup de pistolet qui, cependant, ne le tua point. Les Turcs se mirent à le solliciter de renoncer à sa religion. La profession de foi chrétienne la plus claire fut sa réponse. « Ah ! chien ! » — hurlèrent alors ces barbares, — et ils l'achevèrent à coups de sabre. Le P. *Engelbert Kolland* (du Tyrol allemand), poussé par les Turcs à embrasser l'islamisme, répondit toujours : « Je ne puis pas, parce que je suis chrétien et prêtre. » — « Nous te tuerons, reprirent ces forcenés, et nous te ferons manger aux chiens tes pareils. » — « Faites... » répliqua le prêtre. Il reçut à ces mots un violent coup de cimeterre sur le crâne. Il eut encore les bras mutilés. Le P. *Nicolas Alberca*, sur la demande qui lui fut adressée de renier la foi de Jésus-Christ, s'écria : « Plutôt souffrir mille morts ! » Et il fit le signe de la croix. Un coup de pistolet l'étendit sur le sol. C'était le plus jeune de tous, il n'avait que 30 ans. Le P. *Pierre Soler*, apprenant que les Turcs étaient entrés dans le couvent, prit par la main le petit frère de Naam, qui n'avait que 12 ans, et lui dit : « Accours avec moi, et si je ne comprends pas bien ce que les Turcs me diront, tu me l'expliqueras. » Mais venant à réfléchir qu'il exposait cet enfant à une mort certaine, il alla le cacher dans un lieu très-obscur, sous un escalier. Il l'y abritait encore lorsque survinrent les bourreaux qui, voyant le religieux, le tirèrent de là sans pousser plus loin leurs recherches. Ainsi fut sauvé le petit Joseph, il put dès lors raconter la mort du saint prêtre. Interrogé tout à coup s'il voulait se faire musulman, *Pierre Soler* répondit : « Que voulez-vous dire ? Je ne saisis pas très-bien vos paroles. » Ils s'expliquèrent mieux. Le franciscain, les ayant bien compris cette fois, répliqua avec le peu d'arabe qu'il savait : « Non, non, plutôt mourir ! » Il fit le signe de la croix, et se mit à genoux dans l'attitude d'un homme qui offre à Dieu le sacrifice de sa vie. Un coup de poignard l'étendit à terre, et, pour assouvir sur lui leur fureur impitoyable, les musulmans le percèrent de part en part. On n'a pas de détails sur la mort du P. *Nicanor Ascanio* et du F. *Jean-Jacques Fernandez,* dont les cadavres ont été retrouvés sous les décombres du couvent. Un autre religieux laïque, le F. *François Pinazzo,* fut assailli par les sicaires sur la terrasse ; on le vit élever les mains au Ciel en priant avec ardeur, et ce fut alors qu'il reçut un coup de massue de bois qui lui brisa l'épine dorsale. Il fut de plus transpercé d'une lance, et enfin, pour l'achever, les barbares le précipitèrent du toit sur le sol. Je me suis plu à citer les noms de ces martyrs Franciscains, dont la gloire est grande aux yeux de l'univers catholique ; ils sont bien plus dignes d'être célébrés, que certains héros dont les noms font beaucoup de bruit dans le monde, mais qui n'ont eu souvent d'autre mérite que de faire répandre le sang de leurs semblables, avec plus ou moins d'habileté sur les champs de bataille, pour satisfaire leur ambition. Combien d'autres prêtres et de laïques ont couronné leur vie par le martyre, dans les derniers massacres de Syrie ! Leurs noms sont inconnus des hommes, mais ils sont connus du Père céleste qui voit les bonnes œuvres faites dans l'obscurité, et qui, seul, a la volonté et le pouvoir de récompenser chacun selon ses mérites.

Tous les détails que je viens de donner sont très-exacts ; ils ont été recueillis sur la déposition de témoins oculaires dont le principal est Naam Mosabechi. Ce jeune chrétien se trouvait alors au couvent avec son père qu'il eut la douleur de voir assassiné à côté du P. Carmel, et lui-même n'échappa que comme par miracle au carnage.

Le R. P. *Ballester,* procureur général de Terre-Sainte, a publié les renseignements marqués ci-dessus, dans une lettre, du 20 décembre 1860, adressée aux journaux d'Espagne, et rapportée par le R. P. *Areso* dans son livre *Les Lieux-Saints*.

La perte matérielle que ce désastre a fait éprouver à la mission Franciscaine est considérable. La bibliothèque renfermait beaucoup d'ouvrages précieux, surtout des manuscrits et des éditions arabes. Une société anglaise avait offert, très peu de temps auparavant, 25,000 francs d'une bible arabe en trois volumes in-folio. Le couvent et l'église des Franciscains ont été complètement démolis; les décombres atteignaient la hauteur du maître-autel.

J'aperçus ensuite quatre longues murailles, noircies par le feu, qui s'élevaient plus haut que toutes les autres ruines; on me dit que c'était l'établissement hospitalier des Lazaristes. Je pénétrai dans son enceinte, il n'y avait plus un seul plancher, pas une seule cloison debout. Je vis, parmi les pierres, des lits de fer tordus, des restes de meubles cassés. Sept Lazaristes y dirigeaient une école de plus de deux cents élèves. Ce lieu était aussi le théâtre du dévouement admirable des *Sœurs de Charité*. Au nombre de dix seulement, ces dignes filles de Saint-Vincent-de-Paul donnaient l'éducation intellectuelle et manuelle à trois cents jeunes filles de toutes religions, soignaient les malades dans un dispensaire avec l'aide d'un médecin, et allaient même les traiter à domicile. Tout cela gratuitement. Les musulmans avaient en elles la plus entière confiance, et, ne pouvant s'expliquer de si grandes vertus dans un sexe si avili chez eux, ils leur attribuaient un pouvoir surhumain et les regardaient comme des magiciennes. Magie vraiment divine que cette charité qui fait ainsi reconnaître et vénérer sa puissance au milieu de nations barbares et infidèles!

Les sœurs n'étaient fixées dans la ville de Damas que depuis cinq ans seulement, et déjà on pouvait apprécier les résultats moraux de leur établissement, et concevoir pour l'avenir de belles espérances qui sont maintenant ensevelies sous les débris de leur bâtiment.

Le docteur Nicora nous montra aussi la place où fut sa maison et les morceaux de son mobilier. Nous avions le cœur serré de douleur en parcourant ces rues où régnait le silence de la mort, ces demeures désertes et saccagées. De temps en temps, nous trouvions des lambeaux de vêtements ensanglantés et même des mèches de cheveux. On nous indiqua plusieurs habitations de riches chrétiens, aussi somptueuses que celles que j'ai décrites plus haut; elles avaient été démolies avec une rage incroyable. Dans les salons, les sculptures en marbre blanc rehaussées de dorures étaient brisées à coups de marteaux ; on remarquait partout l'effet de la haine la plus acharnée. Dans les cours, des grenadiers, des orangers, qui avaient survécu au pillage, montraient leurs verts rameaux, et tendaient de beaux fruits que leurs propriétaires ne pouvaient plus cueillir. Nous montâmes sur le minaret d'une mosquée, délaissée parce qu'elle avait beaucoup souffert de sa proximité du quartier chrétien ; de là nos yeux planèrent sur ce quartier dont l'étendue égalait presque le tiers de la ville. Quel affreux désastre! On porte à 3,000, au moins, le nombre des maisons chrétiennes qui ont été détruites, en 1860. Tous ces édifices étaient abattus, sans en excepter un seul, et leurs murailles délabrées ne s'élevaient point plus haut qu'une douzaine de pieds. Une ville prise d'assaut, et abandonnée par le vainqueur à la brutalité des soldats, ne présenterait pas un aspect plus sinistre. Le feu avait achevé ce que le fer avait épargné. On ne s'étonne pas de ce vandalisme lorsqu'on sait que le pillage a duré 22 jours sans répression. Et c'étaient les citoyens d'une grande ville musulmane qui avaient ainsi massacré et pillé leurs concitoyens! Et les représentants du gouvernement turc loin d'y mettre opposition l'avaient encouragé! Et rien ne dit que ces scènes de carnage ne se renouvelleront pas tôt ou tard, tant il est vrai que le Mahométisme nourrit sans cesse contre le Christianisme une animosité opiniâtre que l'on peut comprimer quelquefois, mais non pas éteindre complétement.

« Jamais, dit le *Times*, le Mahométisme ne renoncera à ses haines cruelles, jamais il ne rejettera la pierre angulaire de son édifice, laquelle n'est autre que la destruction des *infidèles (les chrétiens)*. Le Mahométisme voudra détruire tant qu'il ne sera pas détruit. Si vous en doutez, lisez cette prière qui est récitée, tous les vendredis, dans toutes les mosquées, et même dans celle de Tippou, à Calcutta : « O Allah! sauve le Sultan et détruis les *infidèles*. Amène la honte sur leurs femmes, rends leurs enfants orphelins, et fais-les dépérir de chagrin, eux et leurs descendants, et leurs femmes, et leurs bestiaux, afin qu'ils deviennent la proie des Musulmans. » Tels sont les sentiments dans lesquels sont nourris les sectateurs de Mahomet. On conçoit qu'avec cela, ils soient peu disposés à supporter les Chrétiens quand ils se sentent les plus forts. »

A ces tristes réflexions vient se joindre cette autre pensée : Qu'ont fait les gouvernements d'Europe pour venger l'honneur de leurs drapeaux insultés dans le pillage des consulats? Qu'ont-ils fait pour venger, par la punition des assassins, le sang des chrétiens si cruellement répandu, et pour leur obtenir réparation des pertes incalculables qu'ils ont subies? Nous avons vu, il est vrai, la France, protectrice avouée des catholiques d'Orient, cette France, au cœur généreux, qui est toujours prête à tirer sa vaillante épée pour couvrir de son égide les peuples opprimés, nous l'avons vu, dis-je, s'élancer au secours des chrétiens de la Syrie, mais nous savons aussi que la main de l'Angleterre, encore souillée de son contact avec les égorgeurs musulmans, a retenu le bras de la France et l'a empêchée de prendre la défense des victimes d'une manière aussi efficace qu'elle aurait voulu le faire. Du reste, le choléra a fait justice de la ville homicide, car, en août 1865, plus de 45,000 musulmans y avaient déjà été emportés par ce fléau.

A l'époque de ma visite, il y avait plus d'un an que les massacres avaient eu lieu, on ne s'occupait pas de rien reconstruire. Depuis, les chrétiens sont revenus, mais en petit nombre, à Damas; ils sont toujours dans la méfiance et préfèrent habiter les villes du littoral où ils sont moins en danger. Espérons que les communications rendues plus fréquentes entre Beyrouth et Damas, par la grande route qui les relie, contribueront à amoindrir le fanatisme damasquin, par le commerce des Européens et les progrès de la civilisation. Les Franciscains, sans se décourager, sont retournés à Damas, où ils continuent à diriger la pauvre paroisse latine.

III — ABD-EL-KADER

J'ai cité le dévouement d'Abd-el-Kader, le lecteur me saura gré, je pense, d'appeler son attention sur cet homme qui a sa place marquée dans l'histoire.

Abd-el-Kader est né au commencement de l'année 1223 de l'hégire (1808), dans la plaine de Ghris, près de Mascara (Algérie). Son père, Mahi-ed-Din, joignait à la dignité de marabout celle de *Chérif* (*descendant de Mahomet*), et jouissait d'une grande influence dans une province où la noblesse religieuse a été et est encore la seule noblesse.

Il fit faire à son fils ses premières études dans une école gratuite qu'il avait établie près de sa demeure. Abd-el-Kader fit de rapides progrès dans les exercices de l'esprit et dans ceux du corps, et, à quatorze ans, Mahi-ed-Din l'envoya à Oran pour compléter, dans l'une des écoles les plus célèbres de cette province, son instruction littéraire. Au bout de quelques mois passés dans cette ville, Abd-el-Kader revint au toit paternel et termina son éducation auprès de nombreux *tholbas* (*lettrés*) qui s'y donnaient rendez-vous. En 1827, il fit avec son père le pélerinage de la Mecque et alla même jusqu'à Bagdad. L'année suivante, ils retournèrent à la Mecque, puis rentrèrent dans leur patrie. Ce fut en 1830 qu'eut lieu le mariage d'Abd-el-Kader avec sa cousine Kheïra. Quelques mois après, le 5 juillet, les Français entraient en vainqueurs à Alger. Les arabes, voyant leur pays envahi par les Chrétiens, réunirent leurs efforts pour résister aux ennemis. Mais il leur fallait un chef. Trois tribus s'adressèrent à Mahi-ed-Din. Celui-ci refusa en s'excusant sur son grand âge. Ils demandèrent alors Abd-el-Kader qui s'était déjà distingué par des prodiges de valeur en combattant contre nos soldats, et le proclamèrent Sultan des Arabes, le 22 novembre 1832. Abd-el-Kader avait alors 24 ans.

Le jeune Sultan fait de Mascara sa capitale. Il entre dans une mosquée, et, du haut de la chaire, proclame *la Guerre-Sainte*. La foule qui remplit le temple ratifie son élection, et fait serment de le suivre partout, dans *les combats de Dieu*, pour défendre la foi de l'Islam. On sait comment, pendant quinze années, Abd-el-Kader lutta avec courage et habileté contre une armée que la France se vit forcée de porter au chiffre énorme de 106,000 hommes. C'est de l'histoire contemporaine. Enfin, comprenant que sa cause était perdue, et qu'il ne pouvait plus soutenir une guerre désastreuse contre son puissant ennemi, Abd-el-Kader prit, bien à regret, le parti de se rendre. Il écrivit donc au brave général de Lamoricière pour lui dire qu'il était prêt à cesser la lutte, si la France s'engageait à le transférer en Orient avec sa famille. Le général fit, au nom du gouvernement, la promesse qui lui était demandée, et aussitôt Abd-el-Kader alla faire sa soumission entre les mains du duc d'Aumale, qui ratifia les engagements pris par Lamoricière ; c'était le 23 décembre 1847. Le surlendemain, l'émir, sa famille et quelques-uns de ses plus dévoués serviteurs étaient transportés à Toulon et internés au fort Lamalgue. Le 12 avril 1848, Abd-el-Kader et les siens durent aller prendre leur résidence au château de Pau. Tous étaient en proie à la plus profonde douleur, en se voyant retenus dans une prison, tandis qu'on leur avait promis la liberté sur une terre musulmane.

La République ne put se décider à tenir les engagements pris avec Abd-el-Kader par le gouvernement de Louis-Philippe, et l'émir eut alors beaucoup de peine à calmer l'indignation furieuse de ses fidèles compagnons. On croyait généralement en France que l'émir, en commandant le massacre de 300 de nos prisonniers de la Deïra, en 1846, s'était mis hors la loi; mais il est prouvé maintenant qu'Abd-el-Kader n'est point coupable du sang qui a coulé dans ce déplorable épisode de nos guerres algériennes (1).

Les captifs, pleins de tristesse, furent encore transférés au château d'Amboise, le 2 novembre 1848. Mais le jour de la liberté, attendu pendant cinq ans, devait enfin luire pour eux. Le 16 octobre 1852, le prince Louis-Napoléon, président de la République, alla visiter l'ex-sultan des Arabes pour lui annoncer qu'il brisait ses fers. On comprend, mieux qu'on ne peut le dire, quelle dût être la joie des prisonniers à cette heureuse nouvelle. Quelques jours après, Abd-el-Kader vint à Paris pour témoigner au prince sa reconnaissance; il fut sans doute saisi d'admiration au milieu des splendeurs de la grande capitale. On a cité des paroles qu'il prononça pendant ses promenades dans Paris, et qui sont de nature à faire apprécier son génie; pour moi, je ne rapporterai que celles qui font connaître son cœur généreux. L'émir termina sa visite à l'hôtel des Invalides par celle de l'infirmerie. Il prit la main d'un vieux soldat malade, et s'adressant aux personnes qui l'entouraient : « Je sortirais, dit-il, complètement heureux de cet hôtel des blessés, parceque j'ai vu le tombeau du sultan Napoléon, si je n'emportais avec moi la pensée que je laisse, dans cet asile, des hommes qui y sont ou par moi ou par les miens. » Abd-el-Kader demanda ensuite à être conduit chez l'archevêque, Mgr Sibour. « J'ai voulu, dit-il en l'abordant, porter à l'un des principaux chefs de la religion des chrétiens mes remercîments pour le bien qu'ont fait à moi, à ma famille et à mes compagnons, les *Sœurs*

---

(1) Voir : *Abd-el-Kader au château d'Amboise*, par Mgr Dupuch, et *Abd-el-Kader, sa vie politique et militaire*, par Bellemare, XVI.

qui ont soulagé à Amboise nos douleurs et nos infirmités. Ce sont de saintes femmes, je prie Dieu de les récompenser, dans l'impuissance où je suis de le faire moi-même. » Huit ans après, Abd-el-Kader payait sa dette de reconnaissance envers les religieuses d'Amboise, en sauvant leurs sœurs à Damas, comme nous l'avons vu plus haut. Notre ancien ennemi a beaucoup gagné à être mieux connu, et bien des personnes sont revenues sur l'idée peu avantageuse qu'elles s'étaient faite de cet enfant du désert. Ce chef de Bédouins, par ses rares qualités, est fort élevé au-dessus de ses compatriotes, et n'a combattu nos soldats, pendant si longtemps, que parce qu'il voulait défendre les deux choses qui sont les plus chères au cœur de l'homme de bien : sa religion et sa patrie.

Le 21 décembre 1852, Abd-el-Kader s'embarqua pour Constantinople et il s'installa en Asie, à Brousse, qui lui avait été assignée comme résidence. Echappé avec les siens à l'horrible tremblement de terre, qui détruisit une partie de cette ville, l'émir revint à Paris pour solliciter son changement de demeure. C'était en 1855, au moment où la cité-reine de la mer Noire venait de succomber sous les valeureux efforts de l'armée française. Un *Te Deum* fut chanté pour remercier Dieu de la prise de Sébastopol. Abd-el-Kader se rendit à Notre-Dame pour cette solennité. Le peuple fut extrêmement touché de voir ce guerrier, qui avait combattu si souvent, et quelquefois avec succès, les soldats de la France, s'associer aux joies de ses triomphes, et, à la sortie de l'église, il le remercia par une chaleureuse ovation. En visitant, à l'Exposition universelle, l'immense galerie où fonctionnaient ces machines qui centuplent le travail de l'homme, l'émir prononça ces mots : « Ce lieu est le palais de l'intelligence animée par le souffle de Dieu. » Abd-el-Kader, autorisé par l'Empereur Napoléon III à s'établir à Damas, partit de Marseille pour se rendre dans cette ville où il arriva, au commencement de décembre 1855, suivi de cent dix personnes, parmi lesquelles sa famille figurait pour vingt-sept. Peu après, une centaine d'Algériens vinrent le rejoindre.

A Damas, comme à Toulon, comme à Amboise, l'emploi du temps de l'émir est réglé heure par heure ; il ne quitte ses livres que pour se rendre à la mosquée, au premier chant du muezzin ; il ne quitte la mosquée que pour retourner à ses livres, ou pour entretenir des conférences avec les *tholbas (lettrés)* ; il se consacre en même temps à l'éducation de ses quatre fils. Abd-el-Kader est l'objet de la vénération de ses coreligionnaires, à raison de sa triple qualité de descendant du *Prophète*, de chef de la *Guerre-Sainte*, et d'homme de lettres distingué, car on dit que pas un seul lettré de Damas ne possède une érudition plus vaste que la sienne, notamment dans tout ce qui se rapporte aux commentaires du Coran et du *hadits* (*tradition*.) Il est membre de la savante *Société Asiatique* de Paris, pour laquelle il a composé, en 1855, un livre dont les considérations philosophiques, religieuses, historiques, font voir sa science profonde et son esprit élevé (1).

Me trouvant dans la même ville qu'Abd-el-Kader, j'exprimai à notre Consul le désir de lui rendre visite. M. Outrey, avec sa bienveillance ordinaire, m'offrit de me donner pour guide son secrétaire, M. Lanusse, celui qui partagea avec Abd-el-Kader la gloire de sauver les chrétiens du massacre, en 1860. M. le comte de S* nous accompagna. Après mille détours dans les rues tortueuses du quartier musulman, nous arrivâmes à la porte de l'émir. On frappa. Un grand Algérien, enveloppé dans son burnou dont la blancheur contrastait avec ses membres noircis par le soleil, vint ouvrir, nous fit traverser une cour et nous introduisit dans le salon. Cette pièce n'était pas très-vaste, mais elle était richement ornée dans le goût oriental dont j'ai déjà parlé en décrivant les maisons de Damas. Nous venions de prendre place sur le divan quand Abd-el-Kader parut; il nous salua avec une politesse dont la gravité n'excluait pas l'amabilité, et me fit asseoir à côté de lui. L'émir est le type parfait de la race arabe, une des plus belles du genre humain. Son visage est ovale, son front large; ses yeux d'un gris-bleu respirent l'intelligence et la douceur, il les tient habituellement baissés; son nez est aquilin et son menton garni d'une barbe noire mais peu fournie. Sa figure, agréable quoiqu'un peu pâle, a un certain caractère méditatif, cependant elle s'anime facile-

---

(1) La *Société Asiatique* fut fondée à Paris, en 1822, par les orientalistes les plus éminents de l'époque, tels que Silvestre de Sacy et Champollion jeune, pour entretenir les études sur l'Orient; c'est dans ce but qu'elle publie le *Journal Asiatique*. Elle compte plus de 300 membres tant en France qu'à l'Étranger, et est en rapport avec les Sociétés Asiatiques de Londres, Leipzig, Calcutta, Shanghaï, Ceylan, etc.

ment et devient alors des plus expressives. Abd-el-Kader a la parole brève, une voix harmonieuse et sympathique, des manières simples mais pleines de distinction. Il est d'une taille moyenne, et il a quitté le burnou blanc des Bédouins, avec lequel on le représente ordinairement, pour adopter le costume des habitants de Damas. Il portait alors une robe à fond blanc rayé de rose, et une espèce de tunique à manches larges en cachemir, de couleur claire, qui ne descendait qu'aux genoux. Sa tête était couverte d'un turban gris-blanc. L'émir ne sait que quelques mots de français, entre autres celui de *liberté* qu'il a prononcé très-souvent pendant qu'il était captif. M. Lanusse nous servit d'interprète. Nous commençâmes par féliciter Abd-el-Kader de sa belle conduite pendant les massacres. Il répondit avec beaucoup de modestie qu'il n'avait fait que son devoir, et qu'il avait été heureux de témoigner sa reconnaissance envers la France, en protégeant les chrétiens. Plusieurs fois dans le cours de la conversation l'émir a souri, toujours il a été plein de gracieuseté. Dès le commencement, on nous avait apporté des pipes dont les tuyaux, longs de cinq ou six pieds, étaient chamarrés de dessins en fils d'or ; un quart d'heure après, un Algérien entra tenant dans ses mains un plateau recouvert d'un voile en velours rouge, à riches broderies d'or ; il s'avança vers son maître qui ôta le voile. Nous vîmes alors des tasses à café rangées sur le plateau, avec de petits vases en argent artistement ciselés et destinés à recevoir les tasses, pour qu'on ne se brûle pas les doigts. Nous eûmes donc le plaisir de boire avec Abd-el-Kader un délicieux moka. (Les pipes, le café et les sorbets ou confitures sont l'accompagnement obligé de toute visite orientale ; de plus, pour le grand cérémonial, les esclaves aspergent les visiteurs avec de l'eau de rose renfermée dans des bouteilles de cuivre doré, et l'on brûle des parfums dans de charmantes cassolettes.) Quand nous levâmes le siége, je demandai à l'émir quelques lignes de sa main comme souvenir de sa réception, et le lendemain il m'envoya à mon hôtel la lettre suivante, que j'ai fait traduire de l'arabe et qui est munie de son cachet sur lequel sont gravés ces mots : Abd-el-Kader, fils de Mahi-Eddin, 1271 (1).

---

(1) On sait que les musulmans ont pris pour ère *l'hégire,* ou fuite de Mahomet de la Mecque à Médine, le 15 juillet 622.

« LOUANGE AU DIEU UNIQUE ! »

« Le religieux qui fait abstinence du monde et qui a abandonné
« ses beautés, M. Santinian, prêtre d'Orléans, m'a fait une visite
« à Damas, pendant qu'il voyageait de pays en pays, et qu'il faisait
« les détours des vallées et des rases campagnes, en traversant les
« torrents.

« Il n'y a que les hommes au cœur généreux, et qu'on ne rencontre
« pas fréquemment, qui ont le courage d'affronter les périls du voyage,
« d'après ce qui a été dit (*poésie*) :

« Agitez votre étrier dans la plaine, et laissez le plaisir du chant
« aux splendides palais,

« Car sans le voyage et le déplacement les perles de l'Océan ne
« seraient point parvenues jusqu'aux jolis cous. »

« La mi Rabi-Sani, 1278

(*le 21 octobre 1861*)

(*Signé*) « Abd-el-Kader,

« Fils de Mahi-Eddin,

(*Cachet*) « descendant d'El-Haçan. »

En nous disant adieu, Abd-el-Kader nous serra affectueusement les mains et nous reconduisit jusqu'à la porte de la cour. Là nous trouvâmes l'un de ses fils, Sy-el-Hachemy, âgé d'environ 15 ans, il nous salua aussi d'un air très-amical. L'émir possède plusieurs maisons à Damas ; celle dans laquelle nous l'avons visité est la même qui servit de refuge aux femmes chrétiennes pendant les derniers massacres. Il reçoit de l'Empereur Napoléon III un subside annuel de cent mille francs qu'il partage avec ses nombreux compagnons d'exil ; il en emploie aussi une partie considérable en œuvres-pies, présents aux mosquées, et abondantes aumônes aux indigents.

« A nos yeux, dit un écrivain qui connaît particulièrement le héros algérien, le caractère de l'homme, le mobile de ses actions peuvent se résumer en un mot : Abd-el-Kader est l'idéal du musulman intelligent et convaincu. Ceux qui ont été à même de l'approcher, de vivre de sa vie intime, peuvent dire avec quelle foi, quel recueillement, quelle scrupuleuse exactitude l'émir accomplit, non-seulement les prescriptions de sa loi religieuse, mais encore les prières ou les actes de dévotion simplement conseillés comme œuvres surérogatoires.

« Le sentiment religieux qui, chez l'émir, est poussé jusqu'aux limites les plus extrêmes, a eu un résultat qui, de la part d'un musulman, peut au premier abord paraître contradictoire : nous voulons parler de sa déférence pour les membres du clergé chrétien. Mais il est facile de se l'expliquer si l'on songe que, pour Abd-el-Kader, un prêtre est un homme craignant Dieu, obéissant avec exactitude aux préceptes d'une révélation divine, révélation qui n'a qu'un tort à ses yeux, c'est d'être antérieure à la sienne ; cet homme a une croyance au milieu de tant d'autres qui n'en ont pas ; c'est un marabout d'un culte différent, il honore sa conviction (1). »

On sait qu'Abd-el-Kader était lié d'une étroite amitié avec Mgr Dupuch, premier évêque d'Alger.

« Avant de quitter Damas, dit Mgr Lavigerie, archevêque d'Alger, et alors, en 1860, directeur de l'*Œuvre des écoles d'Orient*, je crus avoir à remplir, au nom de ceux qui m'envoyaient, un devoir auquel je me sentais, du reste, disposé par mon cœur. Je venais, en effet, secourir nos malheureux frères, et si j'en trouvais encore à Damas qui pussent profiter de ces secours, je le devais à la protection d'un homme qui s'est fait un nom dans nos guerres d'Afrique, mais qui a encore grandi dans l'opinion en défendant durant des jours funèbres, nos coreligionnaires d'Orient. Je n'oublierai pas aisément l'entrevue que j'eus alors avec l'émir. Sa figure calme, douce et modeste, sa parole grave et ferme, l'esprit de justice et d'inébranlable fermeté qui paraissait dans tous ses discours, répondaient à l'idée que, d'avance, je m'étais faite de lui. Un de nos plus illustres prélats m'avait chargé, en partant, de lui dire que sa conduite si noble ne l'avait point surpris, car il n'avait jamais connu d'homme qui pratiquât mieux la justice naturelle. Je m'acquittai de ce message et d'autres encore expri-

---

(1) Bellemare, *Abd-el-Kader*, p. 451.

mant la même pensée, et l'émir avec une rare modestie, se frappant la poitrine à la manière arabe, me répondit : « J'ai fait mon devoir et je ne mérite pas d'éloges pour cela. Je suis seulement très-heureux qu'en France on soit content de ce que j'ai fait, car j'aime la France, et je me souviens de tout ce que j'en ai reçu. »

« La conversation se porta sur les évènements de Syrie. Je l'écoutais avec admiration et avec bonheur, lui musulman sincère, parler un langage que le christianisme n'eût pas désavoué. Lorsque je me levai pour sortir, il s'avança vers moi et me tendit la main. Je me souvins que c'était la main qui avait protégé contre la mort nos frères malheureux, et je voulus la porter à mes lèvres en signe de reconnaissance, mais il ne le voulut pas souffrir de moi, quoiqu'il acceptât cet hommage de tous les autres, parce qu'il voyait en ma personne un ministre de Dieu. Je compris sa pensée et je lui dis : « Emir, le Dieu que je sers peut être aussi le vôtre; tous les hommes justes doivent être ses enfants. » — J'exprimais une espérance. — Il me regarda fixement, et je le quittai plus ému que je ne le saurais dire (1). »

Quant à la conversion d'Abd-el-Kader, nous la désirons plus que nous ne l'espérons. Sans doute, si l'émir connaissait la religion chrétienne, les preuves nombreuses et irréfutables démontrant sa divinité, et sa puissance civilisatrice qui l'élève si fort au-dessus de l'islamisme, son grand cœur l'embrasserait volontiers; mais il ne la connaît pas et il ne cherche pas à la connaître, parce qu'il a la conviction sincère qu'il trouve dans la sienne les vrais moyens de s'unir à la divinité. Si Abd-el-Kader n'est pas chrétien, il est digne de l'être. « Oui, pauvre musulman, ta générosité si ce n'est pas encore la charité, sa divine sœur, t'a fait plus grand en un jour que toutes les gloires du champ de bataille; ton nom est dans toutes les bouches; il n'est pas de lèvres chrétiennes qui ne demandent à Dieu de te faire entrer dans la famille catholique dont tu t'es fait déjà un des plus vaillants soldats (2). »

Plusieurs des coreligionnaires d'Abd-el-Kader, voyant son zèle à protéger les chrétiens, ont cru qu'il l'était lui-même, et pour éviter

---

(1) L'abbé Lavigerie, *Les Chrétiens de Syrie*, § IV.
(2) Discours de Mgr le Cardinal Donnet, au comice agricole de Lauden, le 22 août 1860.

d'entendre son nom flétri du titre d'*infidèle*, il a dû faire de nouveau le pèlerinage de la Mecque, et néanmoins des fanatiques ont tramé contre sa vie des intrigues qu'il a heureusement déjouées. On se rappelle qu'en 1865 et 1867, il est revenu visiter la France, sa véritable patrie, comme il l'a dit en débarquant à Marseille, et il a reçu parmi nous l'accueil le plus flatteur. Deux de ses fils, Sidi-Mohamed et Sidi-Mahi-Eddin, sont aussi venus à Paris. Le gouvernement français leur a accordé des armes d'honneur, en récompense de leur courage à défendre les chrétiens, avec leur père, en 1860.

CHAPITRE IV

BAALBEK

Nous quittâmes Damas, le 22 octobre, pour nous rendre à Baalbek, en remontant le Baradah, jusqu'à sa source. Tantôt nous suivions le fond de la vallée par des chemins ombragés de peupliers et de platanes, quelquefois il fallait traverser à gué le fleuve lui-même qui est très-rapide, tantôt nous gravissions sur des hauteurs stériles. Le soleil se couchait lorsque nous arrivions à *Aïn-Fidjéh*, (*la fontaine de Fidjéh*). Cette source, entourée d'arbres fruitiers et de beaux jardins en terrasses, est une des principales de la Syrie; elle alimente un large ruisseau, affluent du Baradah. Nous passâmes cette première nuit dans une maison du pauvre hameau de Fidjéh, et le lendemain, de bonne heure, nous étions en route. Bientôt nous atteignîmes le village de *Souk-Wadi-Baradah*, (*marché de la vallée du Baradah*); il n'offre de curieux que sa construction en terrasses superposées au-dessus des profondeurs où mugit le Baradah, et sa situation pittoresque dans une gorge dominée par de hautes murailles de rochers qui ne laissent entrevoir aucune issue. Ce village occupe l'emplacement d'*Abila*, l'ancienne capitale du petit état d'Abilène dont saint Luc fait mention dans son Evangile où il est dit: qu'à l'époque où saint Jean prêchait dans le désert, « Lysanias était tétrarque d'Abilène (III, 4). » Il reste quelques ruines de cette ville; on voit encore sa nécropole. Les grottes sépulcrales sont nombreuses. Ce sont des chambres profondes, creusées dans les rochers au-dessus des précipices. Non loin de là, le Baradah tombe en cataractes écumantes d'une vingtaine de pieds de hauteur, au-dessous des débris d'un pont romain. Quelque temps après, nous arrivons à un gros village, construit au bas de collines fertiles et entouré d'arbres fruitiers, qui nous rappellent la végétation de la France. C'est Zebdany, habité par une population de 3,000 âmes, moitié musulmane et moitié chrétienne. De longs rideaux de peupliers agitent sur les bords de l'eau leur feuillage argenté. Nous nous arrêtons pour déjeuner chez le cheik, dans un charmant kiosque, à l'endroit même où M. de Lamartine s'est reposé et dont il a fait ainsi la description :

« Pendant cette entrevue, le vénérable cheik de Zebdany nous avait conduits sur une terrasse qu'il a élevée tout près de sa maison, au bord du fleuve. Des piliers, plantés dans le lit même de la rivière, portent un plancher recouvert de tapis ; un divan règne autour, et un arbre immense, pareil à ceux que j'avais déjà vus au bord du chemin, couvre de son ombre la terrasse et le fleuve tout entier. C'est là que le cheik, comme tous les Turcs, passe ses heures de loisir, au murmure et à la fraîcheur des eaux du fleuve, écumantes sous ses yeux, à l'ombre de l'arbre, au chant de mille oiseaux qui le peuplent; c'est un des plus beaux sites que j'aie contemplés dans mes voyages. La vue glisse sur les dernières croupes arrondies et sombres de l'Anti-Liban que dominent les pics de neige; elle descend avec le fleuve et ses vagues d'écume, entre les cîmes inégales des forêts d'arbres variés qui tracent sa course, et va se perdre avec lui dans les plaines descendantes de la Mésopotamie qui entrent, comme un golfe de verdure, dans les sinuosités des montagnes. »

A l'ouest, la vallée est bordée par une chaîne de montagnes (l'Anti-Liban,) nue et dentelée comme une scie. C'est du pied de ces bizarres rochers que sortent les deux sources du Baradah : l'Aïn-Baradah et l'Aïn-el-Awar, qui se réunissent à Souk-Baradah. Non loin d'Aïn-el-Awar, se montre, dans un édifice, un long tombeau. On l'appelle *Nebi-Schit (le prophète Seth)*, parce que c'est là, dit-on, qu'est enterré le troisième fils d'Adam. Il faisait complétement nuit quand nous entrions à Sourghaya, habité par des Métualis. A peine avions-nous mis pied à terre, sur une place à l'entrée du village, que nos chevaux s'échappant se mirent à se battre dans une affreuse mêlée, au milieu de laquelle je me risquai pendant quelques instants et où je faillis être écrasé. Nous allâmes coucher chez un notable, toujours à l'arabe, c'est-à-dire à la dure. Le lendemain, après avoir franchi l'Anti-Liban, nous nous trouvâmes dans la vaste plaine de Békaa. Des ours, sortis de leurs tannières, s'enfuirent à notre approche. Notre petite caravane fit halte, pour déjeuner, dans un misérable hameau, dont les habitants nous parurent passablement sauvages. Tous nous regardaient avec une vive curiosité, comme des hommes d'un autre monde, mais sans aucun air d'hostilité. Leur vêtement était des plus simples, car il ne se composait que d'une courte chemise et d'une petite calotte. Après quelques heures de marche, nous pûmes jouir d'un point de vue presque aussi admirable que celui de Damas, mais d'un genre différent. Les ruines gigantesques de Baalbek se dressaient devant nous, avec une majesté que leur état de délabrement ne leur enlève point. Les énormes colonnes, les temples, apparaissaient dans le lointain, mêlés à la verdure des peupliers ; et, à côté, les maisons de Baalbek, entourées d'une vieille muraille crénelée et de tours, s'adossaient au pied de l'Anti-Liban. Tout cela nous offrait le plus pittoresque panorama. Nous mîmes pied à terre chez l'archevêque grec-catholique ; on sait qu'il aime à exercer l'hospitalité.

Baalbek signifie ville de Baal. Par le mot *Baal* (*seigneur*), les Syro-Phéniciens entendaient Dieu ou le plus grand des dieux, Bélus, Jupiter, le Soleil, dont le culte était fort répandu parmi eux. Le nom d'*Héliopolis* (*ville du soleil*) fut imposé à Baalbek par les Séleucides et adopté par les Romains. L'histoire ne nous a transmis que peu de détails sur cette cité antique. La Bible l'appelle *Baalath*, et nous apprend qu'elle fut bâtie, ou du moins agrandie, par Salomon (III *Rois*, ix, 18). Selon Macrobe, ce furent des prêtres d'Héliopolis d'Egypte qui y apportèrent le culte du soleil, sous le nom de Jupiter. Ce dieu était représenté par une statue d'or, sous l'apparence d'un jeune homme élevant dans sa main droite un fouet comme un conducteur de char, et tenant dans la main gauche la foudre et des épis. Grâce à sa position au milieu d'une plaine fertile, au point où se croisait tout le commerce de l'ancien monde, entre Tyr, Sidon et Palmyre, entre l'Egypte et la Babylonie, Baalbek devint promptement une des villes les plus importantes de la Syrie. Jules-César la réduisit en colonie romaine. Constantin fit fermer les temples païens, et l'on vit alors le christianisme sanctifier une terre souillée depuis tant de siècles. Julien-l'Apostat rétablit sur leurs autels les infâmes idoles ; mais ce ne fut pas pour longtemps et après lui elles furent renversées pour toujours. Sous les empereurs byzantins, le nom d'Héliopolis n'est guère cité que pour rappeler quelques-uns de ses martyrs et de ses évêques. Les troupes d'Omar s'emparèrent de cette ville, en 636. Dès lors il n'en fut plus question que comme d'une place de guerre pendant la domination des Arabes. Ils se servirent des précieux restes de ses temples pour construire des tours et autres fortifications. Les Turcs ont fait de Baalbek ce qu'ils ont fait de tout ce qu'ils possèdent... ils l'ont laissé périr.

Aujourd'hui Baalbek n'est plus qu'une triste bourgade de 2,000 âmes, habitée par des Métualis de la pire espèce et quelques grecs-unis. Personne ne parlerait de cette ville sans les ruines qui ont fait sa célébrité, et qui ont donné lieu aux descriptions les plus poétiques, où toutes les formules de l'admiration ont été prodiguées. Essayons donc, — et ce n'est pas chose facile, — de faire connaître ces curieux monuments qui, par leur grandeur égalent presque ceux de l'Egypte, et sont comparables à ceux de la Grèce par la perfection de leur style. Ils sont au couchant et au bas du village. On y parvient en escaladant des monceaux de pierres entre lesquels on est mal à l'aise; non qu'il y ait quelque danger; (de pareils blocs ne se déplacent pas facilement, il faut pour cela des tremblements de terre;) mais l'homme se voit si petit, si impuissant, qu'il sent que le rôle qu'il joue, dans ces décombres, est celui de fourmis.

Les principales antiquités de Baalbek sont renfermées dans un vaste périmètre que nous pouvons nommer acropole, ce sont : de larges propylées, deux cours spacieuses, l'une hexagonale, l'autre rectangulaire, aboutissant aux ruines du grand temple du soleil, puis au S.-E. le temple de Jupiter ; le tout est entouré de hautes murailles que les Arabes ont converties en forteresse, par des constructions ultérieures. Pour suivre l'ordre dans lequel les objets se présentent aux visiteurs, nous devons commencer notre description à rebours. M. Joanne (*Itin. de l'Orient*) va nous guider dans ce dédale d'architecture. (*Voir le plan de Baalbek à la fin du présent volume*).

« Le *Temple de Jupiter*, que l'on appelle aussi le *Petit Temple* malgré ses proportions gigantesques, est le premier monument que nous rencontrons. C'était un édifice périptère, orienté de l'Est à l'Ouest, avec quinze colonnes de côté sur huit de front (les colonnes d'angles deux fois comptées), en tout quarante-deux colonnes à chapiteaux corinthiens mais non cannelées. Le *pronaos* contenait de plus, sur un second rang, six colonnes cannelées, et, sur un troisième, deux colonnes également cannelées répondant aux autres qui terminaient les murs latéraux de la *cella*, en tout quarante-six colonnes. L'édifice entier mesurait 36 mètres de longueur et 19 de largeur. La *cella*, qui subsiste encore entièrement, était du style corinthien le plus riche. Le diamètre des colonnes avait 1 mètre 90, et la hauteur totale avec la base et le chapiteau 19 mètres 81. Voyons maintenant ce qui reste de cet admirable monument. La face latérale Sud, qui domine l'enceinte extérieure, est celle qui a le plus souffert. Il ne demeure que quatre colonnes du péristyle, le reste a été renversé. Une colonne dérangée de sa base est appuyée obliquement contre le mur de la *cella*, dans une position précaire qui attire tout d'abord l'attention sur elle. La façade Ouest présente encore deux colonnes entières debout et supportant une frise, continuation de celle qui fait le tour du temple ; on remarque la belle construction du mur de la *cella*, orné de deux pilastres corinthiens aux deux angles. « Rien de si parfait, dit Volney, que la coupe de ces pierres ; elles ne sont jointes par aucun ciment, et cependant la lame d'un couteau n'entre pas dans leurs interstices. » D'immenses tronçons monolithes des colonnes, des fragments énormes de la corniche et du plafond sculpté du péristyle gisent au pied du temple. Un fragment de fût monolithe n'a pas moins de 6 mètres 70 de long sur 1 mètre 78 de diamètre. Le fût tout entier était formé de trois pièces jointes ensemble par un morceau de fer fiché dans leur centre, et scellé avec du plomb. Ces fragments à terre sont si gigantesques qu'on a peine à se figurer qu'ils aient appartenu à la colonnade du temple. Il faut mesurer le diamètre des colonnes encore debout pour s'assurer qu'il est le même que celui des fragments ; c'est une illusion qu'on retrouve assez souvent dans les ruines des grands édifices. Ce qui est triste à penser, c'est que ces colonnes n'ont pas toutes été renversées par les tremblements de terre, mais plusieurs l'ont été par la stupide avidité des Arabes, dans le but d'en extraire le fer ou le plomb qui avaient servi à les sceller. La colonne d'angle de la face ouest est encore toute noircie par l'explosion d'un fourneau de mine qu'un commandant turc inepte, Tadmour-Pacha, y a creusé il y a quelques années afin de recueillir pour environ vingt francs de plomb. La façade Nord est la mieux conservée; elle présente neuf colonnes debout, supportant une frise et une corniche de la plus grande richesse. Le plafond qui reliait la colonnade à la *cella* est encore presque entièrement conservé; il est admirablement sculpté, et divisé en caissons, de forme alternativement losangique et hexagonale, contenant des figures en haut relief qui toutes ont été mutilées. On y reconnaît cependant des têtes d'empereurs et de divinités.

« Du côté de la face Est, était le *pronaos*, il n'en reste que deux colonnes. (En 1784, Volney a trouvé au petit temple vingt colonnes debout; c'est-à-dire trois de plus qu'aujourd'hui). Entre les deux beaux pilastres qui formaient de ce côté l'extrémité des murailles de la *cella*, s'élève un mur construit par les Arabes au moment où ils ont converti le temple en forteresse, et qui masque complètement l'entrée du temple. Par un trou, on pénètre en rampant dans la seconde partie du *pronaos*, à moitié comblée par la terre et des blocs écroulés, et l'on est face à face avec la grande porte du temple. Cette porte, de forme rectangulaire, est d'un grandiose qui saisit; sa largeur est de 6 mètres 25; sa hauteur véritable ne peut être mesurée, mais elle devait être d'au moins 12 à 15 mètres; les montants qui la soutenaient sont monolithes. L'ornementation est du style corinthien le plus riche; tout autour règne une bordure de 1 mètre 20 de largeur, remplie de fruits, de fleurs et de feuilles de vignes. La face antérieure du linteau forme une frise sculptée, avec des figures tenant à la main des raisins. L'énorme bloc qui forme la clef de voûte a glissé par suite du tremblement de terre de 1759 ; mais, étant taillé en forme de coin, il s'est arrêté entre les deux gros blocs latéraux, et il est resté suspendu dans une position menaçante. Quelqu'inquiétude que l'on puisse en concevoir pour la solidité de la porte, on ne peut nier que cet accident ait beaucoup ajouté à son aspect pittoresque. A la face inférieure de cette pierre suspendue, on voit un aigle, les ailes déployées, tenant dans ses serres un caducée et dans son bec une guirlande de fleurs qui s'étendait des deux côtés. Sur le bloc de droite, elle est bien conservée et l'extrémité en est soutenue par un génie ailé de la forme la plus gracieuse. Volney a remarqué que ce n'était point la figure de l'aigle romain, mais celle de l'aigle oriental que l'on retrouve à Palmyre et qui était consacré au soleil.

« L'intérieur du temple a 49 mètres de long sur 26 de large ; il surprend par la régularité des blocs qui forment la muraille, et surtout par la somptuosité de son ornementation. En effet, de chaque côté on compte 7 colonnes engagées et 3 pilastres, tous cannelés et à chapiteaux corinthiens, surmontés d'une frise de guirlandes soutenues par des têtes de satyres, de chevaux, de taureaux, etc. L'entrecolonnement est partagé en deux étages par une frise à mi-hauteur. L'étage inférieur présente des niches à voûtes cintrées, et l'étage supérieur d'autres niches surmontées d'un fronton triangulaire. Ces niches sont richement ornées, mais presque tous leurs soutiens sont tombés. Tout ce luxe d'ornements n'est peut-être pas d'un goût très-pur, cependant l'effet général en est magnifique. La hauteur du mur latéral était de 10 mètres 23. Le fond de la *cella*, à l'Ouest, est beaucoup plus simple, et ne présente qu'une grande muraille avec deux pilastres corinthiens et la continuation de la frise intérieure. Cette partie de la *cella* formait un sanctuaire séparé de la grande enceinte du *naos* par des colonnes et des arceaux dont on voit encore quelques restes, du côté du Sud. Son niveau était plus élevé que celui du *naos*, et l'on trouve au-dessous des chambres voûtées, où l'on descend par un escalier sur les parois duquel se lit une inscription coufique. Le milieu de l'enceinte est encombré des débris du plafond qui est éboulé. On distingue encore dans l'enceinte du *naos* les soubassements de deux murailles parallèles à l'axe du temple et partant des deux côtés de la grande porte, de manière à diviser cette partie de l'édifice en trois nefs. Revenant à la porte d'entrée, nous signalerons, de chaque côté, deux gros pylônes à chapiteaux palmés contenant des escaliers qui mènent sur le sommet du temple. » En me traînant comme un lézard à travers une ouverture très-basse, je suis monté dans l'un de ces escaliers jusqu'au sommet d'où l'on jouit d'une belle vue d'ensemble sur les temples.

« *Édifice arabe.* — En sortant du temple de Jupiter, on voit, en face de son entrée, un bâtiment carré d'une construction massive, avec une porte élégamment sculptée à la manière arabe. En franchissant cette porte, on trouve un escalier à moitié éboulé qui conduit à la partie inférieure de la tour. Un autre escalier conduit à la partie supérieure. Dans cet escalier s'ouvre, à droite, une porte qui mène dans une grande salle divisée en quatre bras, en forme de croix grecque, par quatre grandes ogives au fond desquelles deux ogives plus petites circonscrivent des fenêtres étroites en forme de meurtrières. Au plafond on remarque une ouverture hexagonale. Cet édifice paraît avoir été une église chrétienne bâtie par Théodose.

« La *Cour rectangulaire*, d'un niveau supérieur à celui du petit Temple, mesure 116 mètres de long sur 113 de large. Elle est circonscrite au Sud et au Nord par des édifices très-ornés qui forment une espèce de galerie distribuée par chambres, dont on compte sept sur chacune des grandes ailes, savoir : deux en demi-cercle et cinq en carré long. Les chambres semi-circulaires sont formées par de petits édifices composés de pilastres corinthiens et de deux étages de niches. Les chambres rectangulaires présentent des séries de niches richement sculptées, qui devaient contenir des statues. Aux angles Sud-Est et Nord-Est de la cour, on trouve encore d'autres chambres, en retour sur la face Est, qui appartenaient peut-être aux prêtres du grand Temple. Au centre de la cour, on remarque une élévation de niveau qui paraît le reste d'une esplanade portant un autel. Au centre de la façade Est, se trouve une grande porte flanquée de niches et de pilastres par où l'on pénètre dans la cour suivante.

« La *Cour hexagonale* est ainsi appelée parce qu'elle formait un hexagone régulier de 60 mètres de diamètre, encadré par des constructions symétriques dont il ne reste plus que les murailles et les dispositions générales. On reconnaît cependant qu'elle était circonscrite par des chambres analogues à celles de la cour rectangulaire, avec lesquelles elles communiquent d'ailleurs. Le côté Sud est le mieux conservé : on distingue des traces de niches alternativement cintrées et à frontons. Elles ont perdu leurs colonnes dont les fûts de granit rouge jonchent la terre, mais le fond des niches est encore richement sculpté, et le haut est en forme de coquille. Au-dessus des niches, règnent une frise et une corniche ornées de guirlandes de fleurs et de fruits. Du côté de l'Est, était une grande porte, aujourd'hui bouchée, flanquée de deux portes latérales; celle du Sud est encore ouverte. Elle est décorée de niches et présente un escalier qui montait aux parties supérieures de l'édifice. » Franchissant cette porte, on sort de la cour hexagonale et l'on arrive sur une plate-forme.

« Les *Propylées*. — Cette plate-forme est maintenant encombrée de blocs de pierre, et bouchée du côté de l'Est par une grosse muraille faite de pierres rapportées à l'époque où les Arabes convertirent l'acropole en forteresse. C'est évidemment de ce côté qu'était l'entrée de l'acropole où l'on montait par un escalier qui a disparu entièrement, mais dont la largeur est indiquée par deux piédestaux engagés dans la crête du mur moderne, et sur lesquels M. de Saulcy a pu lire une inscription du temps de Septime-Sévère. Ce savant voyageur a distingué comme Volney, sur le bord de cette espèce de terrasse, les bases de douze colonnes qui en faisaient un portique, comme aux propylées d'Athènes. Des deux côtés s'élèvent deux ailes, en forme de tours carrées, ornées extérieurement de pilastres corinthiens et surmontées, après coup, d'une construction crénelée. A l'intérieur, elles renferment chacune une grande chambre de 9 mètres 45 de long sur 11 mètres 58 de large, ornée de pilastres, frises et niches sculptées. La place de la porte principale, entre les deux ailes, se reconnaît aux vestiges de deux gros pilastres auxquels aboutit une frise partant des deux ailes latérales. Sur les côtés sont deux portes secondaires, dont une seule est encore ouverte, c'est celle du Sud par laquelle nous sommes entrés. Rentrant dans la cour hexagonale, puis dans la cour rectangulaire, nous comprendrons maintenant parfaitement la disposition et la magnificence de toutes ces entrées du temple du Soleil. C'est dans l'axe principal des propylées, des cours hexagonale et rectangulaire, sur la face Ouest de cette dernière, que s'ouvrait la porte qui menait au grand Temple. Cette porte était flanquée de deux pylônes élevés et précédée d'une baie semi-circulaire plus petite. L'épaisseur de la muraille est d'environ quatre mètres. En dehors, elle présente de chaque côté les bases de deux énormes colonnes. Franchissant cette porte, on se trouve face à face avec l'emplacement du grand Temple.

« *Temple du Soleil*. — Il n'en reste plus que des substructions et six colonnes encore debout sur une muraille puissante qui appartenait au côté latéral Sud de l'édifice. Ces colonnes ne sont pas cannelées, mais elles portent sur leurs chapiteaux corinthiens un entablement avec frise et corniche admirablement sculptées. Elles mesurent, selon M. Maxime Ducamp, cité par M. de Saulcy, 12 mètres 34 de hauteur, 7 m. 4 de circonférence et 23 mètres 6 de hauteur totale, entablement compris. Celui-ci n'a pas moins de 4 mètres 26 de hauteur. L'entre-colonnement est de 2 mètres 54. Quatre fûts engagés dans la muraille Nord de l'acropole, et reposant encore sur leurs bases, indiquent l'emplacement de la face latérale Nord du Temple. On voit aussi de ce côté une rangée de massifs de pierre qui indiquent peut-être une galerie intérieure. Un massif déblayé à l'Est, dans l'axe des six grandes colonnes debout, marque à peu près la place du *pronaos*. Il ne reste rien de la *cella ;* le fond du Temple à l'Ouest présente des traces de marches transversales, qui prouvent que ce fond était surélevé pour former un sanctuaire. Voilà tout ce qui reste du Temple du Soleil, mais les colonnes encore debout montrent assez ce que devait être ce magnifique édifice. Sa longueur était de 89 mètres sur 48 de largeur, et l'on a pu reconnaître qu'il comptait 10 colonnes de front et 19 de côté, en tout 54 colonnes, (en défalquant les colonnes d'angle). Entre le grand Temple, le temple de Jupiter et l'enceinte de l'acropole, vers le Sud-Ouest, on ne trouve plus qu'un terrain d'un niveau inférieur à celui des Temples et couvert de leurs débris confus, ainsi que de constructions ogivales où s'élevait la maison du commandant arabe de la forteresse.

« Il nous reste, pour bien comprendre l'acropole, à faire extérieurement le tour de son enceinte. Elle présente trois espèces de constructions différentes : 1° des assises cyclopéennes ; 2° des murailles qui, par leur construction régulière et leur ornementation, semblent romaines ; 3° enfin des tours surajoutées et des ouvrages crénelés formés de blocs rapportés, disposés irrégulièrement, qui ne datent évidemment que du moyen-âge et de la domination arabe. Commençant le tour des murailles à la brèche de l'angle Sud-Ouest par laquelle nous étions entrés, nous trouvons d'abord des substructions, et une tour évidemment surajoutées. On contourne cette tour et on longe la face Ouest, où l'on trouve les murs anciens. Ce qui frappe tout d'abord, c'est la *Muraille Cyclopéenne* ou phénicienne, composée de blocs énormes. On en compte trois principaux, monstres auprès desquels les autres ne sont rien. Ils mesurent environ 20 mètres de long sur 4 ou 5 de haut et autant d'épaisseur. Ils occupent la base de la muraille et supportent six autres blocs de moindres dimensions. Au-dessus, la muraille est évidemment d'une époque postérieure et formée de fragments rapportés : bases de colonnes, morceaux de frises, etc.; mais le tout en pierres qui paraîtraient de grandes dimensions si elles n'étaient, à côté des monolithes de la base. Du côté du Nord, on trouve un autre mur phénicien aussi puissant, mais moins haut. Ici la base est formée de blocs plus petits, les blocs monstres sont superposés : ceux-ci mesurent 3 mètres 69 de hauteur. »

Voici ce que M. de Saulcy dit de cette muraille : « Sur la face nord, commence un mur de 8 à 10 mètres de hauteur, de 4 à 5 mètres d'épaisseur et de plus de 60 mètres de développement ; quelques pierres seulement en font les frais, (je crois me rappeler qu'elles sont au nombre de six,) et ces pierres présentent sur leur surface des entailles régulièrement espacées, et qui ont indubitablement servi à y loger des crampons à l'aide desquels ces masses ont été mises en mouvement. La muraille qui a été élevée postérieurement n'a pas été, comme du côté ouest, construite sur les blocs cyclopéens, mais derrière eux, de manière à laisser entre ces deux constructions un espace libre dans lequel on pénètre par une petite porte creusée dans la muraille cyclopéenne. L'enceinte intérieure, formée de beaux blocs réguliers, paraît romaine, mais la partie supérieure est évidemment arabe. »

« L'angle Nord-Est de la cour rectangulaire forme sur cette face de l'enceinte une saillie de 6 mètres environ, à la base de laquelle on remarque une haute porte, c'est l'ouverture d'un des *Passages souterrains*. On pénètre facilement sous la voûte, qui surprend par sa belle construction où l'on reconnaît l'appareil romain, et où M. de Saulcy a vu quelques inscriptions latines et des bustes de divinités. Le même voyageur a reconnu sous ces voûtes les traces d'une construction antérieure, remontant probablement à l'époque des murailles cyclopéennes mentionnées plus haut. La base des murailles est formée de matériaux gigantesques, et la voûte elle-même présente des parties qui, par la couleur de la pierre et la courbure des voussoirs, diffèrent de l'appareil romain des autres parties. » Ces corridors souterrains, d'environ 400 pieds de long sur 15 de large, ont plusieurs grandes portes extérieures, et, à l'intérieur, d'autres plus petites qui s'ouvrent dans de grandes chambres ; ils communiquent avec l'intérieur de l'acropole. L'un de ces passages va de l'Est à l'Ouest, et un autre du Nord au Sud. « Ils fournissent, dit M. de Saulcy, (avec les murailles cyclopéennes), la démonstration la plus claire de ce fait que les temples d'Héliopolis, dont nous admirons aujourd'hui les ruines, ont été élevés sur les restes d'un Temple bien plus antique et bien autrement important par l'énormité des matériaux qui y furent mis en œuvre. »

Quels sont les auteurs de ces temples merveilleux ? L'histoire ne nous le dit pas. Cependant on croit qu'Antonin-le-Pieux a construit ou restauré le grand temple, et que le petit a été achevé sous Septime-Sévère et Caracalla, au commencement du IIIe siècle.

« En s'arrêtant à considérer avec attention, dit le R. P. de Géramb, l'incroyable solidité des murailles, des colonnes, en un mot, des diverses parties qui subsistent encore de ces édifices sacrés de Baalbek, on est étonné que le monument tout entier ne soit pas resté debout, et l'on est tenté de croire que ce fut la main des hommes, quelquefois plus destructive que celle du temps, qui fit les ruines qu'on a sous les yeux; mais il n'en a pas été ainsi. A la vérité, lorsque le Christianisme commença à succéder, dans Héliopolis, à un culte non seulement idolâtre mais hideux d'impudicité, on vit des chrétiens, animés d'un saint zèle, briser les statues des dieux auxquels la religion du pays faisait un devoir d'immoler la chasteté des vierges; mais le temple resta, il fut purifié et servit au culte chrétien jusqu'au moment où le pays tomba sous la domination des Arabes. Depuis, deux fois la terre de Cœlé-Syrie s'est ébranlée, deux fois elle a tremblé sous les masses énormes de Baalbek, et deux fois la secousse en a disjoint, disloqué, précipité les parties les plus élevées, et entassé décombres sur décombres. Ce n'est guère qu'alors que la main barbare de l'homme s'est montrée. Je m'éloignai aux dernières lueurs du crépuscule, et, — vous en ferais-je l'aveu? — déjà je ne retrouvais plus dans mon âme ni cette admiration passionnée dont les mouvements l'avaient constamment agitée pendant les longues heures que j'avais employées à parcourir les temples, ni ces douloureux regrets qui l'avaient si vivement affectée à l'aspect de tant de destructions. D'autres pensées la remplissaient tout entière: — Que sont devenus les prêtres, le culte, les fêtes de Baalbek? — Tout a été dévoré, tout a disparu! — Que sont devenus les Dieux? — Les Dieux! ils ont eux-mêmes moins duré que leurs sanctuaires, moins que leurs images dont j'ai pu voir les lambeaux!... Et je sentais plus délicieusement le bonheur qu'a le chrétien de connaître et de servir le Dieu véritable, le grand Dieu, le *Dieu des Dieux*, celui dont le culte ne finira point avec les siècles, celui dont les prêtres se succèdent de génération en génération, sans que ni le temps ni les hommes puissent avoir prise sur leur royal sacerdoce; celui qui ne cessera d'avoir des temples sur la terre que quand la terre aura disparu, et d'y recevoir les hommages et les adorations de ses fidèles jusqu'au jour où il les aura tous recueillis dans le temple éternel des cieux. » (*Pel. à Jer.* II.)

En dehors de l'acropole et vers le village, il y a un troisième temple beaucoup plus petit que les autres. Cet édifice, de forme presque circulaire, serait extrêmement beau s'il n'était déparé par sa lourdeur et la profusion de ses ornements. On voit aussi, non loin de là, une spacieuse mosquée dont les colonnes et les chapiteaux artistement sculptés sont empruntés à d'anciens temples païens. Son souvenir me rappelle une aventure qui nous est arrivée en ce lieu et qui faillit devenir tragique. Cette mosquée est aujourd'hui abandonnée, et M. le comte de S***, mon aimable compagnon de voyage, désirait emporter en France quelques-uns de ses chapiteaux comme objets de curiosité. Sachant que les Musulmans ont un grand respect pour leurs lieux de prières, même lorsqu'ils n'en font plus usage, nous résolûmes d'enlever les chapiteaux à la sourdine. Un soir donc, vers onze heures, par un clair de lune splendide, nous nous rendîmes dans l'enceinte de la mosquée. Il y avait déjà une heure que nous étions occupés à rechercher les plus beaux morceaux de sculpture, nous avions fait notre choix, et nous délibérions sur les moyens à prendre pour transporter ces pierres dont le poids était très-considérable, mais nous avions compté sans notre hôte. En effet, la vigilance musulmane n'était pas en défaut, et bientôt nous vîmes entrer un turc, probablement le gardien de la mosquée. Il était accompagné de plusieurs hommes armés. Son visage était animé par le feu de la colère, sa bouche lançait contre nous, avec une volubilité incroyable, les malédictions dont le vocabulaire arabe est si riche, sa main droite tenait un pistolet et sa main gauche une lanterne allumée. Notre position était assez critique, car en pleine nuit et loin de tout secours, nous risquions d'être massacrés sur place; on sait jusqu'où peut aller le fanatisme mahométan. Le turc s'avance vers M. de S*** en lui mettant le pistolet sous la gorge. M. de S*** sans s'émouvoir détourne l'arme avec son bras, et fait entendre au musulman qu'il désire avoir une explication un peu moins belliqueuse. Celui-ci s'apaise. Un de nos domestiques nous sert d'interprète. Alors le turc déclare, dans un long verbiage, qu'il ne permettra jamais que des *chiens* de chrétiens emportent une seule pierre d'un édifice qui a été consacré par les prières des *croyants*, et qu'il brûlera la cervelle au téméraire *infidèle* qui osera commettre un sacrilége aussi abominable. M. le Comte se voit alors obligé de céder; il répond qu'il consent à différer l'exécution de son projet, mais qu'il va écrire à Fuad-Pacha (qui se trouvait en même temps que nous à Damas,) et qu'avec son autorisation il fera enlever ce qui lui plaira. Chacun se retira alors de son côté pour prendre un repos dont on avait grand besoin, il était une heure du matin.

La nécropole de Baalbek, située au sommet de la colline qui fait face à l'ouest, contient beaucoup de fragments curieux, entre autres un cippe funéraire portant cette inscription :

C. CASSIVS ARRIANVS.
MONVMENTVM SIBI
IN LOCO SVO VIVVS
FECIT.

Cet honnête Arrianus avait voulu, comme Absalon, avoir un tombeau à sa guise, et il avait pris pour cela le meilleur moyen, en le faisant élever de son vivant. Afin que la postérité ne pût douter de son bon goût, il a eu soin de le marquer par cette inscription.

En arrivant à Baalbek, j'avais aperçu, sur le bord du chemin, les anciennes carrières d'où ont été tirés les matériaux gigantesques des temples, j'y retournai seul pour les examiner à loisir. On voit encore en place plusieurs des énormes blocs monolithes qui ont servi à construire la muraille cyclopéenne dont j'ai parlé plus haut. Deux de ces blocs taillés sont juxtaposés, debout comme un obélisque. Le bloc le plus extraordinaire est étendu sur le sol, mais il ne le touche que par une de ses extrémités, et de l'autre repose sur une pierre qui le soulève un peu. Voici les dimensions de ce bloc : 5 mètres de largeur, 5 mètres de hauteur et 23 mètres 42 de longueur; 70 pieds de longueur !... Cette pierre est taillée à arêtes aussi vives que si les carriers venaient de la quitter.

« Elle cube au moins 500 mètres cubes, dit M. de Saulcy, ce qui donne un poids total de 1,500,000 kilogrammes. Il faudrait donc une machine de la force de 20,000 chevaux, pour la mettre en mouvement, ou l'effort simultané de 40,000 hommes. L'intelligence recule épouvantée devant un pareil résultat, et l'on se demande si l'on n'a pas rêvé, quand on a cru voir des masses aussi considérables que celles-là, transportées à un kilomètre de distance, et à 10 mètres au-dessus du sol, par-dessus d'autres masses presque aussi étonnantes, jointoyées avec la précision que d'habiles ouvriers pourraient apporter à l'assemblage de petites pierres d'un ou deux mètres cubes. De quels moteurs s'est servie la race qui a mis en œuvre ces masses effroyables ? Dieu le sait ! Il y a bien à parier cependant que les cordes, sollicitées par d'énormes colonnes d'hommes agissant avec ensemble, les traîneaux, les rouleaux et le plan incliné, ont été les seules ressources mécaniques employées dans cette manœuvre merveilleuse. La présence des encastrements des crampons d'attache semble le démontrer ; mais ces moyens une fois déterminés, nous ne sommes guère plus avancés, et la chose reste tout aussi inconcevable. Quels traîneaux et quels rouleaux en effet ont pu résister à un poids pareil, et n'être pas mis immédiatement en poussière. Je renonce prudemment à chercher l'explication d'un fait que je ne saurais comprendre (1). »

Les gens du pays croient avoir trouvé cette explication en disant que le prodige d'un si inconcevable travail est dû à des Génies, qui l'exécutèrent sous les ordres du grand roi Salomon, auquel ils font honneur de la fondation des temples de Baalbek. Pourquoi n'admettrait-on pas comme probable que ces travaux sont dûs à une race d'hommes anté-diluvienne ou bien aux premiers descendants de Noé. Ainsi que je l'ai fait remarquer déjà, la grandeur et la force de leurs membres devaient être proportionnées à leur longévité si supérieure à la nôtre, et ils devaient être capables d'efforts qui surpassent notre imagination. S'il en est ainsi, plusieurs des monuments dits *Cyclopéens* sont contemporains du déluge. C'est l'opinion de M. de Lamartine.

« Je crois, dit-il, que ces pierres gigantesques ont été remuées, soit par ces premières races d'hommes que toutes les histoires primitives appellent géants, soit par les hommes anté-diluviens. On assure que non loin de là, dans une vallée de l'Anti-Liban, on découvre des ossements humains d'une grandeur immense. Les traditions orientales et le monument même élevé sur la soi-disant tombe de Noé, à peu de distance de Baalbek, assignent ce séjour au patriarche. Les premiers

---

(1) *Voyage autour de la mer Morte*, II.

hommes sortis de lui ont pu conserver longtemps encore la taille et les forces que l'humanité avait avant la submersion du globe ; ces monuments peuvent être leur ouvrage. A supposer même que la race humaine n'eût jamais excédé ses proportions actuelles, les proportions de l'intelligence humaine peuvent avoir changé : qui nous dit que cette intelligence plus jeune n'avait pas inventé des procédés mécaniques plus parfaits pour remuer ces masses qu'une armée de cent mille hommes n'ébranlerait pas aujourd'hui ? Quoiqu'il en soit, quelques-unes de ces pierres de Baalbek, qui ont jusqu'à 62 pieds de longueur et 20 de large sur 15 d'épaisseur, sont les masses les plus prodigieuses que l'humanité ait jamais remuées (1). »

Nous voulûmes, un jour, nous passer la fantaisie d'un déjeuner dans le temple du Soleil. Les domestiques transportèrent donc dans l'acropole notre menu, assez frugal du reste et pour cause. Nous nous assîmes à l'ombre, sous la colonnade du temple de Jupiter ; un fût de colonne brisée nous servait de table, nos siéges étaient des chapiteaux artistement sculptés. Devant nous, se dressaient les six colonnes du grand temple consacré à l'astre du jour, les merveilles de l'architecture païenne ; c'était poétique au suprême degré.

Le palais archiépiscopal, dans lequel nous étions hébergés, peut être la plus belle des maisons de Baalbek, mais il ferait triste mine, à coup sûr, dans la plus humble de nos cités. La chambre où j'étais logé, avec mes deux compagnons de route, avait aussi un caractère de simplicité patriarcale un peu trop prononcé : ni tables, ni chaises, ni lits. Quatre murs blanchis à la chaux, une fenêtre sans vitres, garnie seulement d'un volet, des matelas de deux doigts d'épaisseur, sans draps, avec des couvertures, étendus sur le carreau, servant tout à la fois de lits et de chaises : voilà notre chambre et son ameublement. Nous vivons encore à la mode arabe, laquelle est très-économique, sinon très-agréable. Elle consiste, en un mot, à se passer d'abord de tout ce qui n'est pas absolument nécessaire, et ensuite de beaucoup de choses qui le sont. Il faut avoir vécu à cette mode asiatique pendant plusieurs mois pour savoir apprécier toutes les douceurs de notre vie européenne.

L'église cathédrale de Baalbek est renfermée dans l'intérieur du palais archiépiscopal. Elle ne l'écrase pas par sa beauté. Des

---

(1) Lamartine, *Voyage en Orient*, II.

tours, un clocher… il n'en est pas question. Elle ne se compose que d'une grande salle en forme de carré long, dépourvue de tout ornement architectural. Comme dans toutes les églises grecques, le sanctuaire est fermé par une cloison, nommée *Iconostase*, sur laquelle s'ouvrent trois portes rondes. Fixées sur la cloison, les images des saints patrons de l'église grecque, la Mère de Dieu, saint Jean et saint Basile, saint Georges et saint Démétrius, se détachent sur un fond d'or et semblent nous sourire avec leurs grands yeux noirs. La raideur des figures, toutes posées de face, la naïveté de leur expression, offrent la reproduction exacte du type byzantin tel qu'il s'est conservé en Orient. L'élévation des saintes images les dérobe aux pieux baisers des fidèles ; mais un petit tableau tout semblable, placé au-dessous de chacun des saints, permet aux plus dévots de les vénérer à leur manière, c'est-à-dire, en le touchant avec leur main qu'ils baisent ensuite. Plusieurs de ces tableaux et l'église elle-même portaient les traces des ravages sacriléges que les musulmans y avaient fait l'année précédente, et que des maçons s'occupaient à réparer.

La veille de mon départ de Baalbek, c'était un samedi, les grecs catholiques célébraient la fête solennelle de saint Dmitri ; j'assistai à l'office divin. Deux rangées de stalles très-élevées, situées au bas du sanctuaire, tiennent lieu de chœur, c'est là que je me plaçai ; l'une de ces stalles était occupée par l'archevêque, les autres par trois ou quatre prêtres ou diacres ; le clergé n'est pas nombreux là bas. Les hommes se tenaient debout dans la nef ; ils avaient la tête couverte de leurs fez rouges ou de leurs turbans, mais à certains instants, pour montrer plus de respect, ils ôtaient leurs coiffures en ne gardant que le bonnet blanc ; alors ils se courbaient jusqu'à terre et faisaient, à la hâte, une prodigieuse quantité d'énormes signes de croix. Les femmes, enveloppées de la tête aux pieds dans des voiles blancs, étaient accroupies dans une tribune placée au fond de l'église et garnie d'un grillage en bois. L'office commença par de longues prières psalmodiées. L'archevêque monta ensuite à l'autel et se revêtit de ses ornements pontificaux pour célébrer l'auguste sacrifice. Il me fut bien difficile de suivre la messe dans une liturgie si différente de la nôtre. J'y remarquai une grande profusion de *kyrie eleison*, de leçons ou d'épîtres, d'encensements à l'autel et au peuple et de bénédictions. Trois fois le célébrant quitta l'autel avec ses diacre, sous-diacre et autres assistants, pour faire une procession dans l'église. Le chant des Grecs n'est pas aussi harmonieux que leur langue; il est nasillard, aigu et peu varié. De temps en temps, le peuple répondait avec assez d'ensemble, mais avec des voix de fausset à déchirer les oreilles. On sait que les prêtres du rit grec consacrent l'eucharistie non pas, comme nous, avec du pain azyme, mais avec du pain mélangé de levain. Ces pains sont ronds, ils ont 9 centimètres de diamètre et 2 centimètres d'épaisseur. La partie supérieure présente un dessin composé de plusieurs petits carrés entourés d'une inscription grecque. Quand la messe fut achevée, cinq ou six femmes s'approchèrent du sanctuaire, elles se tenaient debout, les mains jointes, et le prêtre portant dans un calice les saintes espèces du pain et du vin leur en donnait à chacune une petite portion, dans une cuiller d'argent. En sortant de l'église, je fus abordé par des religieuses arabes du Sacré-Cœur. Ces bonnes sœurs avaient l'air heureux de voir un prêtre français, et elles employaient tous les gestes et les termes de la politesse indigène pour m'exprimer leurs sentiments respectueux; mais, comme nous ne pouvions nous comprendre, tout se borna à des salutations. Le lendemain nous prîmes congé de l'archevêque de Baalbek. C'est un vénérable vieillard, plein d'esprit et de bonté, et qui est enchanté d'avoir des voyageurs européens. Je soupçonne qu'il mène là-bas une vie aussi monotone que le chant de sa cathédrale; ce qui n'est pas peu dire. Nous avons dîné plusieurs fois à sa table. La conversation aurait été très-intéressante si nous avions pu nous entendre; mais ce n'était pas facile.

Le 26 octobre, nous quittâmes Baalbek avec l'intention de visiter les cèdres du Liban. Pour cela nous devions traverser, vers le nord, la plaine de Békaa. Nous étions alors dans un des grands centres de population des Métualis. Cette nation, répandue dans le pays qui s'étend de Tyr à Baalbek, est attachée à une sorte de protestantisme mahométan, la secte d'Ali, l'anti-calife. Cet Ali, gendre du faux *Prophète*, n'ayant pu lui succéder en qualité de calife, modifia à sa guise la doctrine de Mahomet, se fit de nombreux partisans en permettant beaucoup de choses que proscrivaient ses rivaux, et se mit à la tête d'une secte puissante, en opposition à celle d'Omar. C'est pourquoi l'islamisme se divise en deux branches: celle d'Omar ou des *Sunnites*, qui est la principale et régne dans toute la Turquie, l'Egypte et l'Arabie; et celle d'Ali ou des *Schiites*, professée surtout en Perse. Les

Métualis sont les restes de l'ancienne race syrienne ; ils détestent les chrétiens comme les turcs, et ne prennent jamais de nourriture avec des hommes d'une autre croyance, parce qu'ils pensent que ceux-ci souillent tout ce qu'ils touchent. Ils sont au nombre de 10,000 environ.

La route que nous suivons n'ayant rien de remarquable, je me hâte d'arriver aux Cèdres.

CHAPITRE V

DES CÈDRES A BEYROUTH

Ces arbres ont eu l'honneur d'être fréquemment célébrés par la Sainte-Ecriture. Ils y sont nommés : « *les Cèdres de Dieu... Ceux que Jéhovah a plantés* » (*Psaume* 103, 16). A cause de leur hauteur et de leur durée extraordinaires, l'auteur de l'*Ecclésiastique* fait dire à la Sagesse : « Je me suis élevée comme le cèdre sur le Liban ; » (XXIV, 17.) et l'homme juste leur est comparé pour leur incorruptibilité et la fécondité avec laquelle ils se multiplient : « *Justus... sicut Cedrus Libani multiplicabitur.* » (*Psalm.* 91, 13.) Mgr Mislin va nous faire connaître ces contemporains des âges bibliques, dont les noms ont résonné sous la lyre prophétique d'Ezéchiel et d'Isaïe.

« Il n'y a pas au monde un autre site où les cèdres pussent mieux étaler toute leur magnificence. Tous les environs sont complètement dénués de végétation ; le plateau sur lequel les cèdres s'élèvent est entouré, vers l'orient, par l'enceinte demi-circulaire des dernières cimes du Makmel qui sont toujours couvertes de neige. Au couchant, le plateau se termine par des rochers à pic, qui descendent dans la vallée des Saints. Il est très-accidenté, et les arbres sont disséminés sur une dizaine de mamelons, de manière à former une petite forêt, fraîche, ombreuse et odorante, qu'une quantité d'oiseaux réjouissent de leurs chants. Tout cela est au-dessus des nuages, et sous le plus beau ciel du monde. C'est là ce qu'on appelle *Djebel-Arz*, (*la montagne des Cèdres*).

« Les cèdres sont à 6,000 pieds au-dessus du niveau de la mer. Après avoir admiré ces arbres majestueux dans leur ensemble, j'ai examiné chacun d'eux. Il n'est pas difficile de reconnaître ces patriarches du monde végétal, ces restes échappés à la dévastation des hommes et des temps : il y en a douze seulement, groupés sur deux monticules ; plusieurs portent des traces de la foudre. Le nombre des vieux cèdres diminue dans une désolante progression. Il y a deux cents ans Quaresmius en comptait vingt-trois. Deux d'entre eux ont quarante pieds de circonférence, mais leur tronc n'est pas régulier ; à quatre ou cinq pieds du sol, ils se divisent, et forment comme des arbres séparés qui jettent au loin leurs branches horizontales ; j'ai mesuré cinquante-huit pas de l'extrémité d'une de ces branches à l'extrémité de la branche qui lui était opposée. Leur hauteur approximative peut être de soixante pieds (1).

« Voilà donc tout ce qu'il reste de la gloire du Liban : douze arbres... ! Frappant accomplissement de ces paroles d'Isaïe : « Le fer détruira cette épaisse forêt ; le Liban tombera avec ses cèdres élevés. » (x, 34.)

« Les autres sont tous évidemment beaucoup plus jeunes, et appartiennent à différentes époques. Ce sont des arbres, la plupart d'une belle venue, aussi hauts que les vieux cèdres, mais dont le diamètre ne dépasse pas celui de nos plus grands sapins. Je les ai comptés, et, en y comprenant les douze dont j'ai parlé plus haut, le nombre total des cèdres existant cette année (1848) est de trois cent soixante-quatorze. Chaque année il en pousse, de semence, un grand nombre dans les ravins : j'en ai remarqué plusieurs hauts d'un doigt, mais les chèvres les broutent à défaut d'herbe, et les empêchent de se multiplier. Les pommes de cèdre s'élèvent vers le ciel, au lieu de pendre vers la terre comme celles de nos sapins (dont elles diffèrent en ce que leur cône est tronqué). Ces arbres appartiennent au patriarche maronite. Ils sont assez peu respectés des voyageurs, malgré la défense sévère d'y toucher. J'ai fait le tour des cèdres, et j'ai compté douze cents pas. On m'a assuré que c'est la seule localité du Liban où il en existe encore de cette espèce, *abies cedrus*, le *pinus cedrus* de Linnée. Le feuillage des cèdres est toujours vert. Leur bois est d'un grain serré, et a une saveur amère qui répugne aux vers, et à laquelle il doit son incorruptibilité (2). »

(1) Voici la circonférence de plusieurs de ces arbres : 8 ^{m}, 70 ; 9 ^{m}, 10 ; 9 ^{m}, 80 ; 11 ^{m} ; 11 ^{m}, 75 ; 12 ^{m}, 60 ; 13 ^{m}.

(2) *Les Saints-Lieux*, I, x.

Le temple de Salomon et celui de Zorobabel furent construits avec des cèdres du Liban.

Une petite chapelle, desservie par un prêtre maronite et un moine latin, est bâtie au milieu du bois. *L'OEuvre religieuse d'Orient* y a élevé dernièrement un bel autel avec une statue de Notre-Dame de la Salette, réconciliatrice de l'Orient.

(Le cèdre qui se voit dans le Jardin des Plantes, à Paris, a été apporté du Liban par Bernard de Jussieu, dans le fond de son chapeau, en 1734.)

Le R. P. de Géramb, dont la piété égalait le savoir, termine sa description des cèdres par cette solide réflexion :

« Je repassais dans mon esprit les souvenirs de leur antique gloire ; puis méditant sur la longue durée de leur vie, qui me faisait salutairement sentir la brièveté de celle de l'homme, mon âme se consolait de la rapidité avec laquelle s'écoulent mes jours, par la pensée de ces années éternelles qui l'attendent dans un monde meilleur, et dont la longévité des arbres que j'admirais n'est pas même l'ombre. »

A trois heures des cèdres se trouve *Eden*. C'est un gros village dont la population maronite s'élève à 3,000 âmes. En hiver, il n'y demeure qu'une vingtaine d'hommes chargés d'ôter la neige qui écraserait les maisons. Pendant cette saison, les habitants, comme tous ceux des villages placés à cette altitude (1), descendent dans la plaine de Tripoli. Ce qui frappe d'abord en ce lieu, ce sont des noyers d'une élévation et d'une grosseur prodigieuses, et de charmants vergers arrosés par des ruisseaux limpides qui tombent en gracieuses cascades. Un joli petit château moresque, aux fenêtres ogivales et aux terrasses crénelées, occupe la hauteur. C'est la demeure du célèbre cheik maronite Joseph Karam, qui a défendu avec tant d'héroïsme la foi et la liberté de sa nation.

Le site délicieux d'Eden, aussi bien que son nom, ont fait croire à plusieurs que cette petite ville était située sur l'emplacement même du paradis terrestre. C'est, paraît-il, le sentiment de Ménochius. (*Ezéchiel*, xxvii, 23.) Du reste, en supposant, comme je l'ai dit plus haut, que ce séjour du bonheur de nos premiers parents ait eu une très-vaste étendue, qu'est-ce qui empêcherait d'admettre que la Syrie,

---

(1) Eden est à 4,454 pieds au-dessus du niveau de la Méditerranée.

ce pays si beau et si fertile, en ait été la frontière et s'en ressente encore; d'autant plus que le Liban est souvent appelé dans la Bible, *le paradis de Dieu.* (*Ezéchiel,* XXXI, 8.)

Au bas du plateau d'Eden, s'étend la vallée supérieure du Nahr-Kadischa; elle a reçu le nom de *Vallée des Saints,* à cause du grand nombre de couvents et d'ermitages qui la remplissent et dans lesquels se pratiquèrent de sublimes vertus. Cette plaine se distingue par son caractère alpestre. On y voit le couvent de Kanôbin. Il fut la résidence de Jean Maroun, et, après lui, celle de tous les patriarches maronites.

Retournons maintenant à Beyrouth, en passant par Djébaïl. Le chemin est mauvais au-delà de toute expression. La route de Jaffa à Jérusalem, que j'avais trouvée si détestable, serait bonne en comparaison de celle-ci.

Un mot sur la population libanaise. Elle est multiple et se divise en deux grandes classes bien distinctes : les chrétiens et les infidèles, qui se subdivisent eux-mêmes en différentes nations. Les infidèles comprennent : les Druses, les Métualis, dont j'ai déjà parlé, puis des Syriens musulmans et des Ansariéhs, peuplade dont les croyances grossières ne sont pas bien connues et qui habitent la partie septentrionale du Liban. Les chrétiens sont : les Maronites, des Grecs-Unis, des Grecs-Schismatiques, des Arméniens et quelques Latins. D'après Mgr Mislin, la population infidèle du Liban et de l'Anti-Liban ne dépasse guère 74,000 âmes; en y ajoutant le chiffre probable de 250,000 pour les Maronites, et celui de 40,000 pour les autres chrétiens, la population chrétienne s'élève à 290,000 âmes, et par conséquent le nombre total des habitants de ces montagnes peut être évalué à 364,000 âmes.

Il est certain que les chrétiens sont plus avancés en civilisation que les musulmans. J'en prends à témoin M. Henri Guys, ancien consul de France à Beyrouth :

« Sous le rapport de l'aptitude aux arts, dit-il, les chrétiens montrent de la supériorité. Aussi les places de secrétaires, de commis, sont occupées par des chrétiens. Le chrétien est ordinairement plus intelligent que le musulman ; il le doit, sans doute, à la différence de religion. L'Évangile et nos autres livres sacrés éclairent. Quoique les livres soient rares en Orient, les chrétiens en possèdent plusieurs dans lesquels ils puisent d'utiles leçons, et puis ils se laissent moraliser, au lieu que les mahométans sont inaccessibles à aucune remontrance, parce que leur religion les rend supérieurs à tout. Les chrétiens doivent aussi leur instruction à la fréquentation des Européens, surtout des missionnaires qui résident parmi eux et qui les visitent régulièrement (1). »

« Le Liban est divisé en cantons ; il n'est point de lieu assigné spécialement à telle ou telle population ; les différentes nations du Liban sont assez mêlées ensemble ; il se trouve cependant des endroits où telle peuplade nombreuse n'a reçu autour d'elle que les hommes de sa croyance. Ainsi le Kesrouan est habité exclusivement par les Maronites ou les Grecs et Arméniens catholiques. Le Kesrouan, borné à l'Orient par Baalbek, à l'Occident par la mer, au Nord par Djébaïl, est la plus riche et la plus admirable région du Liban ; remarquez que cette région n'a pas plus de douze lieues de long sur autant de large, et qu'elle nourrit plus de cent mille habitants. Forêts, pâturages, mûriers, oliviers, arbres fruitiers, orangers, cannes à sucre, eaux abondantes, tous les dons de la nature, tous les bienfaits de Dieu se trouvent là, revêtus d'un caractère particulier de magnificence ; ce coin de terre est cultivé avec une ardeur, avec un amour qui ressemble à de la religion. En nulle autre contrée asiatique, on ne trouve autant de culture qu'au Liban ; les roches elles-mêmes sont devenues fécondes ; la main des Maronites y a élevé des terrasses semblables à de larges gradins d'amphithéâtre, et ces terrasses sont recouvertes de terres où croissent les mûriers et les moissons. Je crois que, dans les beaux jours d'Israël, les montagnes rocheuses de la Judée étaient ainsi couvertes de terres rapportées ; les longs étages qui sillonnent maintenant encore les flancs de plusieurs collines de Juda, ne sont que les vestiges de cette ancienne culture (2). »

Les Maronites forment la nation la plus nombreuse du Liban. Au commencement du ve siècle, vivait en ces lieux un solitaire, nommé Maroun, dont la sainteté attira autour de lui une grande multitude de disciples. Parmi les monastères que ceux-ci bâtirent en Syrie, le plus célèbre portait le nom de *Saint-Maroun ;* il était placé près d'Apamée, et devint comme le centre des chrétiens orthodoxes : c'est de là

---

(1) *Beyrouth et le Liban*, I, xi.
(2) Poujoulat, *Corresp. d'Orient*, vii.

que les hérétiques appelèrent *Maronites* les Syriens qui sont constamment restés fidèles à l'antique foi catholique. Les Maronites professent l'attachement le plus vif et le plus sincère pour leur religion. Ils sont robustes, courageux, honnêtes et très-actifs. « La nation maronite, dit M. Poujoulat, est une puissance en Orient ; elle est vivace et pleine d'avenir ; mieux que toutes les nations asiatiques, elle se façonnerait à l'esprit, et aux mœurs de l'Europe. Elle me semble appelée à jouer un rôle dans les futures destinées de l'empire turc ; au Liban est réservé peut-être encore un peu de gloire. Leur vieil amour pour la France, qui date des Croisades, ne saurait s'éteindre ni même s'affaiblir. Ne pourrais-je pas ajouter que les Maronites sont les Français de l'Orient (1)? »

Nous avons la confiance que la France n'abandonnera jamais son protectorat séculaire sur cette nation si digne d'intérêt.

« La vie monastique, dit le R. P. de Géramb, n'est nulle part en plus grande vénération que chez les Maronites ; elle y est infiniment plus respectée et mieux appréciée, même par les infidèles, qu'elle ne l'est en Occident par beaucoup de gens qui se disent encore chrétiens. Le nombre des monastères est considérable. Il y en a de différents ordres; mais entre eux l'ordre de Saint-Antoine tient le premier rang. On les aperçoit sur les points les plus escarpés, et toujours à quelque distance des autres habitations. Les religieux y vivent, pour ainsi dire, cachés et séparés de tout commerce. Leur vêtement est pauvre et grossier ; ils ne mangent pas de chair, et ne boivent de vin que très-rarement. Leurs occupations principales sont la prière, le travail des mains et la culture des terres ; ils exercent envers tout le monde l'hospitalité la plus généreuse. »

Il y a au Liban 67 couvents d'hommes avec 1,400 religieux, et 15 couvents de femmes avec 300 religieuses.

Le clergé maronite se compose du patriarche, qui prend le titre d'Antioche, mais réside dans le Liban, de treize archevêques et évêques, et de 1,200 prêtres séculiers desservant 356 églises. La couleur de la soutane est, pour les évêques, le violet, pour les prêtres, le bleu foncé; les premiers ont la tête couverte d'un turban élevé et renflé au milieu, les seconds portent une grande calotte rouge entourée d'un foulard

---

(1) *Corresp. d'Orient*, VII, let. CLXXX.

noir, aussi en forme de turban. Les religieux ont une robe noire serrée par une ceinture de cuir, et garnie d'un capuchon, et sur la tête une calotte noire.

Lorsque j'arrivai à Djébaïl, je trouvai cette ville remplie de soldats turcs qui allaient et venaient, et lui donnaient une animation qu'elle est loin d'avoir ordinairement. En voici la cause. Le gouverneur du Liban, Daoud-Pacha, était venu avec ses troupes pour réprimer des mouvements qui avaient éclaté aux environs d'Éden. Nous allâmes lui rendre visite. Il avait avec lui l'émir Medjid-Schéab, petit-fils du fameux émir Beschir, qui fut, jusqu'en 1840, le dominateur de la montagne. Quand je m'avançai vers Daoud-Pacha pour lui présenter mes hommages, Son Excellence me prit la main droite et la porta à ses lèvres, l'émir Medjid fit de même; c'est la manière de saluer les prêtres en Syrie. Ces deux personnages étaient revêtus de l'affreux costume de la réforme : le frac noir boutonné jusqu'au cou, pantalon noir et tarbouche rouge. (On sait que Daoud-Pacha a été confirmé dans son poste pour cinq ans, à partir du 9 juin 1864, par un protocole arrêté entre le gouvernement ottoman et les représentants des cinq grandes puissances.) Après une courte conversation avec leurs Excellences libanaises, nous nous retirâmes pour visiter la ville.

Djébaïl est le *Giblos* de l'Écriture-Sainte et le *Byblos* des Grecs. Ses habitants passaient pour très-habiles dans l'art de tailler le bois et les pierres, et ce furent eux que Salomon chargea de ce travail dans la construction du Temple. (III *Rois*, v, 18.) Cette petite ville est entourée de murailles qui semblent remonter aux Croisades ; elle renferme à peine un millier d'habitants, Maronites pour la plupart. On n'y voit que deux édifices intéressants : la citadelle, assez bien bâtie sur le point le plus élevé, avec une vieille tour percée d'une ogive, et l'église maronite dont M. de Vogüé fait remonter la fondation aux Croisades. Cette église possède un baptistère séparé, et a eu le rare privilége de n'être pas tombée entre les mains des musulmans. De nombreuses colonnes de marbre et de granit, couchées sur le sol ou relevées par les habitants dans la ville et aux alentours, indiquent que Byblos, qui n'est rien aujourd'hui, a joué un assez grand rôle dans les antiques annales phéniciennes. Suivant la mythologie, c'est en ces lieux que le bel Adonis, chassant un jour le sanglier, fut tué par Mars revêtu de la forme de cet animal. Alors Vénus fit retentir ces montagnes des cris de sa douleur amère ; elle voulut qu'une fête annuelle fût instituée en souvenir de cette mort, que le fleuve arrosant ces parages portât le nom de son Adonis et rappelât éternellement son deuil en prenant la couleur de sang à cette époque. (Les terres qui bordent ce fleuve sont rouges en plusieurs endroits, et, quand vient la saison des pluies, elles sont entraînées dans l'eau et lui donnent une teinte de sang.) Les femmes de la Phénicie célébraient chaque année, à Byblos, le trépas d'Adonis; leurs mystères n'étaient pas exempts de ces lubricités par lesquelles l'idolâtrie païenne souillait tout ce qu'elle touchait.

Peu de temps après avoir quitté Djebaïl, nous atteignîmes les bords de l'ancien fleuve *Adonis*, nommé aujourd'hui le *Nahr-Ibrahim*, et il nous fut facile de le franchir sur un pont. Nous étions alors dans le Kesrouan. J'aperçus à ma gauche, non loin de la côte, un de ses plus grands villages, *Ghazir*, et j'allai le visiter. Les Jésuites ont fondé là, en 1844, un établissement qui rend les plus éminents services. Outre les travaux ordinaires de la mission, ces infatigables ouvriers du Seigneur dirigent un grand séminaire dont le clergé indigène des divers rites pratiqués en Syrie, mais particulièrement le clergé maronite, a déjà recueilli de précieux avantages. Les Pères tiennent aussi un collége où une foule de jeunes gens, appartenant aux meilleures familles de la Syrie, reçoivent une instruction qui n'est pas inférieure à celle de nos bons lycées d'Europe. J'y ai vu un petit parisien. Lorsque j'arrivai, les élèves étaient en récréation, ils se pressèrent autour de moi et vinrent me saluer avec les marques d'une vive allégresse, en me baisant les mains; ils étaient heureux de recevoir la visite d'un prêtre français. J'allai présenter mes respects au Supérieur. Il était alors en conversation avec un évêque maronite, et me fit le plus gracieux accueil. On a beau calomnier les Jésuites, ce sont des maîtres-hommes, et il suffit de les connaître pour les estimer et les aimer. Dans mes voyages en Europe, en Afrique et en Asie, je n'ai jamais rencontré d'hommes plus polis, plus serviables et d'une plus intéressante conversation. Le Supérieur me fit parcourir son vaste établissement qui est en voie de prospérité, il me parla de ses projets d'amélioration réalisés sans doute aujourd'hui. C'était jour de congé, et, dans l'après-midi, j'allai à la promenade avec les élèves. Quelles charmantes excursions on peut faire dans ces montagnes du Liban ! Nous errions dans une gorge profonde, entre des rochers élevés et découpés selon les formes les plus capricieuses ; à nos pieds un torrent roulait ses ondes avec un doux murmure sur un lit de cailloux ceint d'une bordure de mousse. Lorsque nous eûmes gravi les flancs escarpés de ces monts, quels points de vue pittoresques vinrent s'offrir à nos regards ! On fit une halte en cet endroit ; les élèves se livrèrent à leurs jeux enfantins, puis on regagna la maison. Le soleil était prêt de se noyer dans la mer ; et c'est avec joie que j'entendis les cloches de l'église et des couvents voisins sonner l'*Angelus*. Depuis plus de deux mois que j'avais quitté la France, je n'avais entendu tinter l'*Angelus* qu'une seule fois, c'était à Nazareth. M. le Maréchal Marmont exprime en ces termes combien il a été agréablement surpris, au même lieu, par cette manifestation religieuse :

« Pendant ce voyage dans le Liban, j'éprouvai d'une manière très-vive une sensation que je n'avais pas prévue, et dont je n'aurais pas deviné la puissance. Le bruit des cloches des monastères et des églises éclata tout à coup dans les airs et vint retentir à mon oreille. Ce bruit a quelque chose de délicieux pour l'Européen qui l'entend dans ces montagnes. Ces sons argentins qui s'élevaient vers le ciel, et me rappelaient mon culte et ma patrie, ne pouvaient me trouver indifférent. Cet appel solennel fait à la prière agit sur tout être raisonnable et sensible ; car il apporte avec lui le souvenir de ce que nous devons au Créateur, et le sentiment du besoin que nous avons chaque jour de ses bienfaits. Cette voix commune, dont le langage est uniforme dans toute la chrétienté ; qui parle si haut aux limites de la vie, à notre naissance et à notre mort ; qui a établi des rapports intimes entre ceux qui habitent la brûlante Ibérie et les bords glacés de la Néva ; cette parole sonore, comprise de tous, et qui partout exprime les mêmes pensées, les mêmes vœux, ne peut retentir loin de l'Europe sans faire éprouver au voyageur chrétien un frémissement involontaire et plein de charmes. Tout est exprimé par ses sons : croyance, souvenirs, patrie, espérance, enfin tout ce qui remplit le cœur de l'homme, tout ce qui l'élève au-dessus de lui-même, et le sépare momentanément de ces besoins vulgaires auxquels il est soumis (1). »

---

(1) *Voyage de M. le Maréchal duc de Raguse*, II.

Au souper, le Supérieur m'offrit un flacon de vin du Liban. Ce vin, auquel sa qualité excellente a valu le surnom de *Vin-d'Or*, provient des coteaux du Kesrouan. Il jouit d'une réputation bien méritée et la plus ancienne que l'on connaisse, car elle date aujourd'hui de 2,700 ans. En effet, le prophète Osée vantait ainsi cette précieuse liqueur : « Israël fleurira comme la vigne, son nom sera connu comme le vin du Liban. » (xiv, 8.) Les grappes ont souvent plus d'un pied de longueur.

Le lendemain matin, je fis ma visite à l'église de Ghazir. J'y tenais d'autant plus que beaucoup de voyageurs reprochent aux prêtres maronites de ne pouvoir dire avec le Psalmiste : « *Zelus domûs tuæ comedit me;* » (Ps. 68; 12.) et je voulais voir ce qui en est. Le curé maronite de Ghazir parlait français; il me conduisit à son église que je trouvai d'une grande simplicité, mais très-proprement tenue. Je fus heureux de lui en faire mes compliments. Je pris ensuite congé des Jésuites pour rejoindre le bord de la mer.

Je longeais la rade de Djouny; les vagues venaient doucement mourir sous les pieds de mon cheval; mais ces belles ondes ne sont pas toujours aussi paisibles; les quilles et les carcasses des navires échoués sur ces rives sont là pour le prouver. Le P. de Géramb — il avait à chaque instant des pensées célestes, — dit à propos de ces tristes épaves :

« Je ne sache pas de matière plus capable de porter l'âme à la méditation, et de lui inspirer des réflexions profondes et salutaires que la vue d'un vaisseau naufragé. Hélas! l'homme, quel qu'il soit, est-il lui-même autre chose qu'un matelot qui vogue plus ou moins longtemps sur une mer constamment battue par les tempêtes? Elle arrive pour lui un peu plus tôt, un peu plus tard, l'heure fatale du naufrage! Heureux alors s'il a mérité que le Père céleste vienne le recueillir et l'introduire dans le port! »

Dans le petit port et le village de Djouny, on fait un léger commerce de céréales. Quelques-uns pensent que c'est-là que Jonas sortit du sein du monstre marin.

Je me détournai un peu pour me rendre au village d'*Antourah* que j'apercevais à peu de distance. Voilà deux siècles que des Jésuites, se rendant à Saïda, furent jetés sur la côte de Djouny par les hasards de la tempête, ou plutôt ils y furent envoyés par la Providence. La population maronite les retint et leur construisit une maison et une chapelle. Ce fut le centre d'une mission qui étendit ses bienfaisants résultats sur tout le Liban.

La persécution chassa les Jésuites, mais ils furent remplacés par les Lazaristes. Ces zélés religieux ont là un collége où ils enseignent à plusieurs centaines d'enfants, le français, l'italien, plusieurs langues orientales, les mathématiques, l'histoire, la géographie, la rhétorique et même la philosophie. Le Supérieur, M. Depeyre, me reçut très-amicalement. Ce collége, placé sous la protection spéciale de la France, est dans l'état le plus florissant et parfaitement tenu. Une foule de jeunes gens de différentes nations, sortis de son sein, ont déjà rapporté chez eux une instruction solide dont toute la famille profite également; aussi cette maison est très-appréciée. M. X. Marmier fait ainsi l'éloge de ces fervents disciples de Saint-Vincent-de-Paul :

« En tête de ces hommes qu'il m'a été si doux de connaître, je dois placer les Pères Lazaristes, ces humbles et tendres apôtres de l'Evangile, qui accomplissent avec tant de mansuétude, de patience et de dévouement leur pieuse mission. Nul intérêt mondain ne les a conduits sur la terre d'Orient, nulle ambitieuse rumeur ne résonne autour d'eux. On ne les rencontre que là où ils ont le bien à faire; on ne les reconnaît qu'à leurs œuvres. Instruire et consoler, voilà leur tâche. Quiconque a besoin de leur secours et de leur enseignement peut sans crainte s'adresser à eux, n'importe de quel pays il vient et quelle religion il professe. Leur religion leur dit de tendre la main à tous ceux qu'ils peuvent aider, d'éclairer l'ignorance, de soulager la misère et de compatir à toutes les douleurs humaines. Aussi faut-il voir de quelle considération sont entourées ces maisons catholiques, et avec quel respect on regarde passer dans les rues les Lazaristes et les Sœurs de Saint-Vincent-de-Paul. La France leur doit de la reconnaissance, car ils honorent et font bénir au loin son nom. Nous devons les aider dans leur entreprise, car ils sont sur le sol étranger les fidèles représentants des idées de civilisation et de progrès de l'Europe, et n'ont matériellement que de faibles ressources (1). »

---

(1) Marmier, cité par Guys dans *Beyrouth et le Liban*, App.

Auprès du collége se trouve un couvent de Visitandines; je m'y rendis. Ces religieuses sont toutes Arabes. Leur temps se partage entre la prière et le travail des mains; elles élèvent aussi de petites orphelines. Leur maison est pauvre. Plusieurs d'entre elles parviennent à une extrême vieillesse, car, en 1832, le R. P. de Géramb en vit une âgée de 106 ans, et comptant quatre-vingt-dix années de profession religieuse (1), et M. de Salverte, en 1859, apprit que, la veille de son arrivée, une sœur était morte à l'âge de 104 ans (2). De tous les couvents orientaux, celui de la Visitation d'Antourah est le seul qui suive une règle européenne. Je gravis ensuite les flancs d'une des montagnes qui encaissent le village, pour visiter un monastère de religieux maronites. Le Supérieur m'accueillit avec une bonté et une simplicité patriarcales. A côté est placé, suivant l'usage du Liban, un couvent de religieuses indigènes; elles sont cloîtrées.

J'acceptai l'hospitalité des Lazaristes. Je remarquai, auprès de la maison, des arbres qui s'élevaient jusqu'au toit; c'étaient des orangers. Il est difficile d'en trouver de plus magnifiques; plusieurs ont au moins 35 pieds de hauteur et une grosseur proportionnée. Ils ont été aussi pour le R. P. de Géramb un objet d'admiration. En rentrant dans la chambre qui m'était destinée, je fus agréablement surpris de voir sur ma table le livre de Mgr Dupanloup sur l'*Education* et plusieurs autres de ses ouvrages. En Orient, aussi bien qu'en Occident, les œuvres littéraires de notre illustre Prélat ont acquis une célébrité qui les fait rechercher avidement.

Le lendemain, après avoir pris congé des pieux Lazaristes, je descendis sur le bord de la mer. Je rencontrai bientôt devant moi des rochers abruptes qui s'entrouvrent pour laisser passer un fleuve limpide; c'est l'embouchure du *Nahr-el-Kelb* (*la rivière du Chien*), le *Lycus* (*loup*) des anciens. Ce site présente un aspect sauvage d'un grand effet. Sans aller chercher un pont à quelques mètres de là, je traversai le fleuve à gué. Le rivage de la mer, qui forme la grande route de la Syrie, est intercepté ici, comme aux Echelles de Tyr, par des roches élevées. Je dûs donc gravir le sentier qui s'avance en corniche sur l'angle d'un promontoire à pic, à plus de 40 mètres

---

(1) *Pélerinage à Jérusalem*, t. II, l. 42.
(2) *La Syrie avant* 1860, VII.

au-dessus de la mer. Ce sentier, large de 2 mètres, a été creusé dans le roc dès les temps les plus reculés. Il fut agrandi, vers l'an 175 après Jésus-Christ, par l'empereur Marc-Aurèle, comme l'indique une inscription latine fixée dans un cartouche auprès du pont. Un peu plus loin, un ancien cartouche vide a été blanchi et renferme une inscription gravée par le corps expéditionnaire de 1860, en l'honneur de l'Empereur Napoléon III et de l'armée française. On voit sur le bord de la route une colonne milliaire renversée avec des caractères latins peu lisibles, et un piédestal grossier supportant autrefois, dit-on, la statue d'un loup qu'on adorait en ce lieu et qui a donné son nom au fleuve. Les arabes ont jeté dans la mer cette idole qui ne présente plus qu'une masse informe. Je savais que cet endroit renferme des monuments plus curieux, et je me réjouissais de contempler des bas-reliefs assyriens, non pas dans les salles d'un musée, mais sur les lieux mêmes où ils ont été érigés par les mains des peuples antiques. En levant les yeux sur les rochers qui se dressaient à ma gauche, je vis, en quatre ou cinq places différentes, des cadres ciselés dans le roc, avec corniches et moulures latérales. Ces cadres, de plus de 2 mètres de hauteur et de 1 mètre 25 de largeur, contiennent des figures de rois assyriens sculptées également dans la pierre noirâtre. Quelques-unes de ces figures sont très-frustes, deux sont bien conservées. Elles représentent ces monarques Ninivites, à la taille longue et raide, tels qu'on les voit au Louvre, la tête couverte d'un haut bonnet persan, avec une barbe et une chevelure tressées avec soin et une robe étriquée. L'un tient une masse d'armes de la main gauche, et, au-dessus de la main droite élevée en signe de commandement, apparaissent divers symboles : une étoile, un disque ailé, un sceptre, etc. Autour des personnages étaient gravés des caractères cunéiformes, peu reconnaissables aujourd'hui. Ces figures sont accompagnées d'autres cadres de mêmes dimensions, dont la surface parfaitement nue indique qu'ils devaient supporter des plaques à inscriptions. Ce qui le prouve encore, c'est qu'aux quatre angles se montrent des trous dans lesquels ont été scellés des crampons de fer. M. Layard attribue toutes ces sculptures à Sennachérib; mais, quatre fois avant ce monarque, d'autres rois assyriens firent invasion en Phénicie, et ils purent avoir le désir de laisser à la postérité la plus reculée des marques de leur passage victorieux. Quoiqu'il en soit, ces monuments remontent au moins au viiie siècle avant Jésus-Christ. On ne rencontre pas partout des sculptures d'une date de deux mille six cents ans!

J'atteignis ensuite le *Nahr-Beyrouth*, l'ancien *Magoras*. On le franchit à gué, ou bien sur un vieux pont sans parapets que l'administration turque laisse tomber en ruines. Après avoir parcouru une riante campagne, par des chemins bordés de haies de nopals et de lauriers roses, je rentrai dans les murs de la charmante Beyrouth. Je la quittai bientôt pour me rendre en Egypte.

Cette traversée est pleine d'attraits. Nous passons successivement en revue Sidon, Tyr, Acre, le mont Carmel, Jaffa et les rives de la Judée.

Quels souvenirs...!

Les poissons volants nous offrent un spectacle nouveau. Ils ont un vol véritable; leurs nageoires brunes se meuvent d'un battement continu comme des ailes; on dirait des moineaux quand ils rasent la terre avant de s'abattre.

LA TERRE-SAINTE

VOYAGE EN ÉGYPTE

CHAPITRE PREMIER

ALEXANDRIE. — EN CHEMIN DE FER.

« Ce pays offre des sujets d'observation et de méditation que ne peut entièrement négliger un voyageur, quel qu'il soit, s'il a des yeux pour voir, une mémoire pour se souvenir, et un peu d'imagination pour rêver. Qui pourrait être indifférent aux tableaux de cette étrange nature des bords du Nil, au spectacle de ce pays-fleuve auquel ne ressemble nul autre pays? Qui ne serait ému en présence de ce peuple qui fit de si grandes choses et qui est réduit à une si extrême misère? Qui visiterait Alexandrie, le Caire, les Pyramides, Héliopolis, sans être assailli des plus imposants souvenirs et des plus variés? Y a-t-il dans le monde un pays plus à part des autres pays et plus mêlé à leur histoire? La Bible, Homère, la philosophie, les sciences, la Grèce, Rome, le Christianisme, les hérésies, les moines, l'islamisme, les croisades, la révolution française, presque tout ce qu'il y a eu de grand dans le monde se rencontre sur le chemin de celui qui traverse cette contrée mémorable. Abraham, Sésostris, Moïse, Alexandre, Pompée, César, Cléopâtre, Aristarque, Plotin, Pacôme, Origène, Athanase, Saladin, saint Louis, Napoléon, quels noms...! Quels contrastes! La Grèce et l'Italie en présentent moins peut-être et de moins frappants. L'Egypte, qui éveille tous les grands souvenirs du passé, intéresse encore dans le présent et dans l'avenir : dans le présent, par l'agonie de son douloureux enfantement ; dans l'avenir, par les destinées que l'Europe lui prépare quand elle l'aura prise. Pays fait pour occuper éternellement le monde, l'Egypte apparaît à l'origine des traditions de la Judée et de la Grèce. Moïse en sort, Platon y court. Elle attire la pensée et le tombeau d'Alexandre, la piété de saint Louis et la fortune de Bonaparte (1). »

I — ALEXANDRIE.

Les côtes basses et jaunâtres de l'Egypte se dessinaient à peine dans un horizon lointain, lorsque nous vîmes la mer perdre sa couleur azurée et prendre une teinte bourbeuse. Voici la cause de ce phénomène. Nous étions à l'époque du débordement du Nil, et ce fleuve venait de vomir avec une telle abondance, par ses larges bouches, ses ondes chargées de limon, que la Méditerranée en avait ses eaux troublées jusqu'à plusieurs lieues du rivage. Bientôt Alexandrie apparaît à mes yeux pour la seconde fois, et son port excite encore mon admiration. C'est un immense croissant terminé à notre droite par une ligne d'innombrables moulins à vent, et à gauche par une jetée sur laquelle s'élève le phare ; le milieu présente un premier plan tout hérissé des mâts d'une multitude de vaisseaux, et, plus loin, une masse de blanches maisons dont les toits aplatis sont dominés par quelques coupoles et les pointes aiguës des minarets.

De toutes les villes de l'Egypte ancienne, Alexandrie est la seule qui, semblable au Phénix de la fable, soit ressuscitée du milieu de ses cendres, et la seule aussi dont nous puissions suivre l'histoire. Nous connaissons son origine, ses jours de splendeur sous les Grecs

(1) J.-J. Ampère, R. D. M., t. XV.

et les Romains, sa décadence sous les Arabes, et le dernier degré de son abaissement sous les Turcs. Quatre époques ont donc marqué ses vingt-et-un siècles d'existence. Les plus grands noms se rattachent à ses annales : « Qu'on nous montre, dit M. Ampère, une autre ville fondée par Alexandre, défendue par César et prise par Napoléon. »

L'an 332 avant J.-C., Alexandre ayant enlevé l'Egypte aux Perses, voulut s'y assurer un port de mer pour la tenir sous la dépendance des flottes macédoniennes, et faire de ce port la capitale de son empire ainsi que du monde entier. Entre le lac Maréotis et la Méditerranée, il existait une étroite langue de terre qui, abritée au nord par l'île de Pharos, formait sur cette côte un hâvre naturel et sûr. C'est là que le jeune héros fonda une ville sur l'emplacement d'une pauvre bourgade nommée Rhacotis. Il en traça lui-même le plan général et en confia l'exécution à Dinocrate. Cet artiste, déjà célèbre par la reconstruction du temple d'Ephèse, dirigea les travaux avec tant d'habileté que, quelques mois après, Alexandre, à son retour de la Haute-Egypte, trouva une grande cité sortie de terre comme par enchantement. Dinocrate, sans les accords harmonieux d'une lyre, avait renouvelé le prodige d'Amphion. « Alexandre, a dit Napoléon, s'est plus illustré en fondant Alexandrie et en méditant d'y transporter le siége de son empire, que par ses plus éclatantes victoires. Cette ville devait être la capitale du monde. Elle est située entre l'Asie et l'Afrique, à portée des Indes et de l'Europe. Son port est le seul mouillage des cinq cents lieues de côtes qui s'étendent depuis Tunis ou l'ancienne Carthage jusqu'à Alexandrette ; il est à l'une des anciennes embouchures du Nil ; toutes les escadres de l'univers pourraient y mouiller, et dans le vieux port elles sont à l'abri des vents et de toute attaque. »

Après la mort d'Alexandre, sa ville devint la capitale de l'Egypte et la résidence des Ptolémées-Lagides qui y régnèrent près de trois siècles. Chacun de ces rois tint à honneur d'augmenter sa splendeur et son importance. L'Egypte des Pharaons fut dépouillée pour embellir la nouvelle favorite. Le marbre et le porphyre revêtaient mille formes pour décorer ses temples et ses brillants palais. Par une entreprise gigantesque, l'île de Pharos fut réunie à la ville au moyen d'un môle qu'on nomma *heptastadion* (*les sept stades*) en raison de sa longueur. (Il avait un millier de mètres.) Cette jetée coupait par le milieu la rade d'Alexandrie et créa ainsi les deux ports que deux ponts laissaient communiquer entre eux. Le port oriental était appelé le *Grand-Port* (aujourd'hui le *Port-Neuf*) ; celui de l'Ouest (aujourd'hui le *Vieux-Port*) se nommait *Eunostos* (c'est-à-dire *du bon retour*). Au N.-E. de Pharos était un petit rocher battu des flots ; on le joignit à l'île par une digue, et c'est sur sa pointe que Sostrate-le-Cnidien éleva cette tour fameuse destinée à éclairer les vaisseaux en mer, et de laquelle prirent le nom de *phares* tous les autres fanaux construits plus tard pour le même usage. Ce monument, regardé comme l'une des sept merveilles du monde, reflétait dans la Méditerranée ses colonnades étagées et ses galeries aériennes. Les anciens ont beaucoup exagéré les dimensions du phare. Ils lui donnent 400 pieds d'élévation; mais M. Letronne les réduit à 150 pieds. Les Ptolémées, non contents d'enrichir Alexandrie de somptueux édifices, tels que le temple de Sérapis, le tombeau d'Alexandre, l'homérion, l'amphithéâtre, le stade, leurs palais, etc., voulurent aussi la combler de trésors littéraires, et accordèrent leur protection aux sciences et aux arts. Ptolémée Ier-Soter fonda, sous le nom de *Museon*, une sorte d'académie qui réunissait les plus illustres savants du monde connu (1), puis une bibliothèque qui renferma dans la suite jusqu'à 700,000 manuscrits. Cette bibliothèque et le musée, avec d'autres institutions du même genre qui vinrent plus tard les compléter, formèrent cet ensemble d'établissements scientifiques qu'on appelle *École d'Alexandrie*, et qui, pendant neuf cents ans, du siècle d'Alexandre à celui de Mahomet, fut le grand centre du mouvement intellectuel de l'univers. Pendant la guerre contre Pompée, César, en combattant les Alexandrins, brûla la flotte égyptienne, et l'incendie en se communiquant à la ville consuma une partie de la célèbre bibliothèque des Ptolémées. C'est pour réparer la perte de tant de précieux volumes que Cléopâtre fonda la bibliothèque du Sérapéon.

En l'an 30 avant J.-C., Octavius-César enleva Alexandrie à Antoine. Cette ville, devenue romaine, vit s'élever un grand nombre de monuments remarquables, tels que le Cesareum, le Sebasteum, temples de Jules-César et d'Auguste, etc. Elle se maintint encore dans sa prospérité.

Dès le premier siècle de l'Église, la foi chrétienne, introduite par

---

(1) Euclide, Manéthon, Philon, Origène y ont étudié.

saint Marc, y avait jeté de profondes racines. Les docteurs du Christianisme y avaient fondé, sous le nom de *Didascalée*, une école de philosophie et de polémique religieuse, qui, dirigée avec éclat par Athénagore, Panthène, Clément d'Alexandrie, Origène, combattit victorieusement, en face du Musée, les erreurs des philosophes païens. Siége d'un patriarcat qui tenait le premier rang après Rome, Alexandrie était devenue la seconde métropole de la chrétienté, et parmi ses insignes prélats elle compta saint Athanase et saint Cyrille. La décadence d'Alexandrie fut la conséquence nécessaire de la chute du polythéisme dont elle était le foyer. Théodose abolit l'exercice du culte païen en 389, et à sa mort, lors du partage définitif de l'empire, en 395, l'Égypte resta sous la domination des empereurs d'Orient.

Malgré toutes ses vicissitudes, Alexandrie était encore florissante lorsque Amrou, lieutenant d'Omar, s'en empara, après un siége de quatorze mois, en 640. Amrou ayant demandé au calife ce qu'il devait faire des manuscrits qu'il avait trouvés dans la ville, Omar lui répondit par ce syllogisme si fameux : « Si ces livres sont conformes au Coran, ils sont inutiles, qu'on les brûle ; s'ils lui sont contraires, ils sont dangereux, qu'on les brûle encore. » La critique a élevé des doutes sur cet acte de barbarie que l'on reproche à Omar, M. Michaud, entre autres, ne veut pas l'admettre (1), cependant il semble qu'on doit le regarder comme authentique. Aboulfaradje, Abd-Allatif et Makrisi l'attestent, et déclarent que les volumes de la bibliothèque chauffèrent pendant six mois les bains de la ville. La domination musulmane, qui s'étendait sur le monde comme un torrent dévastateur, devait ruiner la prospérité d'Alexandrie. En 970, la translation de la capitale de l'Égypte à Fostât, en faisant descendre Alexandrie au second rang, accéléra sa décadence. Amaury, roi de Jérusalem, s'empara de cette ville après un siége de trois mois, en 1167. Quatre ans après, elle tomba au pouvoir de Saladin, et passa aux mains des Mamelouks, en 1250. La découverte du cap de Bonne-Espérance, en ouvrant une route nouvelle au commerce de l'Inde, et, vingt ans plus tard (1517), la conquête de l'Égypte par les Turcs, achevèrent la ruine d'Alexandrie. Cette cité qui, sous les

(1) *Corresp. d'Orient*, t. VII, lettre CLXXVII.

Ptolémées, renfermait 900,000 âmes, n'en comptait plus que 6,000 en 1777.

En 1798, le général Bonaparte y entra sans coup férir, mais nos Carthaginois modernes, les Anglais, jaloux de voir ce beau pays entre les mains des Français, en chassèrent notre armée en 1801. Six ans après, ils firent une tentative pour s'en emparer. Heureusement Méhémet-Ali put les repousser. Ce grand homme a eu l'honneur d'opérer la régénération d'Alexandrie que l'expédition française avait déjà commencée. Il a compris toute son importance politique et commerciale. Sous son administration, les fortifications ont été réparées, les ports désensablés, un arsenal, des palais, des hôpitaux et d'élégants hôtels ont été bâtis. Le commerce s'est développé considérablement, et la population a pris un accroissement si rapide qu'elle s'élève aujourd'hui à 150,000 âmes. Mais l'Alexandrie moderne n'est plus qu'un vaste marché, une ville à moitié européenne, dépouillée de ses vieux monuments, et puisqu'elle n'est grande maintenant que par ses souvenirs, essayons donc de les rappeler en recherchant la disposition générale et les principaux édifices de l'ancienne Alexandrie (1).

Au point de vue topographique, Alexandrie a eu trois âges : l'âge antique, l'âge moyen et l'âge actuel ; ce sont trois époques pendant lesquelles, ainsi que l'histoire de cette ville nous l'a fait connaître, elle s'est amoindrie successivement.

Alexandre, avons-nous dit, avait fondé la capitale de son empire sur une langue de terre étroite qui s'étendait entre la mer et le lac Maréotis (2). Cet espace fut divisé par deux rues principales qui se croisaient à angle droit, l'une dirigée de l'est à l'ouest, et l'autre du nord au sud. Ces deux voies, larges de cent pieds, étaient bordées dans toute leur longueur de somptueux portiques. Le point où elles se rencontraient, au centre de la ville, formait une large place, ornée de beaux édifices, et un témoin oculaire, (Achille Tatius, romancier grec), atteste l'effet magique que produisait la vue de ces immenses colonnades se développant dans tous les sens. Cette place était située à l'endroit où s'élève aujourd'hui le couvent latin des Franciscains. Dans le reste du terrain étaient alignées, parallèlement aux deux artères principales, d'autres rues bâties en ligne droite. Tel était l'ad-

---

(1) Voir M. Matter, *Préliminaire de l'histoire de l'École d'Alexandrie.*
(2) Voir le plan d'Alexandrie, à la fin de ce volume.

mirable plan d'Alexandrie, dont la longueur de l'est à l'ouest mesurait, suivant Strabon, 30 stades (une lieue et quart); sa largeur n'était que de 10 stades. Elle devait avoir 4 ou 5 lieues de tour.

Le quartier oriental, nommé *Bruchion*, commençait près du Lazaret, au Petit-Pharillon, (l'ancien cap *Lokias*), où les Ptolémées étalaient leur faste dans des palais splendides; c'était le plus riche quartier de la cité. Sur le point du rivage qui y confinait, on avait construit le *Sebasteum*, (*temple d'Auguste*), renfermant une bibliothèque avec des salles de lecture pour les lettrés. Un quai, auquel aboutissaient de nombreuses rues transversales, était bordé d'arsenaux et de magasins où venaient s'entreposer les marchandises du monde entier et qui conduisaient à un vaste marché, *Emporium*. Un peu plus à l'ouest, était le tombeau de Cléopâtre, et, sur une pointe avancée dans le port (vis-à-vis du fort *Menchariéh*), le *Posidonium* et le *Timonium*.

« Ce *Posidonium*, temple de Neptune, a disparu comme les palais des Césars et des Ptolémées. Les ondes irritées, qui ne redoutent plus le trident de leur Dieu ni son fameux *quos ego...*, ont à moitié recouvert le môle où le temple était bâti. Plus loin était la retraite où le rival d'Octave et le mari de Cléopâtre passa la dernière année de sa vie. Antoine avait vécu dans des temps semblables aux nôtres, dans des temps où les passions ardentes usent la vie et portent l'homme au dégoût de lui-même. Il avait tour-à-tour recherché la gloire, la puissance, la volupté; à la fin, il s'était fait misanthrope, et parmi tous les hommes qui avaient eu quelque renommée, un seul lui parut sage et digne d'être imité, c'est le fameux *Timon* d'Athènes; et pour cela il avait donné à sa retraite le nom de *Timonium*. Le triumvir avait renvoyé ses plus fidèles amis et n'avait gardé, dans sa solitude, que deux philosophes qui lui parlaient du néant des grandeurs humaines; leurs discours ne purent soutenir son courage contre les derniers coups du sort, et toute cette philosophie, pleine d'ostentation, ne lui donna que la force de se percer de son épée et de mourir comme un personnage de tragédie. (1) »

Auprès des *Aiguilles de Cléopâtre* était le *Cesareum* (*temple de Jules-César*), dont faisait probablement partie une tour d'architecture

---

(1) Michaud, *Corresp. d'Orient*, t. VII.

antique, nommée aujourd'hui la *Tour des Romains*. L'*Acropole* (*citadelle*) était située sur l'éminence assez considérable où s'élève le fort *Napoléon*. Dans ce magnifique quartier du *Bruchion* se trouvaient encore d'autres monuments dont l'emplacement est ignoré; voici les principaux : le *Museum*, où l'on allait entendre les leçons des professeurs les plus renommés dans toutes les sciences, avec la célèbre *Bibliothèque* des Lagides, placée plus près du port, et le *Sôma* (*le corps*), temple d'Alexandre, où l'on avait déposé ses restes mortels dans un cercueil d'or. Cet édifice était situé auprès des tombes des Ptolémées et de la grande place formée par la rencontre des deux rues principales. M. Michaud (1) a admis la tradition arabe qui regarde comme le tombeau d'Alexandre un sarcophage formé d'une seule pierre verte et déposé jadis dans l'ancienne église dite *la mosquée d'Athanase*. On a reconnu que ce beau cercueil, dont le *Musée Britannique* s'est enrichi à nos dépens, et qui est couvert d'hiéroglyphes, est le sépulcre du Pharaon Amyrtée.

La Sainte-Ecriture rapporte la mort du héros Macédonien avec une noble simplicité qui nous fait bien comprendre toute la vanité des grandeurs humaines :

« Après qu'Alexandre, fils de Philippe, eut frappé Darius, roi des Perses, il passa jusqu'aux extrémités du monde, et il reçut les dépouilles d'une multitude de nations, et la terre se tut devant lui. Il rassembla une armée des plus vaillantes, son cœur s'éleva et s'enfla d'orgueil, et il se rendit maître des peuples et des rois. Et après cela, il tomba sur un lit de douleur, et il connut qu'il allait mourir. Et il appela les grands de sa cour, et il leur partagea son royaume pendant qu'il vivait encore. Alexandre régna donc douze ans et il mourut. » (I, *Machabées*, I.)

Au sud du *Bruchion*, entre la grande rue longitudinale et le lac Maréotis, dans un quartier dont on ignore le nom, se pressaient une énorme foule d'autres édifices qui n'ont laissé que des vestiges confus, tels que le *Gymnase*, longeant cette grande rue, le *Dicastérion* ou palais de justice, l'*Amphithéâtre*, le *Stade*, etc.

Dans la partie occidentale de l'ancienne Alexandrie, sur un espace limité à l'est par la rue transversale conduisant du lac Maréotis à la

---

(1) *Corresp. d'Orient*, t. VII, lettre CLXXVII.

mer, et par le petit port *Cibotos*, et au nord par le port d'*Eunostos* (aujourd'hui Vieux-Port), s'étendait le quartier de *Rhacotis*, l'ancienne bourgade égyptienne absorbée par la ville grecque. C'est dans ce quartier, habité par la population autochthone, qu'avaient été bâtis les temples consacrés à la religion du pays, tels que celui d'Isis, et celui de Sérapis, le *Sérapéum*, le plus bel édifice d'Alexandrie et l'un des plus curieux du monde entier. Il était probablement situé dans la partie occidentale, hors de l'enceinte des Arabes, entre la mosquée des Mille colonnes et la colonne de Pompée, au sud-ouest de laquelle on voit encore les restes d'un Hippodrôme.

A l'ouest d'Alexandrie et non loin du port, auprès de la porte *Gabari*, se trouvait la mosquée des *Mille-et-une-Colonnes*, occupant l'emplacement de l'église de Saint-Marc, siége des anciens patriarches ; elle fut nommée aussi la basilique des *Septante*, parce que c'est-là, dit-on, que les soixante-douze interprètes se réunirent pour traduire la Bible en grec, par ordre de Ptolémée-Philadelphe (285 avant J.-C.).

Aux deux extrémités opposées de la ville, des faubourgs se prolongeaient sur un espace considérable. Il y en avait deux à l'orient. Celui d'*Eleusine* touchait aux murs de la cité ; à la suite et sur le rivage s'étendait un autre faubourg construit sous les Romains. Il s'appelait *Nicopolis* (*bourg de la Victoire*), en l'honneur de la victoire qu'Auguste y remporta sur Antoine et qui lui livra l'empire du monde. Il était aussi orné de palais destinés à la célébration des jeux quinquennaux. A l'entrée de Nicopolis était un second hippodrôme, à la place où sont les cimetières chrétiens.

Le faubourg de l'ouest portait le nom de *Nécropolis*, parce qu'il conduisait à la *Ville des Morts*, c'est-à-dire aux Catacombes, où ils étaient ensevelis.

« De tout ce qui reste d'antiques vestiges à Alexandrie, dit M. Saint-Genis, les plus extraordinaires, sans doute, consistent dans l'ensemble des citernes. C'est une chose vraiment admirable que le nombre (308), la capacité et la magnificence de ces réservoirs : ce sont de superbes portiques élevés les uns sur les autres et aussi élégamment dessinés que solidement bâtis. Quelle immensité de travaux en excavations, constructions et revêtements ne supposent-ils pas ! Ici l'industrie des Grecs, provoquée par la première de toutes les nécessités pour la fondation d'une ville privée d'eau, a égalé les efforts gigantesques des anciens Égyptiens en travaux de patience, et les a empreints de son goût pur et de l'élégance qui lui était naturelle. Elle est parvenue à former *une seconde Alexandrie souterraine,* aussi vaste que la première ; et ce qui en subsiste aujourd'hui est certainement l'une des plus grandes et des plus belles antiquités de l'Égypte. »

Sur ce sol bouleversé par tant de mains et depuis tant de siècles, il ne subsiste que deux monuments de son ancienne gloire : la colonne de Pompée et les aiguilles de Cléopâtre. L'emplacement de la *Rome de l'Orient* ne contient plus que quelques colonnes mutilées, des monceaux de débris et la solitude du désert.

La Colonne de Pompée est située sur un monticule au S.-O. et à peu de distance de l'enceinte arabe. Elle était jadis renfermée dans Alexandrie. Maintenant elle n'a plus d'autre utilité que celle de servir de point de reconnaissance aux vaisseaux qui arrivent du large et aux caravanes qui débouchent du désert. Cette colonne est haute de cent quatorze pieds. Son fût est un monolithe de quatre-vingt-dix pieds de long sur vingt-sept de circonférence ; il est surmonté d'un chapiteau de dix pieds de hauteur ; le tout est supporté par un piédestal carré de quatorze pieds, élevé sur des fragments pharaoniques dont l'état de dégradation inspire des craintes pour la solidité de la colonne. Le fût, d'un beau granit rose et poli, bruni par le temps, est d'ordre dorique très-élégant, et certainement d'un travail grec, tandis que la base, le piédestal et le chapiteau, accusent par leur style lourd et peu correct le IIIe ou le IVe siècle de notre ère. Le chapiteau ne laisse pas néanmoins de produire un assez bel effet, il est d'ordre corinthien, à feuilles de palmier sans dentelures. On y trouve un encastrement qui était destiné sans doute à recevoir une statue.

Voici, d'après l'ingénieur Saint-Genis :

Le poids du fût.	. . . .	289,869 kilo.
—	du chapiteau.	47,954
—	de la base.	50,567
—	du piédestal	162,103
	Poids total.	550,490

L'origine et la destination de ce monument ont donné lieu à diverses conjectures. On ignore pourquoi il porte le nom de Pompée. Les anciens voyageurs nous disent, il est vrai, que César l'éleva à la mémoire de ce général ; mais cette opinion est abandonnée aujourd'hui.

Sur sa base, du côté de l'ouest, on voit une inscription devenue très-fruste. Wilkinson et Salt l'ont restituée ainsi :

Τον τιμιωτατον αυτοκρατορα
Τον πολιουχον Αλεξανδρειας
Διοκλητιανον τον ανικητον
Πουβλιος (ou Πομπειος) επαρχος Αιγυπτου
Επαγαθω.

Le nom du préfet est transcrit diversement parce qu'il est presque illisible ; mais la version qui attribue cette dédicace à un *Pompée Préfet* doit être préférée, car elle a sur les autres l'avantage de justifier la dénomination actuelle du monument.

Cette inscription nous fait donc connaître que la colonne fut consacrée par le Préfet de l'Égypte, Publius ou Pompéius, à l'empereur Dioclétien, probablement après la victoire remportée, en 296, sur Achillé qui, depuis cinq ans, avait pris en Égypte la dignité impériale. Mais, comme l'observe M. Michaud, il est à croire que cet admirable monolithe a changé souvent de destination, et qu'on s'en est servi plusieurs fois pour flatter les princes dont on implorait ou dont on redoutait la puissance. M. Saint-Genis pense qu'il a pu être primitivement érigé à Septime-Sévère, au début du IIIe siècle, et selon M. Ampère il était élevé dans la cour du Sérapéum.

Je dirai avec M. X. Marmier : « Je suis resté muet et saisi d'une émotion inexprimable en face de cette œuvre gigantesque des anciens temps, qui est là, seule dans sa superbe majesté, seule sur les débris des siècles, sur les temples écroulés et les palais perdus, comme pour révéler d'âge en âge aux générations qui se succèdent l'étonnante grandeur du passé. »

Les Aiguilles de Cléopâtre sont situées auprès du Port-Neuf et au sud-est de la ville moderne. Ce sont deux obélisques de granit rouge d'Egypte dont l'un est encore debout, et l'autre est couché et à moitié enterré à peu de distance. Ils ont soixante-trois pieds de hauteur sur sept pieds de côté à leur base. Tous deux sont monolithes et couverts d'hiéroglyphes. On y lit le nom de Touthmosis III, de la dix-huitième dynastie, au xviie siècle avant J.-C., et celui de Rhamsès-le-Grand, le Sésostris des Grecs, qui fut gravé postérieurement. Ces deux monuments étaient autrefois à Héliopolis, et la reine Cléopâtre les fit transporter au lieu où ils sont pour les placer devant le temple qu'elle éleva à César; c'est là l'origine de leur nom actuel.

L'âge moyen d'Alexandrie commence avec la conquête des Arabes, au viie siècle. A la fin du ixe, l'importance de la vieille cité était tellement déchue que le calife Touloun fut obligé de restreindre son emplacement de moitié en construisant une muraille avec les pierres de la partie abandonnée. Cette *Enceinte des Arabes* commence auprès des Aiguilles de Cléopâtre, remonte à l'est jusqu'aux cimetières chrétiens et revient rejoindre le Vieux-Port auprès du canal Mahmoudiéh. Son étendue de l'est à l'ouest est de trois kilomètres et sa plus grande largeur d'un kilomètre. Elle subsiste tout entière, à l'exception de la partie qui coupait l'extrémité méridionale de l'Heptastade. Elle ouvre aujourd'hui par quatre portes: la porte de Rosette, à l'est; celles de Moharembey, du Nil et de Mahmoudiéh, au sud; et celle de Gabari, à l'ouest. Ces remparts, qui ont été réparés par Saladin, les Français et Méhémet-Ali, se composent d'une assez forte muraille, flanquée de nombreuses tours et de bastions, avec un large fossé. Le terrain qu'ils renferment est en grande partie désert et couvert de débris informes; on y voit aussi un bois de palmiers et quelques villages arabes.

« Ici les hôtels somptueux sont remplacés par un amas de masures hautes d'un mètre et demi, et larges tout au plus de deux mètres carrés; une seule ouverture, fermée par une claie de branches de dattier et de joncs, sert de porte et de fenêtre tout à la fois; la toiture de ces cabanes est faite de roseaux. En avant, une toute petite cour sert à maintenir les enfants; le mur de clôture qui l'entoure est ordinairement couvert de guenilles. Quelques vases en terre, un chaudron de cuivre, deux écuelles de bois, une natte, tel est le mobilier, la batterie de cuisine, la fortune du pauvre monde qui habite ces quartiers reculés. Ce monde mal logé, à peine couvert d'une méchante chemise en toile bleue, marche pieds nus, travaille, scie le bois, porte de lourds fardeaux et sert de *says* (*coureurs*) devant les voitures européennes, soit pour porter une lanterne pendant la nuit, soit simplement pour faire écarter la foule pendant le jour. Cet être qui règle durant toute une journée son allure sur celle de deux chevaux fringants ou bien à la suite d'un baudet agile, et qui use ses poumons pour frayer une route facile à l'étranger, c'est le maître du sol, l'enfant d'Alexandrie, l'égyptien !

« Les enfants du peuple, les filles surtout, pauvres petites créatures, travaillent du matin au soir à porter sur leur tête des corbeilles de bananier pleines de terre ou de sable destinés à la construction des maisons. Les pauvrettes ! elles travaillent en chantant. Lorsqu'elles ont rempli leurs bannes vides, elles frappent l'une contre l'autre leurs petites mains en cadence, faisant ainsi un accompagnement bizarre à leur rythme monotone. L'aînée de la bande invoque tous les êtres puissants qui lui viennent à l'esprit, et les autres les appellent en chœur à leur aide. Chose singulière, le nom de la Vierge Marie est sur toutes les lèvres en Orient ; les musulmans ont le plus profond respect pour la mère du Christ :

« Dieu tout-puissant ! (*dit une enfant seule*)

« O aide-nous ! (*s'écrient toutes les autres*)

« Vierge Marie !

« O aide-nous !

« Soleil bienfaisant !

« O aide-nous !

« Les bons génies !

« O aidez-nous !

« Etoiles des nuits !

« O aidez-nous !

« Ma mère ! mon père ! mon frère ! etc... etc...

« O aide-nous !

« Quelquefois le nom d'un ami, d'un parent mort depuis longtemps est rappelé de la sorte ; puis, lorsque la mémoire ne fournit plus de sujets à l'invocation, la chanteuse se lance dans des appels risibles ; elle demande l'aide d'un être faible, d'une pierre, d'une plante, d'un animal, et la bande joyeuse de rire alors de tout son cœur, en répétant son éternel *O aide-nous !* Pauvres enfants ! elles oublient leurs fatigues, leurs peines ; elles semblent presque heureuses, et cependant l'entrepreneur est là avec une courbache (1) et les en frappe souvent : c'est un navrant spectacle. La population, malgré sa misère, est ici vigoureuse ; les figures ne sont pas belles comme en Syrie, mais quelle force, quelle agilité ! (2) »

Entrons maintenant dans l'Alexandrie moderne. *Iskandériéh*, c'est son nom arabe, est bâtie sur l'Heptastade qui unissait l'ancienne ville à l'île de Pharos, chaussée peu à peu élargie par l'accumulation des ruines et les atterrissements de la mer. Le quartier franc, au midi, tend à se développer dans l'enceinte des Arabes. Son centre est la *place des Consuls*. C'est une vaste esplanade qui forme une promenade agréable. Elle est plantée d'arbres. Aux extrémités, deux bassins lancent dans les airs leurs gerbes cristallines. Tout alentour sont de grands bâtiments couverts en terrasse, d'une architecture très-ornée, à la mode italienne.

Non loin de la place des Consuls, se trouve celle de Sainte-Catherine. On l'appelle ainsi parce qu'elle est en face de l'église de Sainte-Catherine, à laquelle on arrive en traversant un très large jardin où s'étalent des palmiers, des bananiers, des lotiers, et une foule d'arbustes et de jolies plantes qui s'étiolent chez nous dans des serres chaudes. L'église, dédiée à la jeune et noble vierge d'Alexandrie qui honora la religion par sa foi et par sa science aussi bien que par son martyre, n'est pas sans beauté. Elle appartient aux Franciscains (3). Son fronton, de style italien, et son dôme, flanqué d'une tour carrée, font assez bon effet. On dit que cette tour excite la jalousie des musulmans parce qu'elle s'élève au-dessus des plus hauts minarets de la ville. Cette église est placée entre deux grands bâtiments. Celui de droite est le monastère des Franciscains qui desservent la paroisse latine (4) ; l'hôpital européen y est annexé. Celui de gauche est habité par les

---

(1) La *Courbache* est une longue lanière de cuir d'hippopotame. C'est une arme terrible devant laquelle tremble le malheureux peuple d'Égypte : le premier coup enlève la peau, le second fait jaillir le sang.

(2) Gentil, *Souvenirs d'Orient*, c. XVIII.

(3) On y conserve une petite colonne de marbre sur laquelle tomba la tête de sainte Catherine. C'est par erreur que M. Michaud parle de « la place où Marguerite eut la tête tranchée ; » il s'agit ici de sainte Catherine et non de sainte Marguerite. Voir la *Correspondance d'Orient*, t. VII, lettre CLXXVII.

(4) Cette paroisse est très-considérable car on compte à Alexandrie 50,000 catholiques européens, dont 20,000 français.

Frères de la Doctrine Chrétienne ; ils donnent une parfaite éducation à 600 élèves de nations diverses (1). Non loin de là, apparaît le couvent grec-schismatique avec une église surmontée d'un dôme et de deux clochetons : le tout est d'un style assez lourd. Les Lazaristes ont aussi là-bas une maison et une charmante chapelle. Ils ont su conquérir une bienfaisante influence. Près d'eux, les pieuses filles de Saint-Vincent-de-Paul, au nombre de cinquante, font la classe à 500 enfants et se livrent avec une abnégation admirable aux œuvres de la charité.

Les souvenirs chrétiens sont très-rares à Alexandrie. On indique au milieu de la ville la place où saint Marc fut décapité. Son corps a été conservé religieusement dans l'église cophte qui porte son nom, jusqu'au jour où les Vénitiens le transportèrent chez eux. La mosquée de Saint-Athanase rappelait la mémoire de cet illustre patriarche, et était ornée d'un grand nombre de colonnes antiques très-curieuses ; malheureusement elle est détruite. On voyait dans la maison des sœurs, il n'y a pas très-longtemps, une tour dans laquelle sainte Catherine fut enfermée avant son martyre.

Tout ce quartier neuf a l'aspect de nos villes européennes, avec ses hôtels, ses magasins et ses rues droites et larges, garnies de trottoirs. L'habit et le chapeau noirs s'y montrent plus souvent que le turban ; la crinoline y fait aussi de fréquentes apparitions.

Le quartier turc avec ses rues étroites, tortueuses et non pavées, ses maisons ou plutôt ses masures sans fenêtres, et sa population aux vêtements bariolés, présente assez d'activité et ne manque pas d'une certaine couleur locale ; mais on n'y trouve pas un seul édifice digne de fixer l'attention.

Alexandrie n'est, à vrai dire, ni égyptienne, ni arabe, c'est une ville franco-orientale, c'est quelque chose comme un caravansérail immense où se rencontrent les marchands de toutes les nations. On y parle toutes les langues, on y voit tous les costumes et tous les types de la figure humaine. La barbarie marche ici d'égal avec la civilisation.

« Dans l'état actuel, Alexandrie offre les plus étranges et même les

---

(1) Leur Aumônier est un des plus dignes et des plus zélés enfants de saint François, le R. P. *Bernard*, d'Orléans, qui fut le premier curé des nouvelles paroisses de l'isthme de Suez : Port-Saïd et Ismaïlia. Dans cette dernière, il a montré un dévouement héroïque, ainsi que M. de Lesseps, pendant le choléra de 1865.

plus choquants contrastes : c'est un assemblage confus de palais et de huttes, un mélange de luxe et de misère, d'indolence et d'activité, d'usages turcs et de manières européennes, qui étonne l'étranger. Ici, vous êtes au milieu du tourbillon, du bruit des affaires ou des plaisirs ; là, c'est la solitude et le silence du désert. Un homme richement vêtu, couvert de châles de grand prix, marche à côté d'un homme demi-nu; une voiture attelée de quatre chevaux magnifiques, suivie de domestiques en habits dorés, traverse une file de chameaux conduits par de sales Arabes. Des dames européennes parfumées, dans le costume le plus élégant, se trouvent à côté de femmes hideuses allant nu-pieds, sans autre vêtement qu'une chemise de toile bleue qui tombe en lambeaux, sans autre voile qu'un linge malpropre qu'elles tiennent constamment appliqué sur le nez et sur la bouche, et qui ne laisse voir que deux yeux presque éteints sur lesquels sont empreintes la tristesse et la misère. Des européens, assis à un somptueux banquet, chantent la liberté, au moment où sous leurs fenêtres passent des gens que l'on mène à coups de bâton. Des ouvriers intelligents, sous la direction d'un architecte habile, travaillent à la construction de monuments qui attestent et honorent les progrès de nos arts, tandis que d'autres fouillent les entrailles du sol, brisent des chapiteaux, des tronçons de colonnes, des statues qu'a respectées le temps, pour fournir aux édifices nouveaux quelques moëllons. (1) »

Si nous avançons dans la presqu'île de Pharos, nous apercevons à droite l'arsenal et à gauche un hôpital, un peu plus loin le palais du Vice-Roi et son harem en face ; puis le phare moderne, à l'extrémité de la pointe. J'ai visité le palais. Il a été bâti par Méhémet-Ali sur la plage du Vieux-port. On y pénètre par un portique à colonnes de granit rouge d'un bel effet ; l'aspect de l'édifice est assez modeste. L'intérieur présente une suite d'appartements meublés et décorés à l'européenne ; l'or et la soie s'y rencontrent à profusion, mais le bon goût ne s'y montre pas. A la pointe orientale de Pharos, se trouvent le fort Ada et un phare élevé sur l'emplacement de celui des Ptolémées. Quelle différence entre cette merveilleuse tour et le phare actuel !

Il faut visiter, en dehors de la ville, le palais de Moharembey : c'est une villa appartenant au Vice-Roi. Les bâtiments sont très-simples,

---

(1) Géramb, *Pèler. à Jérusalem*, t. III, lettre xlv.

mais les jardins, dessinés à l'européenne, recréent la vue par leur végétation. Je rentrai dans Alexandrie par la route qui longe le canal Mahmoudiéh ; les jolies maisons de campagne qui la bordent en font une agréable promenade.

Le canal Mahmoudiéh, dont le cours se confond en partie avec l'ancien tracé du canal Canopique, est d'une grande utilité pour le commerce intérieur de l'Egypte ; c'est par là que les produits destinés à l'exportation arrivent à Alexandrie. Il se joint au Nil au village d'Aftéh, près de Fouah. Ce canal a 20 lieues d'étendue. Moins de trois années suffirent à Méhémet-Ali pour le creuser (1820). Mais il est triste de penser que ces travaux n'ont été exécutés qu'au prix d'une dépense odieuse de la vie humaine. Trente mille hommes, exténués par les privations, les mauvais traitements et des fatigues au-dessus de leurs forces, sont restés ensevelis sous le chemin de halage que je foulais aux pieds.

II — EN CHEMIN DE FER.

Sortons maintenant par la porte Gabari, au S.-O. de la ville, pour nous rendre à l'embarcadère (1). Autrefois on n'allait au Caire que par les bateaux à vapeur qui remontaient le canal et le Nil. Ce voyage exigeait trois ou quatre jours. Depuis 1856, grâce au chemin de fer, on parcourt en six heures les 53 lieues qui séparent Alexandrie de la capitale égyptienne. La voie ferrée s'avance d'abord entre le canal Mahmoudiéh et le lac Maréotis. Ce lac était jadis rempli d'eau douce et renfermait beaucoup de poissons, mais pendant la guerre que les Anglais nous faisaient en Egypte, en 1801, ils y ont introduit les eaux de la mer, et, avec une barbarie dont ils nous ont donné trop souvent l'exemple, ils ont ruiné une étendue considérable de pays, en submergeant cent cinquante villages ; c'est ainsi qu'une vaste plaine desséchée fut de nouveau changée en un marais qui dépose une couche de sel et infecte Alexandrie de ses miasmes pestilentiels. Nous étions à peine en route depuis un quart d'heure, lorsque je vis nos wagons rouler sur une chaussée entourée d'eau des deux côtés ;

(1) Voir la carte de l'Égypte, à la fin de ce volume.

nous traversions le lac Maréotis. Quand nous eûmes dépassé le gros village de Damanhour, la plantureuse culture du Delta commença à se montrer. Ce sont des champs très-bien labourés et entrecoupés de mille canaux qui se croisent dans tous les sens. Ce paysage me rappelait les plaines verdoyantes et aquatiques de la Hollande; sans les bouquets de palmiers espacés çà et là, et l'azur inaltérable du ciel, j'aurais pu me croire en route, de nouveau, pour Amsterdam. C'est le même aspect monotone. Ce sont des rizières, puis des champs de sésame, de maïs, d'orge, de tabac et de cotonniers. Méhémet-Ali en introduisant cette dernière plante en Egypte, a doté ce pays d'une production très-précieuse et très-abondante. Quelle luxuriante végétation! De temps en temps, sur un monticule, apparaissent quelques constructions basses, d'une teinte grisâtre, dominées par la flèche aiguë d'un minaret, et entourées de quelques arbres. On les prendrait pour des fortifications. C'est un village. Nous trouvons ici le cachet oriental. Ces villages, de loin, sont assez pittoresques, mais, de près, rien n'est plus misérable ni plus hideux. Les maisons sont carrées, petites et à toits plats; elles sont bâties en briques crues. Souvent même ce ne sont que des huttes où la boue tient lieu de mortier. La population de ces taudis est active et laborieuse, mais cependant très-pauvre et à peine couverte de haillons. Auprès de Dahari, la voie ferrée est coupée par une grande branche du Nil, celle de Rosette. Le fleuve est très-large en cet endroit, et le pont qu'on a jeté entre les deux rives est le plus bel ouvrage du chemin de fer. Il a douze arches et il est construit tout en fer, même les piles qui sont formées de tubes métalliques. Il a coûté dix millions de francs. Au bout du pont se trouve la station de Kafr-Zeyad, qui marque la moitié du trajet entre Alexandrie et le Caire. Des industriels nous entourent et tâchent de gagner quelques paras. De petites filles nous présentent des bouteilles de terre qu'elles viennent de remplir dans le Nil, en criant : *moïed!* *(de l'eau)*; j'en profite pour me désaltérer. Un homme porte dans une corbeille des poulets rôtis; pour 20 ou 25 centimes on peut s'en régaler d'un, ce n'est certes pas cher. Quoique les poulets soient très-communs en Egypte où on les fait éclore d'une manière hâtive dans des fours, cependant le peuple de ce pays est bien loin de pouvoir réaliser ce que notre bon roi Henri IV désirait pour le sien : que chacun mette la poule au pot le dimanche. De jeunes garçons tiennent en mains des paquets de longues cannes à sucre toutes vertes, et nous les offrent à l'envi. Cela remplace les gâteaux que l'on vend chez nous aux voyageurs. Le convoi fait ici une très-longue station. Profitons-en pour jeter un coup-d'œil sur l'histoire générale de la contrée que nous visitons et qui fut le berceau de la civilisation la plus ancienne.

A part la Bible, Manéthon grand-prêtre d'Héliopolis (1) est le père de l'histoire égyptienne que l'on divise en dix périodes.

Ire Période. — *L'Ancienne Monarchie.*

Le chef de la première dynastie est un fils de Cham, Ménès (le *Mesraïm* de la Bible) qui fonda Memphis. Sous la xive dynastie collatérale, des Arabes nomades, habitants du désert, s'emparèrent du pays. Leurs rois, connus sous le nom de *Hyksos (pasteurs)*, forment la xviie dynastie. C'est sous la première famille des *hyksos* qu'Abraham descendit en Egypte (*Genèse*, xii, 10, vers l'année 1900 avant J.-C.), et sous la seconde que Joseph devint premier ministre et établit Jacob dans la terre de Gessen avec sa famille (*Genèse*, xli et xlvii).

IIe Période. — *La Nouvelle-Monarchie.*

Amosis expulse les rois étrangers et fonde la XVIIIe dynastie, une des plus brillantes de toute l'antiquité pharaonique. Sous la XIXe dynastie, Rhamsès II, le *Sésostris* des historiens grecs, le grand conquérant, éleva l'Egypte au plus haut degré de prospérité intérieure et de puissance extérieure. C'est sous le règne de son prédécesseur que l'on place la sortie du peuple hébreu conduit par Moïse (vers 1500 avant J.-C., *Exode*, xii, 37). Sasank, chef de la XXIIe dynastie, est le *Sésac* de la Bible. Il prend Jérusalem sur Roboam (l'an 971, II *Paralip.* xii). Le roi éthiopien Sabakon s'empare du trône d'Egypte et fonde une dynastie éthiopienne, la XXVe. Le chef de la XXVIe dynastie, Stéphinatès, chasse les Ethiopiens. Néchao, l'un de ses successeurs, fait périr Josias, roi de Juda, dans un combat à Mageddo, il entre dans l'Assyrie, et, à son retour en Egypte, il emmène captif le nouveau roi de Juda, Joakhaz (l'an 610, IV *Rois*, xxiii, 29). En

---

(1) Il vivait 300 ans avant notre ère.

l'année 527 avant J.-C., l'Egypte, conquise par Cambyse, devient une province persane. Pendant le règne de cette XXVII° dynastie, on voit disparaître peu à peu dans ce pays ce qui avait fait sa puissance et sa gloire. Amyrtée, chef de la XXVIII° dynastie, parvient à rendre à sa patrie son indépendance, mais, quelques années après, les Perses la lui ravissent de nouveau et fondent la XXXI° dynastie qui ne dure que huit ans. En 332, l'Egypte est subjuguée par Alexandre-le-Grand.

III° Période. — *Les Ptolémées.*

Après la mort du héros macédonien, l'Egypte échut à l'un de ses lieutenants, Ptolémée dit Soter, fils de Lagus, fondateur de la dynastie des Lagides. Leurs règnes se composent d'évènements embrouillés, de querelles de famille mêlées à des drames sanglants et n'offrent pas d'intérêt historique. Cependant l'Egypte acquit sous plusieurs de ces Ptolémées une prospérité très-grande : le commerce, les lettres et l'architecture prirent un magnifique développement. La domination grecque s'éteignit avec la fameuse Cléopâtre. En l'an 30 avant J.-C., après la bataille d'Actium où Antoine fut vaincu par Octave, les aigles romaines s'abattirent sur l'Egypte et s'emparèrent de cette belle proie.

IV° Période. — *Les Romains.*

Pendant 425 ans l'Egypte n'eut d'autre histoire que celle de la maîtresse du monde, dont elle était devenue le grenier d'abondance. Elle fut souvent le théâtre de troubles intérieurs. L'évènement le plus considérable de cette période fut la propagation du Christianisme qui s'introduisit en ce pays dès le premier siècle, malgré les persécutions par lesquelles les empereurs romains s'efforçaient de comprimer son essor. La Thébaïde se peupla de pieux solitaires, et les déserts furent sanctifiés par la foi divine qui faisait alors la conquête de la terre pour la régénérer. Les temples des dieux nationaux se maintinrent cependant longtemps encore vis-à-vis du nouveau culte ; leur ruine totale ne date que de la fin du IV° siècle, lorsque l'empereur Théodose ordonna d'abattre le temple de Sérapis, à Alexandrie (389). L'Eglise eut alors à lutter contre les assauts que lui livraient le paganisme mourant et l'hérésie naissante, et il s'ensuivit des querelles déplorables, des conflits acharnés. Lors du partage définitif de l'empire, à la mort de Théodose (395), l'Egypte resta attachée à l'empire d'Orient.

Vᵉ Période. — *L'Empire d'Orient.*

Cette époque est complètement stérile en évènements importants. En l'année 640, sous le règne d'Héraclius, l'Egypte est conquise par Amrou, lieutenant d'Omar, puissamment aidé par la haine que les Cophtes nourrissaient contre les Grecs.

VIᵉ Période. — *Les Califes Arabes.*

L'Egypte est gouvernée par les lieutenants des Califes. La religion de Mahomet se propage dans le pays par le sabre et à l'aide des tribus arabes qui s'y établissent en très-grand nombre. La domination de la dynastie Toulounide s'étend, un moment, depuis l'Euphrate jusqu'aux extrémités du Moghreb (le Maroc). L'Egypte voit encore de beaux jours sous la dynastie des Fathimites qui y introduisent brillamment la civilisation mauresque. En 1171, Salah-Eddin-ibn-Eyoub monte sur le trône égyptien et fonde la dynastie des Eyoubites. C'est le célèbre *Saladin* qui joue un rôle si éclatant dans les croisades. Son armée était surtout composée de cavaliers nommés en arabe *serradjin*, dont les Croisés firent le mot *sarrasins*, qui était pour eux synonyme, tout à la fois, d'Arabes et de Musulmans. Les arts et les sciences continuent à être cultivés, et le commerce s'étend, comme sous les Ptolémées, dans toute la Méditerranée et jusqu'aux Indes. Saint Louis, à la tête de la VIᵉ croisade, prend Damiette, mais il est fait prisonnier dans sa marche sur le Caire, et ne se rachète que par une énorme rançon (1249). L'année suivante, la dynastie des Eyoubites est détrônée par le chef de leur garde composée de Géorgiens appelés *Mamelouks*. Ce nom signifie *esclaves*. Les Mamelouks se recrutaient par l'achat d'enfants blancs du Caucase, qui, des dernières places de leurs maisons, s'élevaient progressivement jusqu'à la dignité de *beys*.

VIIᵉ Période. — *Les Sultans Mamelouks.*

Toute la durée de leur domination barbare ne fut qu'une anarchie non interrompue, fomentée par des ambitions personnelles et par de sanglantes violences. En 1517, le sultan ottoman Sélim Iᵉʳ se rendit maître de l'Egypte.

VIII⁰ Période. — *Les Sultans Turcs.*

L'Egypte n'est plus qu'un pachalik turc. Sa condition ne s'améliore pas. En 1646, les Mamelouks reprennent l'autorité et bientôt celle de la Porte n'est plus que nominale. Toute la politique ottomane a pour but d'entretenir les divisions intestines des Mamelouks pour empêcher un pouvoir fort de s'établir ; la patrie infortunée des Pharaons tombe au dernier degré d'abaissement.

IX⁰ Période. — *L'Expédition Française.*

Le 1ᵉʳ juillet 1798, le général Bonaparte, à la tête de 32,000 hommes, débarquait à Alexandrie. A la fin du même mois, il entrait au Caire. Au milieu de l'année suivante, l'Egypte tout entière était soumise par nos soldats, et les derniers débris des Mamelouks se voyaient refoulés en Nubie. Le 14 septembre 1801, les Français étaient contraints de se rembarquer pour l'Europe à Aboukir, au lieu même où leur flotte avait été détruite par Nelson, le 1ᵉʳ août 1798. Si les résultats de nos victoires furent malheureusement perdus pour notre pays, par l'effet de la jalousie anglaise, ils ne le furent point pour l'Egypte et pour la civilisation. Notre armée ruina l'influence désastreuse des Mamelouks ; elle purgea la contrée des Bédouins qui l'infestaient et la fortifia de tous les côtés. Le contact des Français avec les indigènes disposa ces derniers à avoir des rapports plus multipliés avec l'Europe et à lui demander les éléments d'une meilleure organisation.

X⁰ Période. — *Méhémet-Ali et sa dynastie.*

Ceci est de l'histoire contemporaine. La retraite des Français remet l'Égypte sous la domination ottomane. Les Mamelouks échappés aux armes françaises resaisissent la suprématie et tout retombe de nouveau dans l'anarchie. En 1806, Méhémet-Ali est promu par le Sultan au poste de Pacha d'Égypte. Il se rend indépendant et commence à développer sur cette terre les germes de progrès que nous y avons semés. En 1848, il se voit forcé par l'âge de céder à son fils Ibrahim la dignité de Vice-Roi, désormais héréditaire dans sa famille. Ibrahim meurt du choléra, peu après ; il a pour successeur son neveu, Abbas-

Pacha, tyran stupide, qui est remplacé par Saïd-Pacha, en 1854. Au décès de ce dernier, le 18 janvier 1863, son neveu, Ismaïl-Pacha, monte sur le trône. Cet excellent prince continue la tâche de son prédécesseur, en faisant avancer l'Égypte dans les voies de la civilisation. Il a inauguré le régime constitutionnel, en 1866 ; il a aussi obtenu du Sultan, à prix d'or, un changement dans la succession au trône ; les enfants d'Ismaïl lui succéderont au lieu de leur oncle Mustapha.

Pendant la station à Kafr-Zeyad, je remarquai dans notre convoi deux wagons remplis de religieux à la robe de bure grise. C'étaient des hommes dans la force de l'âge, quelques-uns étaient assez jeunes. Ces apôtres de l'Évangile avaient abandonné leurs familles et leur patrie pour s'ensevelir dans les déserts, sous un climat meurtrier, afin d'apprendre à de pauvres sauvages à aimer Dieu et à le servir. Ils se rendaient à Karthoum, en Nubie (1). J'étais saisi d'admiration à la vue de ces victimes dévouées qui imitaient si bien leur glorieux patron saint François-d'Assise. L'antiquité païenne a-t-elle jamais offert de si beaux exemples ? Et voit-on nos prétendus philosophes, eux qui débitent ou écrivent des phrases si ronflantes sur la bienfaisance et sur la propagation des lumières, les voit-on délaisser leurs aises et les plaisirs de la vie européenne pour aller montrer par des faits, au milieu de peuples abrutis, que leurs théories ne sont pas des chimères ?

Mais il est temps de remonter en wagon pour reprendre la route du Caire. La pointe du Delta que nous traversons est d'une prodigieuse fécondité ; aussi les Arabes l'appellent-ils le *Ventre de la vache*. L'aspect général du pays est toujours le même, c'est-à-dire plat et peu varié. De distance en distance, dans les terrains plus bas, j'aperçois de grandes nappes d'eau qui étincellent au soleil ; ce sont les restes de l'inondation du Nil. Cette année (1861) il a répandu son bienfaisant limon avec une générosité dont on ne se souvient pas d'avoir vu d'exemple ; mais le nourricier de l'Égypte en a été en même temps le dévastateur. La chaussée du chemin de fer avait été naguère enlevée en plusieurs endroits ; et çà et là surgissent des villages

---

(1) De ces 90 missionnaires, 18 sont morts six mois après leur arrivée, et les autres sont minés par la fièvre.

dont les maisons de terre, complétement démolies, ne peuvent plus servir d'asile à leurs malheureux habitants.

Nous voici à Tantah. C'est une ville riche et importante, où se concentre tout le commerce de l'intérieur du Delta ; il s'y tient des foires annuelles dont l'une surtout est très-renommée. Nous traversons ensuite, sur un pont en fer, la branche de Damiette pour arriver à la station de Benâ'-l-Assal, où l'on voit un palais de style italien construit par Abbas-Pacha, dans une belle situation. C'est-là que s'est passée, il y a treize ans, une tragédie horrible dont il semble que Sodome seule aurait pu être le théâtre. Abbas-Pacha, monstre de férocité et de luxure, y fut étouffé par deux jeunes gens, complices de ses exécrables débauches, qui firent ainsi souffrir au vice-roi le traitement qu'ils appréhendaient de sa part.

Sur ma droite, je distingue, au-dessus de l'horizon, deux petits cônes d'un gris-pâle, nettement découpés sur les bords : ce sont les deux grandes pyramides de Ghizéh. Il y a quelque chose de bizarre à contempler ces antiques monuments des Pharaons, de la fenêtre d'un wagon emporté par une locomotive haletante. Que de siècles ont dû s'écouler entre ces deux merveilles du génie de l'homme !

La nuit commençait à étendre sur la capitale égyptienne son voile ténébreux, lorsque nous arrivions au débarcadère.

CHAPITRE II

LE CAIRE

Le Caire n'est pas très-antique. Il fut fondé, en l'année 969, par Gowher, général du calife fathimite Moëz, qui le nomma en souvenir de sa conquête *El-Kahirah (la Victorieuse)*, d'où nous avons fait *Le Caire*.

Les Arabes lui donnent aussi le nom de *Mesr* (de *Mesraïm*), qui est celui de l'Égypte même et que les capitales de ce pays ont porté successivement.

En 973, les Fathimites reconnaissaient la nouvelle cité pour leur capitale à la place de Fostât, en y transportant leur résidence. Elle dut à Saladin son agrandissement définitif, ses fortifications et ses embellissements. Ses phases de prospérité et de décadence ont été les mêmes que celles de l'Égypte.

De toutes les villes de l'Orient, le Caire est la plus belle, au dire unanime des voyageurs. On vante, avec raison, l'incomparable panorama de Constantinople et de Damas, les somptueuses maisons de cette dernière, les bazars de Smyrne, la vue riante et gracieuse de Beyrouth, mais on ne trouve pas dans ces curieuses cités la physionomie orientale, c'est-à-dire originale, réunie à l'aspect vivant et monumental du Caire. Cette ville, la première de l'Empire Ottoman après la capitale, est située sur la rive droite du Nil, avec lequel elle communique par deux autres villes : Boulak et le Vieux-Caire, qui sont comme ses faubourgs et ses ports. Sa forme est celle d'un carré oblong dont la plus grande étendue, du sud-ouest au nord-est, est d'environ quatre kilomètres, sur deux kilomètres de largeur. Un canal, le *Khalig*, dérivé du Nil un peu au-dessous du Vieux-Caire, la traverse dans toute sa longueur et la partage à l'ouest. Il va porter l'eau jusqu'à Héliopolis et au-delà.

« Dans tout ce que j'ai pu vous écrire sur l'Orient, je n'ai rien trouvé de plus difficile que de faire la description d'une grande ville ; je ne sais d'abord par où commencer ; à chaque page de mon récit, je crains toujours d'oublier quelque chose d'intéressant ; puis les images qui me frappent sont si multipliées, que j'ai peine à les rendre clairement et que je tremble à chaque page de me perdre dans ma narration, comme il m'est arrivé quelquefois de me perdre dans la ville que j'essaie de vous décrire (1). »

Ces lignes de l'illustre auteur de l'*Histoire des Croisades* seront l'excuse de mon impéritie.

Il y a au Caire quatre grandes places (2). Celle que l'on rencontre d'abord en entrant se nomme l'*Esbékiéh*, c'est la principale. D'après M. Michaud, elle est quatre fois plus vaste que celle de la Concorde, à Paris. A l'époque de son voyage (1831), elle n'était qu'une plaine poudreuse où mûrissaient des moissons, et elle formait un lac pendant l'inondation du Nil. Aujourd'hui c'est un charmant jardin anglais, percé de deux grandes allées qui se coupent en croix, et d'allées sinueuses qui circulent à travers les verdoyants massifs d'arbustes aux mille feuillages divers, mimosas, tamarins, etc. Une double rangée de gommiers énormes forme tout autour de larges avenues. C'est la promenade du beau monde. C'est aussi le rendez-vous des européens, particulièrement des négociants qui s'y réunissent tous les soirs pour causer des affaires ou des nouvelles du jour. J'y ai entendu de la musique arabe. Elle est assez monotone, mais elle a bien son agrément. Depuis quelques années l'influence des habitudes de l'Occident, importées par nos compatriotes devenus plus nombreux au Caire, a modifié un peu la physionomie de cette partie de la ville ; par exemple on a placé devant les cafés des chaises, meuble inconnu aux orientaux. L'enceinte de l'Esbékiéh est composée de beaux hôtels et de maisons élevées parmi lesquelles on remarque, à l'ouest de la place et à l'angle de l'avenue de Boulak, celle qui fut habitée par

---

(1) Michaud, *Corresp. d'Orient*, t. V, lettre CXXIII.
(2) Voir le plan du Caire à la fin de ce volume.

Bonaparte, et un peu plus haut, du même côté, celle où Kléber fut assassiné par un musulman fanatique.

Le Caire n'est plus comme autrefois entièrement entouré de fortifications ; ses agrandissements dans plusieurs directions, notamment à l'ouest et au nord, ont dépassé l'enceinte sarrasine. Là où elle s'est conservée, du côté de l'est et du sud, elle présente une muraille épaisse, flanquée de tours et percée de portes munies aussi d'ouvrages de défense. On y compte actuellement soixante et onze portes dont plusieurs se trouvent dans l'intérieur, par la raison que je viens d'indiquer. Telle est la porte nommée *Bab-Zouéiléh*, auprès de la mosquée El-Moéyed. Les musulmans ont pour elle une vénération religieuse. Ils croient que c'est la station favorite du *Koutb*, le plus grand des saints, qui y vient souvent invisiblement ; aussi ils attachent sur ses battants, en guise d'ex-voto, des mèches de cheveux et de petits cônes composés d'une matière semblable à du plâtre. Quelques-unes de ces portes sont des monuments curieux, surtout *Bab-el-Nasr* et *Bab-el-Fotouh*, ornées de tours crénelées.

La ville est partagée en 53 quartiers (*hareth*). Le quartier des chrétiens cophtes (*hareth-en-Nassara*) est au nord de l'Esbékiéh ; le quartier des Francs (*h.-en-Frengi* ou *Mouski*) à l'est de la même place ; le quartier juif (*h.-en-Yaoud*) au N.-E. du Khalig ; c'est le plus sale et le plus mal bâti. Le quartier grec occupe le coin N.-E. de la ville ; celui de Touloun, au sud, est le plus ancien. Il y a ici huit rues principales : trois dans le sens de la longueur, et cinq transversales. La plus importante de ces dernières est celle du Mouski. C'est la belle rue du quartier franc ; elle est large, droite et bordée de boutiques européennes comme on en voit à Alexandrie et à Malte, garnies de toutes les denrées, de tous les produits de l'industrie occidentale, voire même des modes de Paris. Au-devant des maisons sont établies, par terre, des marchandes de dattes, de pastèques, d'oranges, etc. ; des marchands ambulants vous offrent une boisson rafraîchissante, des éventails et des confitures. Les grandes rues du Caire sont remplies d'une foule compacte et présentent le spectacle le plus bizarre et le plus divertissant. En les parcourant on croit voir se réaliser les enchantements des *Mille et une Nuits.* On y aperçoit une population de toutes les couleurs, depuis l'ébène des nègres du Soudan jusqu'au teint clair des Berbérins, et affublée des vêtements les plus variés et les plus hétéroclites, en y comprenant le costume négligé qui, chez nous, n'affronte jamais la lumière du jour. Le Bédouin, à la démarche fière, y coudoie l'humble fellah couvert de haillons; le Grec actif et éveillé s'y rencontre avec le Cophte ou le Juif à la mine sombre et renfrognée. Des hommes de toutes conditions circulent, montés sur des baudets agiles, quelques-uns, en plus petit nombre, — ce sont surtout de hauts personnages, — s'avancent sur de beaux chevaux arabes. Des dames turques s'y montrent aussi, juchées à califourchon sur des ânes qu'un eunuque conduit par la bride, et hermétiquement enveloppées, des pieds jusqu'à la tête, dans de grands voiles de soie noire qui les font ressembler à d'énormes chauves-souris, et ne laissent voir que leurs yeux et leurs bottines de maroquin jaune. Au milieu de cette multitude, se pressent de longues files de chameaux portant de pesantes marchandises, des caisses, des pierres ou de grands morceaux de bois qui menacent la tête des passants. Quand on regarde le pêle-mêle de cette populace, dans laquelle l'habit européen n'apparaît que très-rarement, on craint à chaque instant quelque embarras sérieux. Mais tous ces hommes et tous ces animaux se croisent, se glissent les uns entre les autres, et, chose singulière, tous finissent par se dégager avec plus ou moins de célérité et sans accident, dans les lieux même où le chemin paraît le plus obstrué. La foule succède à la foule sans trouble et sans désordre; les Orientaux ne perdent jamais leur gravité calme et solennelle : les flots du Nil ne s'écoulent pas plus paisiblement. Dans le vacarme étourdissant produit par cette immense cohue, on distingue la voix glapissante des âniers et des palefreniers ou *saïs*. Vêtus d'une chemise bleue qui descend jusqu'aux genoux, ceints d'une corde, la tête couverte d'une calotte blanche ou rouge, ils précèdent les chevaux ou suivent les baudets en criant à tue-tête : « *réglak (tes pieds)! chamalak (ta gauche)!* » etc.; et, armés d'un bâton, ils frappent à droite et à gauche ceux qui ne se rangent pas assez vite. Il est difficile à qui ne l'a point vu de se figurer ce mouvement dont rien ne peut donner l'idée dans nos villes d'Occident.

A chaque carrefour, on rencontre des troupes d'ânes sellés et bridés, conduits par des gamins qui s'empressent de les offrir aux passants. Ces baudets vigoureux sont au Caire, comme à Alexandrie, la monture la plus habituelle; on en compte ici 40,000. A l'exception de rares calèches et de quelques charrettes à quatre roues traînées lentement par des bœufs, il n'y a point de voitures; car la plupart des rues sont tellement étroites et sinueuses que ces véhicules ne pourraient y circuler.

Du reste, au Caire comme dans l'Egypte elle-même, le voyageur ne saurait marcher longtemps sans passer d'un lieu habité au désert, et du désert à des lieux pleins de gens affairés. Quand il sort de ses principales artères et des bazars, il ne trouve de tous côtés que des ruelles peu fréquentées si ce n'est par des chiens errants. C'est un dédale sans fin au milieu duquel il est impossible à l'étranger de se reconnaître. Ces rues ont chacune leur industrie particulière, comme celles de nos villes du moyen-âge. Elles ne sont point pavées. On y goûte un peu de fraîcheur et de l'ombre, parce qu'elles sont couvertes de toiles ou d'un plancher, et que les balcons, se rejoignant presque d'un côté à l'autre des maisons, n'y laissent point pénétrer le soleil. Car le soleil ici c'est l'ennemi commun, on fait tout pour s'en défendre. Il est vrai que l'Apollon égyptien lance des flèches acérées et brûlantes comme du feu.

Les balcons, nommés *Moucharabiéh*, fermés exactement sur les trois faces par des panneaux de bois artistement sculptés et découpés à jour avec toutes sortes de capricieuses arabesques, sont disposés de façon à ce qu'on puisse voir de l'intérieur sans être vu. Ces charmants balcons contribuent beaucoup à donner aux rues du Caire une physionomie pittoresque. Mais hélas! ce ne sont que des fenêtres de prisons, ce ne sont que les grilles des harems, cette plaie cancéreuse qui ronge jusqu'au cœur le monde musulman. Si vous pouviez pénétrer derrière ces grilles, vous y découvririez des créatures humaines, de pauvres femmes plongées dans un profond avilissement; vous y verriez tous les vices engendrés par le despotisme le plus égoïste et par l'esclavage le plus aveugle. Ainsi en est-il partout en cet Orient si bien traité par l'auteur de la nature et si mal traité par les hommes : au-dehors, l'éclat et la poésie, au-dedans, la corruption et la misère.

Si on excepte les nouveaux palais bâtis dans le style italo-turc de très-mauvais goût, l'architecture de la ville est purement sarrasine; le style arabe des premiers temps de l'Islamisme y est bien moins mélangé de byzantin et de syrien qu'à Alep et à Damas. Les maisons ont généralement deux ou trois étages; l'étage inférieur est en pierre, les autres sont en terre et en briques. Les constructions affectent des formes d'une bizarrerie élevée à sa plus haute puissance. Les toits sont plats; ils portent un large auvent ouvert du côté du nord, et destiné à saisir au passage la moindre brise fraîche pour la faire pénétrer dans l'intérieur. (Je décrirai l'une de ces maisons en parlant de celle des Religieuses du Bon-Pasteur.) Les demeures des riches particuliers et des fonctionnaires occupent un assez vaste emplacement, mais elles n'offrent rien au-dehors qui annonce la magnificence, tout le luxe des décorations est réservé pour l'intérieur, c'est partout comme cela en Orient.

« On a remarqué que, depuis plusieurs siècles, l'architecture égyptienne est dans une décadence progressive; les grands édifices bâtis par les anciens sultans annoncent plus de splendeur que ceux qu'on a construits au temps des Mamelouks, et ce qui reste du temps des Mamelouks l'emporte sur ce qu'on fait aujourd'hui : on ne bâtit plus maintenant que des palais semblables aux kiosques des turcs; les palais de Méhémet-Ali et des princes de sa famille n'ont rien qui approche de la magnificence des premiers Arabes. Il me semble voir régner dans cette architecture l'esprit mesquin et indécis qui préside à la réforme actuelle de l'empire Ottoman. Les édifices nouvellement bâtis, comme les costumes nouveaux, ont l'air tour à tour d'être européens, d'être asiatiques, et l'étranger n'y reconnaît au fond ni l'Europe ni l'Asie (1). »

Les jardins qui accompagnent les maisons opulentes ressemblent bien peu aux nôtres. Là, point d'allées ni de gazons, mais des bosquets touffus où le sycomore, le grenadier, le myrte, etc., croissent pêle-mêle. Au milieu de massifs d'orangers, parmi les berceaux de vignes et les feuilles énormes des bananiers, s'élèvent de jolis pavillons, tantôt couverts de treillages, tantôt surmontés de coupoles, où l'on respire un air embaumé. Des cours d'eau limpide coulent en murmurant sous les frais ombrages ou retombent en jets cristallins. Ces jardins ne sont pas des lieux de promenade, mais d'un repos voluptueux.

On compte, au Caire, 1300 *okels* ou *khans* dans lesquels les caravanes déposent marchands et marchandises, plus de 300 fontaines

---

(1) Michaud, *Corresp. d'Orient*, t. V, lettre CXXIII.

ou citernes publiques, 70 bains et environ 400 mosquées dont plusieurs sont en ruines. Les chrétiens des différentes communions y possèdent une trentaine d'églises, et les juifs dix synagogues. L'exploration de la capitale égyptienne nous promet d'être très-intéressante; commençons-la par une visite à la citadelle, *El-Kalah*.

On y monte par deux entrées, l'une, nommée *Bab-el-Azab*, s'ouvre sur la place de Roumeïléh. C'est un curieux spécimen d'architecture sarrasine : une porte en ogive surbaissée, flanquée de deux tours massives dont les murs sont peints de larges bandes rouges et blanches. L'étroit défilé, qui de là conduit à la partie haute du château, fut le théâtre du drame sanglant par lequel Méhémet-Ali consolida sa domination et fit expier aux Mamelouks leur tyrannie de cinq siècles sur l'Egypte. Le 1er mars 1811, le vice-roi, après avoir réuni tous les beys pour une fête, les fit massacrer sans merci. Quatre cent soixante-dix Mamelouks étaient venus dans la citadelle, un seul put échapper à la mort en franchissant à cheval un mur de cinquante pieds de haut. La seconde entrée est plus grandiose, elle est due à Méhémet-Ali. C'est une longue rampe en spirale, plantée d'arbres. Elle aboutit à une grande porte en pierre qui donne accès dans la cour.

La citadelle du Caire forme à elle seule une petite ville. Ses murs élevés, fortifiés de trente-deux tours, renferment, dans une enceinte de trois kilomètres, douze mosquées, plusieurs palais avec leurs jardins, des casernes, des arsenaux, des places d'armes, sans compter les ministères, les archives, les tribunaux, une imprimerie et un hôtel des monnaies. Allons voir la grande mosquée.

Chez nous il faut ôter son chapeau dans les églises; chez les musulmans, dont les usages non-seulement sont différents des nôtres mais souvent leur sont opposés, on doit quitter ses chaussures dans les mosquées et garder la tête couverte. Ici les gardiens usent d'indulgence en faveur des Européens, moyennant finance, bien entendu. Je fourrai mes souliers dans des pantoufles en tresse qu'ils m'offrirent, et je pus entrer comme si j'eus été déchaussé.

Cette mosquée fut construite par Méhémet-Ali, vers 1831. Elle est plus admirable par ses vastes dimensions et par ses riches matériaux que par son style; car au lieu de chercher un modèle parmi les charmants édifices sarrasins qui pullulent au Caire, on a copié les grandes mosquées de Constantinople. Deux minarets, avec l'inévitable couvercle en forme d'éteignoir, élèvent leurs cylindres grêles à une hauteur exagérée. Une magnifique cour carrée précède la mosquée. Elle est entourée d'une galerie à colonnes et pavée de larges dalles; au centre, est la fontaine des ablutions, de forme octogone et ornée de sculptures; tout cela est en marbre blanc. On y voit une tourelle carrée — noir et or — terminée par une espèce de pavillon chinois qui porte une horloge, présent fait à Méhémet-Ali par le roi Louis-Philippe.

La mosquée elle-même est couronnée par une grande coupole flanquée de quatre demi-coupoles, avec quatre petits dômes octogones aux angles; c'est l'ancien plan byzantin. Pénétrons dans l'intérieur: il y règne une galerie soutenue par une rangée de colonnettes; dans l'angle à droite apparait, derrière une grille dorée, le tombeau de Méhémet-Ali décoré avec un luxe royal. La coupole est supportée par quatre gros piliers carrés. Les fenêtres sont larges et aussi de forme carrée. Le *menber* (chaire à prêcher) est vert et or; le *mihrab* en albâtre monte jusqu'à la frise. Des centaines de lampes sont suspendues, autour de la coupole, à de longues chaînes garnies de touffes de soie.

L'édifice est tout revêtu d'albâtre oriental, ce précieux marbre dont la transparence ambrée et la teinte laiteuse ont les chatoiements de l'opale. Au moment même où je le visitais, l'heure de la prière habituelle vint à sonner. Alors le muezzin éleva la voix pour inviter les *croyants* à la prière. J'en vis aussitôt plusieurs entrer dans le temple, se prosterner sur le tapis et réciter à mi-voix leurs oraisons. Ceux qui sont éloignés des mosquées accomplissent ces exercices religieux à l'endroit où ils se trouvent. Le respect humain, dont l'influence est si pernicieuse et si commune parmi nous, est tout à fait inconnu des mahométans.

Le palais du vice-roi n'est pas loin de la grande mosquée. C'est un bâtiment moderne, très-simple au dehors; au dedans beaucoup de luxe et beaucoup de mauvais goût; c'est un mélange de barbarie et de civilisation qui représente assez bien la civilisation bâtarde introduite par Méhémet-Ali en Egypte. On remarque surtout la salle du divan et celle des bains tout ornée d'albâtre.

La citadelle proprement dite date de la fin du XIIe siècle; c'est l'ouvrage du célèbre Saladin qui se fit aussi construire un palais sur l'emplacement de la nouvelle mosquée. Depuis lors, cet endroit a toujours été la résidence des sultans et des pachas turcs. Cette forteresse est bâtie au sommet de la croupe du mont Mokattam, elle domine donc le Caire, mais elle est elle-même commandée par un autre sommet couvert d'un fortin.

Sur une plate-forme, en face de la ville, des canons montrent leurs bouches béantes. De ce lieu, ou mieux encore, de la terrasse à l'angle sud de la nouvelle mosquée (1), on découvre un très-beau panorama. Je me suis plu souvent à le contempler. A mes pieds, j'avais la place de Roumeïléh avec la mosquée d'Hassan, la place de Karameïdan et la mosquée de Touloun; au-delà de ce premier plan, l'immense capitale égyptienne se déploie toute hérissée de minarets qui s'élèvent avec des dômes au-dessus de la multitude confuse de ses toits en terrasse. Plus loin se montrent les plantations verdoyantes du milieu desquelles se détachent de lourds palais blancs. Sur un quatrième plan, le Nil charrie lentement, dans son large lit, ses ondes limoneuses. A gauche, l'œil aperçoit le grand aqueduc qui amène ses eaux à la citadelle à travers une plaine de décombres et de tombeaux, puis les maisons du Vieux-Caire, et enfin, tout au fond de l'horizon, les pyramides de Gizéh, ces géants de l'ancien monde, dressent dans l'azur céleste leur masse encore imposante à cette distance de quatre lieues. « Il y a peu de spectacles au monde, dit M. Poitou, qui soient plus variés et plus saisissants : il n'y en a pas peut-être qui réunissent à ce point les splendeurs du ciel, les richesses de la nature, la poésie des souvenirs, la grandeur des monuments et la solennité du désert. »

J'ai voulu descendre dans *le Puits-de-Joseph*, ainsi appelé du nom de Joseph Saladin auquel on l'attribue, en dépit de la légende populaire qui le fait remonter jusqu'au fils de Jacob. Quoique M. Michaud déclare que « le puits de Joseph n'a rien de remarquable qu'une machine hydraulique tournée par des bœufs (2), » il est certain que c'est une œuvre d'art colossale et digne d'être com-

(1) On appelle cet escarpement le *Saut du Mamélouk*, parce que c'est là qu'Amym-Bey, dont j'ai parlé plus haut, opéra son audacieuse évasion, et put échapper au massacre de ses collègues.

(2) *Corresp. d'Orient*, V, lettre cxxv.

parée aux travaux pharaoniques, tels que les obélisques et les pyramides. Rollin le compte parmi les curiosités de l'ancienne Egypte. Ce puits de forme carrée a 60 pieds de circonférence, et est creusé dans le roc vif, à une profondeur de 285 pieds. Le fond est au niveau du Nil. Vers le milieu de sa hauteur, il est divisé en deux étages par un palier. Un manége, mû par deux bœufs, élève l'eau jusqu'à ce palier d'où un second manége, placé à l'orifice du puits, la verse en haut. Le système de cette machine hydraulique est analogue à celui des *Sakiés* dont les fellahs se servent, sur les bords du Nil, pour faire monter l'eau du fleuve et arroser les champs : c'est une roue à chapelets de petits pots en terre. On peut descendre jusqu'au fond de ce puits au moyen d'une galerie en spirale, creusée également dans l'épaisseur du rocher, et recevant le jour par des ouvertures pratiquées sur le puits. Cette rampe est si douce et si large qu'une paire de bœufs sous le joug peut la descendre.

Des citernes sont disséminées dans l'enceinte de la citadelle : l'une d'elles suffirait aux besoins de quelques milliers d'hommes pendant une année.

Nous ne pouvons quitter la citadelle sans donner un souvenir à Méhémet-Ali qui en fut le restaurateur, comme il fut le régénérateur de l'Egypte moderne et le fondateur de la dynastie régnante. Sorti d'une famille obscure, il fut lui-même l'artisan de sa fortune. Il n'a commencé à apprendre à lire qu'à quarante-cinq ans. Son habileté lui mit en mains l'autorité souveraine (1805), que l'horrible massacre des Mamelouks lui assura complètement six ans plus tard. Dès lors l'illustre pacha s'appliqua, avec une énergique persévérance, à développer en Egypte les germes de la civilisation européenne que Bonaparte y avait semés. Il creusa des canaux, agrandit et améliora les cultures, créa des manufactures, étendit le commerce, organisa une flotte et une armée régulière. Ambitionnant la gloire d'Alexandre-le-Grand dont il se flattait d'être le compatriote (1), il dépeupla son royaume pour se faire des soldats. Les lauriers de la victoire ne lui manquèrent point. Il conquit le pays des arabes Wahabites et celui du Haut-Nil jusqu'au Sennaar, et son armée commandée par Ibrahim-

---

(1) Il était né à Cavala, ville de Macédoine, en 1769, la même année que Napoléon, et mourut en 1849.

Pacha, s'avança jusqu'en Anatolie. Après la victoire de Nézib, elle se serait emparée de Constantinople si l'Europe ne l'eut arrêtée (1839). Le traité qui intervint alors garantit la possession héréditaire de l'Egypte à Méhémet-Ali et à ses descendants mâles, par droit de primogéniture, sous la suzeraineté de la Porte. Méhémet-Ali a été jugé très-diversement et même très-sévèrement. Sans doute ce fut un homme de génie et un grand réformateur, mais ce fut aussi un grand despote. Sa réforme est entachée d'égoïsme, et c'est ce qui l'empêcha de produire tous les effets bienfaisants qu'on en devait attendre. Le vice-roi, non content de se déclarer l'unique propriétaire du sol, accapara le monopole de l'industrie et du commerce, de sorte que, comme le dit le R. P. de Damas, la terre classique de la sagesse, des sciences et des arts est devenue une ferme que l'on exploite, sans égard pour les cultivateurs. Si Méhémet-Ali n'a pas donné à l'Egypte une ère de bonheur, il l'a, du moins, tirée d'un abîme de misère pour la lancer dans la voie du progrès, et l'impulsion donnée par lui s'est continuée malgré la faiblesse de ses successeurs. Après tout, le célèbre vice-roi a fait assez de bien à ce pays pour entourer son nom de gloire ; il ne faut pas trop demander à un Turc.

Au bas de la citadelle, nous parcourons la place de *Roumeïléh*. C'est une des plus larges et des plus animées du Caire. Elle communique avec celle de *Karameïdan* qui forme un parallélogramme long de 600 mètres et entouré de casernes. J'y vis une foule de dromadaires attachés à des rangées de piquets. Ce sont les montures d'un des régiments du vice-roi. Sur la bosse de ces disgracieux quadrupèdes, une sorte de bât recouvert d'un tapis donne place à deux cavaliers armés de toutes pièces. Pendant l'expédition française, Bonaparte avait aussi organisé un régiment de dromadaires qui lui rendit de grands services contre les bédouins du désert.

Les mosquées sont les plus beaux monuments du Caire. Ces temples musulmans se composent d'une salle, plus ou moins vaste, dans laquelle on se réunit pour faire les prières publiques et entendre l'explication du Coran. Dans la muraille du fond qui forme le sanctuaire, on voit le *Mihrab*, niche ornée de colonnettes et surmontée d'une voûte, qui indique la direction de la Mecque vers laquelle les *croyants* doivent se tourner pour prier. A la droite du *Mihrab*, s'élève le *Menber* ou chaire à prêcher, vis-à-vis se trouvent les pupitres qui portent les exemplaires du Coran, une petite tribune d'où le *Khatib* prononce la prière, et une plate-forme carrée en bois, soutenue par des colonnettes, sur laquelle se placent les *Imans (lecteurs)*. La décoration intérieure des mosquées est très-simple; elle ne se compose que d'arabesques sculptées ou de versets du Coran écrits sur les murs avec élégance, et de lustres nombreux. (Mahomet a défendu à ses sectateurs la représentation de tout être vivant.) Il n'y a pas un seul siége; mais les fidèles s'accroupissent sur les nattes ou tapis qui recouvrent le pavé. Les mosquées réservent pour l'extérieur tout leur luxe qui se développe, avec un art admirable, dans l'architecture si noble et si gracieuse de leurs portails, leurs dômes et leurs minarets. Elles sont toujours précédées d'une cour au milieu de laquelle est la fontaine aux ablutions, et les plus considérables renferment dans leur enceinte des bâtiments où logent les Ulémas, des écoles, des hôpitaux et autres établissements de bienfaisance entretenus par des fondations pieuses. Chaque mosquée a, au moins, un minaret, tour svelte et élevée supportant une galerie sur laquelle monte, cinq fois par jour, un muezzin pour annoncer l'heure de la prière régulière.

La mosquée d'Hassan est située sur la place de Roumeïléh; nous pouvons la visiter, après avoir garni nos pieds des indispensables chaussons. Cette mosquée passe pour être la plus belle de toutes celles du Caire. Elle fut fondée en 1356, et coûta l'énorme somme de seize millions de francs. On y voit éclater partout la richesse pleine de bon goût et l'agréable originalité de l'art arabe. A l'extérieur, elle se présente sous la forme d'un édifice rectangulaire d'une longueur de 450 pieds, dominé par une immense coupole et par deux minarets dont le plus grand lance ses trois galeries jusqu'à 240 pieds dans les airs. Une de ses murailles est digne d'attention pour sa hauteur et sa largeur extraordinaires.

Entrons dans le temple par un portail en ogive, décoré de charmants pendentifs, qui est déjà un beau morceau d'architecture. Après avoir traversé un péristyle et un passage obscur où se tiennent les gardiens, on pénètre dans une cour carrée, toute pavée en marbre. Son plan est différent de celui des anciennes mosquées, il affecte la forme de la croix grecque. Au milieu, une fontaine avec colonnade octogone, surmontée d'une coupole, verse l'eau des ablutions. Sur chacun des quatre côtés de cette cour, une salle carrée s'ouvre par une haute arcade ogivale. Celle de l'Est, plus élevée que les autres, renferme le sanctuaire; elle mesure 21 mètres d'ouverture. Son ornementation est d'une grande simplicité. Le *mihrab* et les murs sont incrustés de marbres de diverses couleurs, de nacre ou d'émail, deux rangées de vases en verre coloré se montrent sur les parois, une foule de petites lampes et un lustre en bronze très-délicatement ciselé descendent de la voûte. A la droite du *menber*, au haut duquel flottent les étendards consacrés, une porte donne accès dans une large salle carrée couverte d'un dôme. C'est au milieu de cette pièce nue et délabrée que repose le fondateur de la mosquée, le sultan Baharite Hassan, dans un tombeau modeste et poudreux. Aux pieds du sultan est déposé un livre à fermoirs d'argent, c'est un Coran que Hassan eut la patience de copier tout entier de sa main.

La mosquée de Touloun, enclavée dans le Caire par Saladin, est antérieure de près d'un siècle à la fondation de cette ville, à l'extrémité méridionale de laquelle elle est située. Elle fut bâtie, en 879, par Ahmed-ben-Touloun, chef de la dynastie des Toulounides. C'est, avec celle d'Amrou (au Vieux-Caire), le véritable type de la mosquée primitive. Il est très-regrettable qu'Ibrahim-Pacha ait défiguré ce curieux monument, en construisant des murs entre les colonnes pour en faire un hôpital militaire.

Dans la partie orientale du Caire se trouve la mosquée *El-Azhar* (*splendide*), c'est une des plus célèbres de l'Islamisme. Gowher, général des Sultans Fathimites, la fonda en même temps que le Caire, à la fin du xe siècle; mais elle a été réédifiée et agrandie postérieurement. De même que toutes les mosquées primitives, El-Azhar se compose d'une grande cour entourée de portiques. Celui de l'Est, consacré à la prière, est formé de neuf travées où sont suspendues plus de 1200 lampes. Près de 400 colonnes en marbre, en porphyre et en granit, enlevées aux anciens temples égyptiens, ornent ce vaste édifice si curieux par son style élégant. Les portiques à droite et à gauche ont été convertis en salles pour les étudiants, car El-Azhar n'est pas simplement une mosquée, c'est de plus une sorte de caravansérail où reçoivent asile les pèlerins de toutes nations qui se rendent à la Mecque; c'est surtout l'Université, non-seulement de l'Egypte, mais de tout l'Orient. L'enseignement donné dans cette

Sorbonne musulmane est gratuit; il comprend tous les degrés de l'instruction, la théologie et le droit; ses cours sont suivis par tous ceux qui se destinent aux professions religieuses ou civiles. Il suffit pour y être admis de savoir lire, écrire et réciter le Coran. La mosquée loge et entretient les étudiants étrangers. Ses habitants sont très-fanatiques, et l'on ne peut y pénétrer sans une permission écrite du gouverneur de la ville, qui envoie au visiteur un *cawas* pour le protéger. Avant d'y entrer je dûs quitter mes chaussures et me résigner à marcher nu-pieds, car on ne m'offrit pas de pantoufles. Je vis au fond de la cour une multitude de petits garçons assis sur les dalles, en plein air, et occupés à lire ou à écrire; c'est l'école primaire. Je m'avançai ensuite sous l'immense portique à toit plat, soutenu par une forêt de colonnes, et consacré à la prière. Une foule innombrable d'étudiants étaient accroupis sur des nattes, par groupes de vingt au plus; ils tenaient en mains leurs cahiers manuscrits et écoutaient attentivement les leçons du maître, autour duquel ils formaient un cercle. Le professeur, accroupi comme les autres, mais sur un escabeau, était le plus souvent un vieillard à barbe blanche et portant des lunettes. Dans les dépendances d'El-Azhar, un hospice, nommé *La Chapelle des Aveugles*, recueille trois cents aveugles de tout âge.

La mosquée *El-Moéyed*, située près de la porte Zoueïléh, fut bâtie sous le règne du Sultan El-Moéyed, au commencement du XVe siècle. Elle présente le plan ordinaire des mosquées : une grande cour carrée, entourée de portiques à colonnes surmontées d'arcades ogivales. La décoration intérieure est d'une rare richesse.

Je pourrais citer encore, comme très-intéressantes, la mosquée de Kélaoun et celle d'Hakem, etc. Cette dernière est maintenant abandonnée et ne présente que des ruines. C'est la plus ancienne qui ait été construite au Caire; elle le fut en 1003, trente ans après la fondation de cette ville, par Hakem, ce tyran impie qui eut l'audace de se faire passer pour un Dieu, et qui a trouvé chez les Druses de sots adorateurs. On rencontre à chaque pas des édifices religieux dans les rues du Caire; ils en font l'ornement le plus agréable et le plus varié.

Les fontaines publiques contribuent aussi à embellir la capitale. Elles sont très-nombreuses, et plusieurs ont un aspect monumental, comme à Constantinople. Ordinairement elles se composent de trois étages. Le premier, situé au-dessous du sol, est un réservoir destiné à contenir l'eau; le second étage, au niveau du rez-de-chaussée, est formé de fenêtres en arcades, garnies de grillages en bronze doré et de colonnes en marbre; les passants altérés puisent de l'eau par une étroite ouverture du grillage, au moyen d'un bol en cuivre suspendu à une chaîne. Le troisième étage est un gracieux pavillon à galerie qui sert habituellement de local à une école gratuite entretenue, comme la fontaine, par des legs pieux.

« L'éducation se borne à très-peu de chose en Orient : j'ai dit que les filles n'en recevaient aucune; les garçons, sous la direction d'un muezzin, le plus souvent aveugle, apprennent à prier, à compter, à lire et à écrire. L'aspect d'une école primaire, en Egypte, a un cachet tout particulier, tout oriental. Ici, le mobilier est peu considérable; les bancs sont remplacés par des nattes sur lesquelles maîtres et élèves sont accroupis. Au lieu de tables, les écoliers ont devant eux un petit meuble en bois de dattier destiné à soutenir leurs livres. Le maître d'école fait venir successivement auprès de lui chaque enfant de sa classe, lui dit sa leçon et l'oblige à répéter chaque phrase après lui; ordinairement il pose sa main sur la nuque de l'élève et l'oblige à un balancement perpétuel de la tête et de la partie supérieure du corps. Lorsque la leçon est donnée, le maître renvoie à sa place l'écolier qui va s'accroupir devant son pupitre et se met à apprendre tout haut sa leçon; c'est à qui criera le plus fort. Le bruit d'une école est étourdissant. J'oubliais de dire que le professeur emploie fréquemment la côte de palmier pour châtier ses élèves. Il les habitue ainsi à courber la tête devant le bâton; les enfants deviennent, du reste, bien vite insensibles aux coups. Ils se servent, non pas de livres, mais de tablettes en bois sur lesquelles les mots sont écrits. On emploie pour écrire, en Orient, au lieu de plumes, des roseaux taillés; l'encre est beaucoup plus épaisse que la nôtre. Les orientaux sont exercés dès l'enfance à se passer de tables; aussi voit-on constamment, dans les bazars, les marchands qui écrivent très-proprement et très-droit sur un papier simplement soutenu par la paume de la main. (1) »

(1) E. Gentil, *Souvenirs d'Orient*, CXVIII.

Les bazars du Caire sont très-étendus et fréquentés par une foule indescriptible. Ils ressemblent, à peu près, à ceux de Damas et de Constantinople, mais ils présentent un tableau encore plus curieux; c'est le réservoir multiple où arrivent, par la mer Rouge, la Méditerranée et le Nil, les productions de l'Asie, de l'Europe et de l'Afrique. Le marché aux esclaves existait encore en 1853, il a disparu aujourd'hui, car l'esclavage est aboli de droit en Egypte. Dieu en soit loué! Mais quand cessera le commerce des esclaves?

On a fondé ici, depuis quelques années, un hôpital européen.

M. Michaud observe que « lorsqu'on a parcouru les villes turques où tout semble immobile, les étrangers aiment à voir la physionomie animée du Caire; il semble que dans cette *Mère du monde* les visages ont plus d'expression, qu'on y marche plus vite; le calendrier du Caire a plus de fêtes religieuses que celui des Osmanlis, et ces fêtes sont célébrées avec toutes les démonstrations de l'enthousiasme religieux et de la joie populaire. » Les principales fêtes sont : les dix premiers jours du *Moharram*, qui est le premier mois de l'année lunaire mahométane, le *Ramazan*, le grand et le petit *Baïram*. Le *Ramazan* est un mois de jeûne très-sévère qu'il faut observer dès l'âge de quatorze ans. Pendant ce temps, il est défendu de manger et de boire la moindre chose depuis le point du jour jusqu'à la nuit. Les musulmans l'observent avec rigueur, mais ils se dédommagent amplement en se livrant, pendant la nuit, à des festins et à des amusements de toutes sortes. La fête de la naissance de Mahomet coïncide avec le retour des pèlerins de la Mecque. C'est à cette époque qu'a lieu une cérémonie digne des Hottentots, celle du *Doséh* (*piétinement*). Voici comment elle se pratique. Une centaine de derviches se prosternent sur le sol, la face contre terre, les uns à côté des autres, ils forment ainsi une espèce de tapis vivant sur lequel leur chef court à cheval, suivi de quelques-uns de ses confrères qui marchent pieds nus. Les *pieux* derviches sur le dos desquels la procession a passé ont la prétention de n'avoir pas été endoloris, quoiqu'ils en souffrent : c'est-là, disent-ils, une preuve éclatante de leur sainteté.

Les Derviches (moines musulmans) sont très-nombreux au Caire, et ils assaisonnent toutes les solennités de leurs exercices extravagants. J'ai décrit, dans mon livre : *La Terre-Sainte*, leurs diverses évolutions.

Il n'y a ici qu'une seule fête civile, c'est l'ouverture du canal nommé *Khalig*. Les Egyptiens attachent une extrême importance à cette cérémonie qui est aussi vieille que l'Egypte. Ils la célèbrent vers le milieu d'août. La veille du grand jour, à la nuit, mille feux artificiels, représentant diverses figures, s'épanouissent dans les airs et se mêlent aux détonations du salpêtre, au bruit des fanfares et aux chants glapissants des Arabes. A côté du canal, des barques, resplendissantes de lumières et pavoisées, sillonnent le fleuve. Le lendemain les troupes sont sous les armes, on jette dans les ondes l'emblème du sacrifice humain; le feu du canon fait tomber la digue et les eaux du Nil se précipitent dans le canal en bouillonnant.

La circoncision et le mariage sont l'occasion de pompes bizarres que le voyageur suit d'un œil curieux dans les rues sinueuses de la cité. J'ai rencontré un jour le cortége d'une circoncision. La marche était ouverte par le garçon barbier chargé de faire l'opération. Il portait dans ses mains une sorte de cassette en bois de forme carrée, à quatre pieds, et dont la partie supérieure était garnie de plusieurs miroirs et d'ornements de cuivre en relief : ce sont les insignes de sa profession. Après lui, venaient trois virtuoses qui faisaient entendre une musique fort peu harmonieuse, au moyen d'un hautbois et de petits tambours. Le héros de la fête, jeune garçon de cinq ou six ans, s'avançait ensuite, la tête couverte d'un turban rouge, revêtu de très-riches habits, et monté sur un grand cheval conduit par un esclave. Une troupe d'hommes et de femmes, parents et amis, terminaient la procession; lorsqu'ils m'aperçurent ils me lancèrent des poignées de gros sel, je ne sais en quel honneur.

Dans les marches nuptiales, les époux parcourent aussi les rues en faisant porter devant eux, avec ostentation, leurs cadeaux ainsi que les meubles qu'ils possèdent et même ceux qu'ils ne possèdent pas, car souvent on en loue pour cette parade.

On voit très-fréquemment, sur les places publiques, des charlatans qui amusent la populace par leurs tours dont plusieurs ne seraient pas indignes de nos grands prestidigitateurs. Les plus extraordinaires sont ceux des *Psylles*, classe de jongleurs toute spéciale à l'Egypte. De temps immémorial, ils ont été constitués en une espèce de communauté industrielle qui vend assez cher ses services. Le fond du métier consiste à chercher les serpents qui se glissent souvent dans les maisons égyptiennes, et à les faire sortir de leurs retraites par une sorte d'évocation dont ils ont le secret. Dans les fêtes publiques, ces charlatans figurent toujours avec éclat. Nouveaux *Laocoons*, ils se montrent avec des serpents autour du cou, autour des bras et des jambes; les cheveux hérissés, les yeux hors de la tête, ils soulèvent au plus haut degré l'émotion du peuple; quelques-uns, à demi-nus, affectent des poses d'insensés en se faisant piquer la poitrine, puis, comme par représailles, hurlant un cri sauvage, ils se jettent sur les reptiles et les déchirent à belles dents.

La population du Caire est évaluée à 450,000 âmes dont 320,000 sont musulmans, 16,000 coptes, 25,000 européens, 6,000 juifs, 4,000 grecs et 4,000 arméniens.

« Les Coptes, dit M. Ampère, sont les descendants des anciens égyptiens. Leur langue est un dérivé de la langue des Pharaons; c'est à l'aide de cette langue qu'on peut se faire une idée du sens des mots écrits en hiéroglyphes. Aujourd'hui cet idiôme n'est plus employé que pour le culte. »

Les catholiques latins, au nombre de 16,000, ont ici une jolie église desservie par les Franciscains de Terre-Sainte, dont le couvent est à côté. Ces religieux ont encore une succursale à Boulak et une autre au Vieux-Caire. Ils tiennent aussi des écoles.

Les Frères de la Doctrine Chrétienne, tous français, m'offrirent une gracieuse hospitalité que j'acceptai avec reconnaissance. Leur maison, bâtie en 1854, serait remarquée même dans nos grandes villes d'Europe. Saïd-Pacha les a gratifiés du terrain; Ismaïl continue à leur accorder sa protection. Ces pieux instituteurs de la jeunesse donnent une excellente éducation à plus de trois cents garçons, dont beaucoup sont musulmans, juifs ou grecs. Il est facile de comprendre le bien considérable que produit un tel établissement dans une société comme celle du Caire; l'influence catholique et française trouve là un point d'appui très-précieux. Pendant le terrible choléra de 1865, les Frères, dans la maison desquels l'épidémie n'a point pénétré, se sont mis à la disposition de l'administration de l'hôpital pour y faire, jour et nuit, le service d'infirmiers. Leur dévouement a été si admirable que l'Empereur Napoléon III a voulu le signaler, en leur décernant une médaille d'argent.

Les Pères Franciscains n'ont pas oublié l'instruction des filles dont les musulmans ne s'occupent point. Ils ont appelé auprès d'eux des Sœurs du Bon-Pasteur d'Angers qui moralisent 300 enfants de tous les cultes comme de toutes les nations (1).

Finissons en décrivant la disposition à peu près uniforme des habitations turques ou égyptiennes.

« La porte d'entrée est généralement arrondie et ornée d'arabesques (2). Sur un des compartiments sculptés est écrite, d'ordinaire, une inscription en arabe : « Il (Dieu) est le Créateur excellent, l'Éternel. » Une sorte de corridor sombre, et qui fait plusieurs détours pour empêcher que les passants ne voient du dehors, conduit à une cour intérieure; là se tiennent le portier et les domestiques. Au milieu de la cour, est un puits et une fontaine à jets et à cascades; on y cultive quelquefois des arbustes et des fleurs. Tout autour de cette cour sont disposés les principaux appartements. On entre d'abord, au rez-de-chaussée, dans une vaste pièce appelée *Mandarah*, c'est l'appartement où se tient d'habitude le maître, et où il reçoit les hommes qui lui font visite. Le parquet est formé de mosaïques de diverses couleurs. Les poutres du plafond, quelquefois peintes, quelquefois dorées, sont sculptées avec un art merveilleux : c'est une profusion d'ornements souvent bizarres, toujours d'un très-bon goût et d'un effet charmant. Les autres appartements qui s'ouvrent sur la cour sont destinés aux bains, au logement des domestiques et aux divers services de la maison. Les appartements supérieurs sont ceux du *harem*. Parmi ceux-ci, il y en a un qui est très-vaste et qui sert aussi aux réceptions des personnes distinguées. Des divans sont placés de chaque côté. A l'une des extrémités de cette salle, est une tribune grillée où sont placés les musiciens et chanteurs appelés pour charmer les longs loisirs de la captivité des femmes. Au milieu de l'appartement, et du centre d'une petite coupole à jour, pend une lanterne dont les faces sont ornées de sculptures en bois. Les hauts lambris sont en marbre ou en marqueterie. Les fenêtres, larges et fermées de tous côtés, forment ces balcons dont j'ai parlé ailleurs, qu'on appelle

(1) Elles ont une succursale à Boulak. Des Clarisses italiennes ont aussi une école où elles reçoivent 200 petites filles. Il y a encore, au Caire, des sœurs de Saint-Joseph-de-l'Apparition.

(2) La crédulité populaire fait suspendre au-dessus de beaucoup de portes un pied d'aloës pour éloigner les effets malheureux du mauvais œil.

Moucharabiéh. C'est dans les dessins variés à l'infini de leurs panneaux que se déploie toute l'imagination des artistes arabes; on ne peut rien voir de plus délicat ni de plus coquet. Une grande irrégularité règne dans la construction des maisons égyptiennes. Il n'y a pas deux appartements qui soient au même niveau; généralement ils sont très-hauts d'étage. L'été on couche sur les terrasses. De cheminées, il n'y en a nulle part. (1) »

(1) Poitou, *Un hiver en Egypte.*

CHAPITRE III

PROMENADE AUTOUR DU CAIRE. — LES PYRAMIDES.

I. — AUTOUR DU CAIRE.

Faisons maintenant une promenade autour du Caire. Nous y verrons des masses de décombres et des cimetières au sud et à l'est. A côté de la grande cité égyptienne, où tout est en mouvement comme dans une ruche d'abeilles, on trouve la ville des morts avec ses mausolées, ses mosquées, ses rues, où pas un arbre ne vient rompre la monotonie de ces pierres. Elle est silencieuse et immobile comme les cendres qu'elle recèle. Sortons par la porte *Korafah*, au midi de la citadelle; nous sommes dans une plaine déserte et couverte de monuments funéraires de toutes formes, de toutes dimensions. Les plus intéressants sont placés auprès de la mosquée de l'*Imam-Chaféy* : ce sont les tombeaux des Mamelouks, sarcophages sculptés avec élégance, et les sépultures de la famille de Méhémet-Ali. J'y ai remarqué la tombe d'Ibrahim-Pacha, le vainqueur de Nézib, et celle de Toussoun-Pacha, tous deux fils de Méhémet-Ali.

En remontant à l'est du Caire, on voit encore de nombreux monuments, improprement nommés : *les tombeaux des Califes*. Cette somptueuse nécropole des sultans Mamelouks ne le cède à aucune autre dans le monde. Il y a là huit à dix mosquées dont les principales sont celles d'El-Achraf, d'El-Barkouk et de Kaït-Bey. Cette dernière est la plus belle et donne son nom au terrain tout entier. L'architecture sarrasine n'a rien produit de plus élégant, de plus achevé. Les voûtes de ces mosquées sont ornées d'arabesques, les murs sont tapissés de mosaïques; les chaires et les minarets sont sculptés à jour avec une délicatesse et un goût incroyables; c'est, — on peut le dire, — de la dentelle de pierre. Malheureusement tous ces édifices tombent en ruines.

A côté de ces sépulcres, sont placées une multitude de tombes vulgaires, car ces lieux servent encore de cimetière. Un jour que j'errais à l'aventure dans cette plaine, je rencontrai un enterrement musulman et je le suivis par curiosité. Le convoi était précédé de muezzins qui marchaient sur deux rangs en chantant, sur un rythme triste et monotone, la formule de la foi mahométane : « *Lâ ilah ellâ Allah, oua Mohammed resoul Allah!* » (*Il n'y a pas d'autre Dieu que Dieu, et Mahomet est le prophète de Dieu.*) Après eux venaient trois ou quatre petits garçons répétant à tue-tête la même complainte, et tenant dans leurs mains un pupitre chargé d'un livre; puis les quatre hommes qui portaient la bière sur leurs épaules; enfin les hommes et les femmes de la famille suivaient en silence. Le cercueil avait quatre pieds et était revêtu d'un drap rouge. La place de la tête, en avant, se distinguait par une planche d'un mètre de haut couverte aussi en rouge et surmontée d'un turban. Quand, après une longue marche, le funèbre cortège fut arrivé auprès de la fosse, il s'arrêta. Je m'avançai pour mieux voir; mais un homme de l'escorte me fit signe de m'éloigner, par un geste menaçant. Je lui dis en arabe : « *Taïeb, Mouslemine,* » (c'est bien, Musulman), il me tendit alors la main en souriant et me laissa approcher. Tout le monde gardait le silence. Les porteurs déposèrent la bière à terre et en ôtèrent le couvercle; puis ils enlevèrent le cadavre enveloppé d'un linceul blanc et le firent entrer, par une étroite ouverture, dans un petit caveau voûté où des hommes se tenaient pour le recevoir. Lorsque ceux-ci eurent étendu le cadavre sur le sol du caveau, ils en sortirent et scellèrent l'ouverture avec une pierre. Alors un muezzin récita à mi-voix une courte prière, puis tout le monde se retira. J'observai que les assistants n'avaient point de vêtement de deuil. Les tombes égyptiennes se composent ordinairement, comme toutes les tombes musulmanes, d'un petit monument en maçonnerie ayant la forme d'un cercueil et surmonté, à chacune des deux extrémités, d'une colonnette en pierre, terminée en forme de coiffure ronde. On y voit le plus souvent des inscriptions.

Continuons notre promenade. Nous longeons la partie septentrionale des murailles du Caire, en passant devant l'embarcadère du chemin de fer, et nous arrivons à Boulak. Cette petite ville de 5,000 âmes est située sur le Nil, à une demi-lieue, à l'ouest, de l'entrée du Caire dont elle est un des deux ports. Le commerce en fait un grand centre d'activité. Je n'y ai vu d'intéressant que sa mosquée, dans laquelle le style brillant de l'architecture arabe se développe avec toute sa splendeur, et le musée d'antiquités égyptiennes. Cet établissement ne fait que de naître, sous l'inspiration de M. Mariette; mais il renferme déjà de précieuses richesses scientifiques.

Le terrain qui s'étend à l'ouest du Caire jusqu'au fleuve, et depuis Boulak jusqu'au Vieux-Caire, est couvert des verdoyantes plantations d'Ibrahim-Pacha qui présentent un charmant coup-d'œil et sont bordées de palais sur le rivage du Nil. J'y distinguai aussi le bel hôpital militaire de Kasr-el-Aïni, à côté d'un collège de derviches, et le palais du Vice-Roi, Kasr-en-Nil. Avant d'arriver au Vieux-Caire, nous admirons un travail architectural; c'est le long aqueduc construit vers la fin du IXe siècle pour alimenter la citadelle. On l'attribue à Touloun. Il se compose de trois cents arches d'une grande hauteur qui ont depuis dix jusqu'à quinze pieds d'ouverture, et se termine, sur le bord du fleuve, par une tour carrée contenant les *Sakiéh* qui servent à élever l'eau.

Lorsque Amrou, général du calife Omar, faisait la conquête de l'Egypte, il vint planter sa tente devant un château nommé *Babylon* qu'il assiégea (640). Il voulut ensuite qu'une ville fût construite sur la place même où il avait campé, et qu'elle fût appelée *Fostât* (*la tente*). La nouvelle cité reçut le surnom de *Masr*, titre des capitales égyptiennes, et prit un tel accroissement qu'elle se prolongea jusqu'aux pieds du Mokattam. En 1168, les croisés, sous la conduite d'Amaury Ier, roi de Jérusalem, firent invasion en Egypte; déjà ils menaçaient Fostât, lorsque les Sarrasins la livrèrent aux flammes pour la soustraire au pouvoir du vainqueur. Dès lors, le Caire prit complètement la prééminence sur Fostât qui ne se releva jamais de cet affreux désastre, et ne s'appela désormais que *Masr-el-Atika* (*la vieille capitale*), dont nous avons fait improprement le *Vieux-Caire*. C'est la *Babylone d'Egypte* de nos chroniques.

Habitée par une population de 4,000 âmes, en grande partie

Copte, elle a une physionomie toute particulière; c'est l'antique Orient. Les rues y sont d'une étroitesse étonnante, et les portes d'entrée des vieilles maisons présentent des dessins et des dentelures d'un goût exquis; mais on n'y trouve d'autre monument que la mosquée d'Amrou.

Elle date, comme le nom de son fondateur l'indique, de la conquête des Arabes; c'est la première qu'ils aient élevée en Egypte, et le véritable type de la mosquée primitive. L'enceinte a la forme d'un carré régulier; l'intérieur n'est autre chose qu'une cour découverte entourée de colonnes formant galeries. La longueur des côtés est de 80 mètres. Le côté occidental n'a qu'une simple rangée de colonnes; les côtés nord et sud en ont chacun trois; le côté oriental, c'est celui du sanctuaire, en a six, et les arcades sont au nombre de vingt-et-une. Les colonnes sont monolithes, en granit ou en marbre; elles ont 15 pieds de haut avec leurs bases et leurs chapiteaux variés; il y en a, en tout, 370. Quoique ces colonnes, tirées de différents monuments anciens, soient assez disparates, et que leur arrangement péche souvent contre la symétrie, elles offrent un ensemble du plus bel effet. Au centre de la cour, huit colonnes entourent un édicule octogone abritant la fontaine des ablutions. Au milieu du sanctuaire sont un *mihrab* très-simple, et une chaire en bois sculpté. A l'angle S.-O. coule une source très-vénérée des musulmans; ils croient qu'elle communique avec le puits sacré de *Zem-Zem* de la Mecque. On montre, dans l'angle S.-E., le tombeau d'Amrou; c'est un grand rectangle de pierre, surmonté d'un toit que supportent quatre colonnettes carrées. Deux minarets élèvent dans les airs leurs formes élégantes. La mosquée d'Amrou est à peu près abandonnée à cause de son état de ruine; cependant les musulmans s'y réunissent encore quelquefois pour implorer la protection d'Allah dans certaines circonstances extraordinaires, entre autres lorsque, la crue du Nil n'étant pas assez abondante, on craint une disette pour l'année suivante. Dans cette occasion critique, les prêtres de tous les rites chrétiens se rendent également à cette mosquée, mais en dehors de son enceinte, et tous, d'une commune voix, adressent au ciel leurs supplications pour détourner le fléau qui les menace.

Les monuments auxquels se rattachent des souvenirs chrétiens sont très-rares en Egypte; aussi c'est avec bonheur que je visitai, au Vieux-Caire, une église desservie par les Coptes et dédiée à saint Sergius. Cette pauvre chapelle n'est ornée que de peintures grecques, et de quelques sculptures sur bois où l'on remarque le poisson (ιχθυς), qui était, dans la primitive église, le symbole anagrammatique de Notre-Seigneur Jésus-Christ; mais ce qui la rend bien vénérable, c'est qu'elle est bâtie sur le lieu-même où habitèrent la Sainte-Vierge avec le divin Enfant et saint Joseph, pendant les sept années qu'ils passèrent en Egypte. On descend, par cette église, dans une grotte située au-dessous et soutenue par des colonnes, dans laquelle, d'après la tradition, la Sainte-Famille trouva un asile. On y a établi un autel et les chrétiens, indigènes ou étrangers, ne manquent pas d'y faire un pieux pèlerinage. Lorsque j'y pénétrai, à la fin de novembre, le sol de cette grotte était encore recouvert par l'eau que l'inondation du Nil y avait amenée.

Le port du Vieux-Caire est encombré de bateaux et présente un assez grand mouvement. Montons dans une barque pour passer dans l'île de *Roudah*, qui se montre en face de nous. Son nom signifie *jardin;* c'est, en effet, une délicieuse oasis garnie de belles cultures, et de jardins remplis d'arbres de l'Inde et des Tropiques. J'y ai vu une grotte toute tapissée de coquillages disposés avec beaucoup d'art.

C'est, dit-on, sur les bords de Roudah que la corbeille renfermant Moïse enfant s'est arrêtée, quand la fille du Pharaon le sauva des eaux. Mais cette opinion ne nous semble pas admissible; car, quoique plusieurs auteurs, tels que le P. Sicard, désignent Memphis comme le lieu où le grand législateur des Hébreux fut élevé, il est probable que la capitale des Pharaons n'était pas alors Memphis, mais Tanis. Memphis n'est point mentionnée dans le Pentateuque, et Moïse, pour faire comprendre aux Israélites la haute antiquité d'Hébron, leur dit que cette ville avait été bâtie sept ans avant Tanis (*Nombres*, XIII, 23), cette dernière leur était donc bien connue. C'est à Tanis que Moïse fut tiré des flots, qu'il fut instruit à la cour, et qu'il opéra plus tard ses prodiges devant le Pharaon, comme l'affirme David : « *Coram patribus eorum fecit mirabilia in terrâ Ægypti, in campo Taneos.*» (*Psalm.* LXXVII, 12 et 43). C'est le sentiment de Karl-Ritter, de F. Bellenger, et de MM. Quatremère, de Lesseps, Lottin de Laval, sans parler de l'abbé Clémence et de quelques autres. Tanis était située, non loin du lac Menzaléh, sur la branche orientale du Nil. Elle donna naissance à la XXI⁰ et à la XXIII⁰ dynasties. Les prophètes avaient prédit sa chute (*Ezéchiel*, XXX, 18; *Jérémie*, XLIII, 9). Du temps de Josèphe ce n'était plus qu'une petite ville; elle se releva sous les Romains pour devenir le chef-lieu de la préfecture Tanitique. Aujourd'hui, sa vaste enceinte ne renferme plus que des ruines nommées *Sân*, parmi lesquelles on distingue encore sept obélisques renversés, des colosses brisés et des restes d'édifices de dimensions grandioses.

A la pointe méridionale de l'île de Roudah se trouve un petit bourg et, à côté, le *Mékyas* ou *Nilomètre* destiné, comme son nom l'indique, à mesurer les crues du Nil. C'est une colonne octogone de marbre blanc, divisée en seize coudées de 0,540 millimètres. Le fleuve doit monter de vingt-quatre à trente doigts au-dessus de la seizième pour annoncer le plus haut point d'abondance, d'après Clot-Bey, ce qui constitue une crue effective de treize coudées trois quarts, équivalant à vingt-trois pieds. Cette colonne se dresse au milieu d'un large bassin carré qui communique avec le Nil, et auquel on descend par un escalier. A l'époque de l'inondation, des crieurs publics vont annoncer dans les rues du Caire les degrés qu'elle atteint successivement. Le Nilomètre est une construction arabe du IX⁰ siècle. Nos ingénieurs du temps de Bonaparte ont gravé sur le portique une inscription en arabe et en français indiquant la date de leur restauration, en l'an IX.

En rentrant au pensionnat des Frères, j'appris que le Comte de Chambord était au Caire. Déjà j'avais aperçu ce prince à Beyrouth, où il avait passé deux nuits sous le même toit que moi, à l'hôtel de Bellevue, avant de se rendre à Jérusalem, mais je n'avais pu le voir de près. Il me sembla que je ne devais pas laisser échapper cette occasion de présenter mes respectueux hommages à un Français distingué entre tous, non-seulement par l'auréole de gloire que ses illustres ancêtres lui ont léguée, mais encore par les souffrances de l'exil et de l'adversité supportées avec une dignité et une grandeur d'âme admirables. Saïd-Pacha avait généreusement offert au prince une royale hospitalité dans un de ses palais, situé en dehors de la ville, sur l'avenue de Choubrah; je m'y rendis.

Là je trouvai dans la cour un groupe de musiciens européens; ils me dirent que Son Altesse était allée visiter les travaux du canal de Suez, qu'elle reviendrait le soir même et repartirait le lendemain matin pour la Haute-Egypte. J'attendis pendant près de deux heures. La nuit était déjà venue ; mais cependant je ne perdis point patience. Enfin, à sept heures et demie, je vis la route, du côté du Caire, illuminée par des torches que portaient des coureurs, et bientôt deux calèches découvertes pénétrèrent dans la cour du palais, tandis que les musiciens faisaient entendre une joyeuse symphonie. Je me tins sur le perron près la porte d'entrée, le chapeau à la main. Quand le prince fut passé, je m'adressai à l'un des personnages de sa suite pour demander une audience, c'était M. le duc de Lévis. Il me fit entrer dans le vestibule. Je pensai alors, non sans éprouver une certaine émotion, que j'allais me trouver en présence du noble rejeton de cette race de Rois qui, pendant huit siècles, ont gouverné mon pays, et que j'allais voir, dans son âge d'homme, ce Prince dont la naissance fut accueillie par la France entière avec une si vive allégresse, et fut chantée par Lamartine dans une de ses plus belles méditations.

Au bout de cinq minutes, un valet de chambre m'introduisit dans un salon somptueusement meublé à l'européenne. Le duc de Lévis était là, il me dit que Son Altesse Royale était occupée à faire sa toilette pour le diner, mais qu'elle viendrait immédiatement. En effet, peu de temps après, un chambellan ouvrit une porte du salon, en annonçant : « Monseigneur le Comte de Chambord! » Le Prince m'honora de l'accueil le plus bienveillant, s'informa de ma résidence, de ma position, me parla de mon voyage en Orient et du sien, etc... Je me retirai enchanté de tant de grandeur unie à tant de simplicité et de bonté dans celui qui, de tous les droits qu'il possédait autrefois, n'a conservé que le droit d'être aimé, le seul qu'on n'ait pû lui enlever.

On sait que Henri de France est né à Paris, le 29 septembre 1820. Il est d'une taille moyenne, et doué d'un excellent tempérament. La chute de cheval qui lui fractura la cuisse gauche, en 1841, ne le fait pas boiter, mais elle a seulement laissé une légère raideur à sa jambe. Ses cheveux et sa barbe sont châtains, son front est élevé, son nez à la Bourbon ; son regard est très-expressif et plein d'intelligence. Je laisse, du reste, à M. le vicomte de Larochefoucauld, qui a vu le prince longtemps et intimement, le soin d'esquisser son portrait.

« Aux yeux même des gens qui font consister la beauté dans la parfaite régularité des lignes du visage et dans l'exacte proportion des membres du corps, le Duc de Bordeaux paraîtrait beau, car il est impossible de joindre des traits plus fins à une expression plus noble, à un port de tête plus remarquable, à une taille mieux prise et plus fortement constituée. Mais ce qui frappe surtout ceux qui attachent plus de prix à la beauté de l'âme qu'à celle du corps, c'est l'air de loyauté, de franchise, de probité qui rayonne sur la figure et dans les manières de Henri de France ; c'est la grâce candide et pure qui se déploie dans ses mouvements : c'est enfin cette innocente gaîté qui vient mêler sa fraîcheur aux réflexions les plus mûres, et prouve à ceux qui le visitent, que le bonheur ne consiste pas dans les grandeurs, puisqu'on est plus tranquille et plus gai dans l'exil que sur le plus beau trône du monde. On conçoit, sans que je le dise, qu'un Prince qui joint les qualités les plus brillantes aux principes les plus solides et au caractère le plus aimable, doit être adoré de tous ceux qui l'entourent ; il est affectueux et poli envers tout le monde. Développée par l'éducation, l'étonnante sagacité qu'on remarquait en lui dès sa plus tendre enfance est devenue du jugement ; ses questions ont toujours un but utile ; ses réponses sont justes et promptes ; ses observations neuves et fines ; il cultive et aime les arts (1). »

Pourquoi n'ajouterais-je pas ici le portrait politique du Prince, dû à une plume fort peu suspecte, et qui était alors celle du rédacteur en chef de la *Patrie ?* Voici ce qu'écrivait, en 1856, M. le vicomte de la Guéronnière, aujourd'hui Sénateur :

« M. le Comte de Chambord n'a aucun préjugé. L'éducation de l'exil, ses recueillements, ses méditations, ses enseignements, ont triomphé de tout ce que les traditions de famille ou de caste auraient pu lui suggérer de faux et de contraire à l'esprit du temps. Sa loyauté, sa franchise, sa fermeté de conscience, sa pureté de cœur, l'ont guidé et lui ont fait toucher à beaucoup de vérités et à beaucoup de réalités qui ne sont pas toujours à la portée des princes. Intelligence curieuse et chercheuse, il a voulu tout voir, même ce qu'on aurait voulu lui cacher. La monarchie représentative, son esprit, ses principes, ses

---

(1) *Pèlerinage à Goritz*, p. 37.

habitudes, son mécanisme, convenaient admirablement à cette nature réservée, conciliante, tolérante, sans préjugés et sans rancunes, qu'aucune passion n'agite, qu'aucune ambition n'entraîne. Ses défauts même eussent été des qualités. »

Le Prince a donné des preuves éclatantes de sa piété dans son pèlerinage à Jérusalem ; il a offert des lampes très-belles aux sanctuaires les plus vénérés, et, pendant plusieurs années, ses abondantes aumônes ont soutenu nos établissements religieux et nos écoles de la Terre-Sainte. Un jour qu'il trouvait que ses bienfaits ne répondaient pas à la largesse de son âme, il paraphrasa à l'un de ses confidents cette parole du bon roi Henri IV : « Si le Béarnais était plus riche, il ferait davantage. »

Avant de quitter le Comte de Chambord, je l'avais prié de me donner un souvenir ; il ne l'oublia pas, et je le reçus le lendemain. C'était son autographe. Sur une feuille de papier à lettre est appliqué un cachet en cire rouge, représentant une croix de Malte au-dessus et au-dessous de laquelle on lit ces deux mots qui disent tant de choses dans leur laconisme : « *Fides, spes;* » puis au bas : « donné à M. l'abbé L. de Saint-Aignan, (signé) *Henri*; » enfin : « Le Caire, le 16 novembre 1861. »

II. — LES PYRAMIDES.

De toutes les excursions que l'on peut faire aux environs du Caire, la plus intéressante est la visite aux Pyramides. Je l'entrepris, le 19 novembre, en compagnie de M. l'abbé C*, vicaire à la cathédrale de Marseille. Après avoir franchi en canot le Nil, qui est très-large en cet endroit, nous abordâmes à Gizèh.

Ce village doit sa célébrité aux trois grandes pyramides dont il est voisin et qui prennent son nom, ainsi qu'à de prosaïques fours dans lesquels on fait éclore artificiellement des poulets, industrie particulière à l'Egypte et dont les procédés se voient déjà représentés sur les monuments pharaoniques. Nous traversâmes d'abord une plaine qui fut le théâtre de la fameuse bataille des Pyramides. Le 21 juillet 1798, Mourad-Bey s'y élançait sur l'armée française avec 10,000 cavaliers; mais leur fougue impétueuse se brisait contre l'intrépidité de nos braves soldats; Mourad-Bey vaincu s'enfuyait vers la Haute-Egypte, plusieurs milliers de ses Mamelouks étaient noyés dans le Nil, son camp était pris, sa flottille incendiée, et, le soir du même jour, Bonaparte était maître du Caire et de l'Egypte. Tout le monde connaît la proclamation qu'il adressa à son armée avant le combat : « Soldats! songez que, du haut de ces pyramides, quarante siècles vous contemplent! »

Nous nous dirigions vers ces monuments. Bientôt une troupe d'Arabes accourent vers nous, pour offrir leurs services de *ciceroni*. L'eau du Nil n'était pas encore assez retirée pour permettre d'aller à cheval aux pyramides, ni assez haute pour qu'on pût s'en approcher en bateau. Elle couvrait en partie la vaste plaine. Il est vrai que nous marchions sur une chaussée, mais, au bout de quelque temps, nous nous aperçûmes avec chagrin que cette levée en terre était rompue par l'inondation. Les Arabes nous affirmèrent que ces interruptions étaient très-nombreuses. Un instant, nous craignîmes d'être forcés d'écrire sur nos tablettes, comme Châteaubriand : « Il fallut donc me résoudre à ma destinée, retourner à Alexandrie, et me contenter d'avoir vu de mes yeux les Pyramides sans les avoir touchées de mes mains (1). »

Nous fûmes plus heureux que l'illustre écrivain, sous ce rapport. Les Arabes nous promirent leur concours pour arriver au but. On chargea notre panier de provisions sur le dos de l'un d'eux, et, laissant là nos ânes qui ne pouvaient plus nous servir, nous nous mîmes à franchir, en sautant, les ruptures de la chaussée. Dans les pas les plus difficiles, nos arabes nous aidaient avec une complaisance plus grande que désintéressée. Très-souvent ils étaient obligés de nous porter, deux hommes croisaient leurs bras, et nous nous asseyions dessus, en nous cramponnant à leurs cous. Mais ils nous harcelaient continuellement, en nous demandant de leur promettre telle somme. (Ces arabes parlent le français assez intelligiblement.) Nous leur répondions d'une manière évasive qui ne les satisfaisait pas. Il me souvient que, lorsqu'ils nous transportaient ainsi sur un assez long

---

(1) *Itinéraire*, t. III. C'était le 7 novembre 1806.

parcours, ils s'arrêtèrent au milieu de l'eau, qui atteignait leur poitrine, en nous menaçant de nous planter là, si nous n'accédions pas à leurs demandes exagérées. Ceci ne faisait point notre affaire, et cependant nous ne voulions point leur céder, car nous savions qu'ils auraient ensuite voulu davantage ; nous prîmes le parti de les menacer du Consul de France, et alors ils continuèrent leur marche. Après une course de quatre heures, effectuée en partie à pied, en partie sur le dos de nos baudets ou de nos bédouins, nous gravîmes une colline sablonneuse et nous fûmes auprès des Pyramides.

Elles se dressent sur la lisière de la plaine cultivée où le désert commence. C'est une transition subite de l'extrême fertilité à la stérilité complète. Que dire qui n'ait été dit cent fois de ces étranges monuments que salue, depuis tant de siècles, l'admiration des hommes ? Quand je les apercevais du Caire, dans un éloignement de quatre lieues, leurs cimes altières, noyées dans les rayons d'or et d'azur du ciel, et dominant de leur écrasante majesté tout le pays qui s'étend à leur pied, présentaient un surprenant aspect. Qui pourrait croire alors que ce soient des œuvres de l'art humain qui s'élèvent ainsi à l'horizon ? On les prendrait plutôt pour des montagnes. Mais comme, en s'y rendant, on les a toujours devant les yeux, on ne les voit grandir qu'insensiblement, et comme, d'ailleurs, elles n'ont point de terme de comparaison dans la perspective, en y arrivant on est tout étonné de n'être pas étonné davantage (1). Peu à peu, cependant, je décomposai par la pensée ces masses énormes ; j'en comparai les dimensions à des dimensions connues, et l'étonnement revint par la réflexion. La grande Pyramide a deux fois la hauteur des tours de Notre-Dame de Paris et vingt pieds en plus ; elle est plus de trois fois aussi haute que la colonne de la place Vendôme ; elle a, au moins, cinq pieds de plus que la coupole de Saint-Pierre de Rome, et deux pieds de plus que le clocher de Strasbourg, le plus élevé de l'Europe. Je restai quelques instants plongé dans une vague rêverie, dans une stupeur indéfinissable, puis je songeai à admirer le génie de l'homme auquel Dieu a donné la puissance de produire ces singuliers ouvrages qui rivalisent en immensité et en stabilité avec ceux de la création.

(1) J'éprouvai la même illusion d'optique en entrant dans Saint-Pierre de Rome.

O Colosses du Nil ! séjour pompeux du deuil,
Oh ! que l'œil des humains vous voit avec orgueil !
Devant vos fronts altiers s'abaissent les montagnes ;
Votre ombre immense au loin descend dans les campagnes.
Mais l'homme vous fit naître, et sa fragilité
Vous a donné la vie et l'immortalité.
Que de fois à vos pieds m'asseyant en silence,
J'évoque autour de vous tout cet amas immense
De générations, de peuples, de héros,
Que le torrent de l'âge emporta dans ses flots,
Rois, califes, sultans, villes, tribus, royaumes,
Noms autrefois fameux, aujourd'hui vains fantômes !
Seuls vous leur survivez. Vous êtes à la fois
Les archives du temps et le tombeau des rois,
Le dépôt du savoir, du culte, du langage,
La merveille, l'énigme et la leçon du sage... (1)

Au XVIIe siècle, un curé de Fontainebleau, nommé Vansleb, visita les Pyramides. Ce grand spectacle échauffa tellement son imagination qu'il dit très-naïvement dans la relation de son voyage : « Et moi aussi, je vais m'occuper d'un ouvrage immortel ! » Vansleb composa alors son *Histoire des Patriarches d'Alexandrie*. Il est bien à craindre que la célébrité de son ouvrage ne soit pas immortelle comme celle des Pyramides.

Nous nous assîmes sur des ruines, ayant devant nous la seule des sept merveilles de l'ancien monde qu'il ait été donné aux hommes de nos jours de contempler. Cette pyramide, dite de Chéops, a une hauteur de 430 pieds. (Le roc sur lequel elle repose est à plus de 100 pieds au-dessus du Nil). Sa base a 720 pieds de côté (2), d'un angle à l'autre; elle couvre un terrain de 5 hectares 76 ares. La masse solide de ce monument, entièrement compacte à l'exception de quelques petites chambres, est évaluée à 75 millions de pieds cubes. M. Fourier, de l'Académie Française, a calculé que, si on employait ces pierres à faire une muraille de dix pieds de haut et d'un pied d'épaisseur, elle s'étendrait sur une longueur de 665 lieues. Pendant ses tristes loisirs à Sainte-Hélène, Napoléon avait occupé à ce problème son mathématique génie, et il avait trouvé un résultat identique.

---

(1) Delille, Poëme de l'*Imagination*, chant III.
(2) Cette étendue égale, à peu près, celle de la façade du palais des Tuileries.

Nous avions besoin de réparer nos forces. Notre domestique tire de son sac des provisions, et nous déjeunons d'excellent appétit. Une troupe de bédouins nous entoure en dévorant des yeux notre pain blanc et notre poulet rôti avec lesquels ils feraient un repas de roi. Ces arabes sont chargés « *de garder les pyramides* », comme dit bonnement un récent auteur, ou plutôt ils se chargent de les montrer; c'est toute leur industrie. Ils portent pour unique vêtement une large chemise et une calotte en coton blanc. Nous faisons prix avec le cheik, et nous avons chacun trois hommes pour nous guider.

L'ascension de la grande pyramide est très-pénible. Le revêtement de marbre qui la couvrait ayant été totalement enlevé sur ses quatre faces, chaque assise de pierre laisse en reculant une saillie sur l'assise inférieure; il faut donc gravir sur ces saillies sans pouvoir se cramponner à rien. C'est un escalier de géants avec 203 marches inégales, mais ayant très-souvent trois pieds de haut, ce qui oblige, on le voit, à faire d'assez fortes enjambées. Il serait imprudent de monter sans l'aide des arabes, car les blocs de pierre, quoique très-grands pour la plupart, ne présentent guère que deux pieds de largeur, et ils sont parfois ébréchés; un faux pas serait mortel en vous précipitant jusqu'en bas. M. Michaud rapporte que, pendant son séjour au Caire (1831), un voyageur anglais tomba, de gradin en gradin, jusqu'au pied de la pyramide, où l'on ne releva qu'un cadavre horriblement mutilé. Cependant je ne pris pas tant de précautions que M. de Marcellus. Il se fit ceindre les reins d'une corde dont deux fellâhs tenaient chacun un bout. Deux bédouins s'emparèrent de moi, un par chaque main; pendant qu'ils gravissaient l'assise supérieure, je levais les jambes et ils m'attiraient sur cette même assise; mon troisième acolyte était placé derrière pour me soulever par les reins et me retenir en cas de chute. Mes bédouins sautaient de gradin en gradin comme des chamois poursuivis par le chasseur. A peine avais-je mis le pied sur un de ces hauts degrés qu'il fallait en escalader un autre. En vain leur criais-je de suspendre un moment leur course pour me donner au moins le temps de reprendre haleine; ils se faisaient un malin plaisir de ne pas m'entendre, et continuaient à sauter en me serrant les poignets et me hissant après eux, au risque de me disloquer toutes les articulations. Ces enfants d'Ismaël ont des muscles d'acier. (Pour quelques piastres, ils montent en *cinq* minutes au sommet de la pyramide et en descendent en aussi peu de temps.) Arrivés au milieu du monument sur une petite terrasse formée, je crois, par l'enlèvement d'une pierre, ils s'arrêtèrent enfin et je commençais à respirer avec bonheur; mais au même instant M. l'abbé C* s'approchait avec ses guides, et mes enragés bédouins, ne voulant pas se laisser devancer, me saisirent de nouveau et se remirent à grimper en m'entraînant à leur suite, avec une rapidité vertigineuse. Afin de s'encourager les uns les autres et d'étouffer mes cris et mes supplications, ils chantaient tous les trois en chœur, ou plutôt ils hurlaient à plein gosier :

« *Allah! monsir buono!*
« *Allah! arabi buono!*
« *Allah! backchis buono!* »

Voici l'explication de ce jargon bédouin. *Allah*, c'est le nom de *Dieu* en arabe; *Monsir* signifie *Monsieur; buono, bon*. Quand à *backchis*, il veut dire *présent* et répond à notre *pourboire;* c'est le premier mot que le voyageur entend lorsqu'il débarque en Orient, c'est celui qui résonne le plus souvent à ses oreilles pendant ses excursions, c'est le dernier mot qu'il entend à son départ. On ne se fonde, pour le demander, ni sur le besoin qu'on en a, ni sur le droit qu'on peut avoir d'y prétendre. (Les arabes sont d'une cupidité proverbiale. En Orient, plus encore qu'en Europe, le voyageur doit avoir toujours la main au gousset.) Nous atteignîmes enfin le sommet de la pyramide, il était temps. Mes hommes me lâchèrent les mains, j'étais hors d'haleine, je ne pouvais plus me soutenir, et je restai quelques instants étendu sur la plate-forme. Mon compagnon vint se jeter à côté de moi. Après quelques moments de repos, nous nous levâmes.

La magnifique perspective dont on jouit là-haut n'est pas achetée trop cher par les fatigues que l'on éprouve pour y arriver. A l'est, c'est le Nil, coupant d'une large bande d'argent le tapis de verdure des plantations et des forêts de palmiers où sont semés, comme des taches grisâtres, Fostât, Boulak et Gizèh; plus loin, la masse des maisons du Caire dominée par la citadelle et par les crêtes blanches du mont Mokattam; au nord, c'est le champ de bataille où les Mamelouks s'enfuirent devant nos drapeaux; à l'ouest, les rayons du soleil se réfractent dans le désert Lybique, chaque grain de sable scintille ainsi qu'un diamant, et toute cette plaine est transformée en un océan de lumière ; au midi, ce sont de nouvelles pyramides, celles d'Abousir, de Sakkarah, de Daschour, et la place où fut Memphis... Mais, que fais-je ? Il faudrait la plume de l'illustre auteur du *Génie du Christianisme* pour donner une juste idée de ces lieux où le mystère couvre de son voile et les plaines, et la source de ce fleuve qui les baigne, et l'histoire des peuples qui s'y fixèrent, et celle des monuments qu'ils y construisirent. Ce spectacle si varié, si imposant, élève l'âme et la force à la contemplation ; en lui retraçant la puissance infinie de Dieu, il la remplit d'une profonde et respectueuse admiration pour le Créateur de toutes ces merveilles.

J'aurais voulu considérer à mon aise un si beau panorama, mais les bédouins ne m'en laissèrent pas le loisir ; ils me harcelaient sans cesse en me demandant backchis. La plate-forme qui termine aujourd'hui la pyramide de Chéops est un carré d'environ trente pieds de côté. Dans l'origine, elle était beaucoup moins large puisque on a enlevé la partie supérieure du monument qui s'élevait à 451 pieds, c'est-à-dire 24 pieds plus haut qu'à présent. Pour descendre, il fallut recommencer notre rude gymnastique. Mes deux bédouins me saisirent de nouveau par les mains, se tenant sur une assise plus élevée pendant que je me glissais lentement sur l'assise inférieure. C'est ainsi que s'opéra notre descente ; elle fut beaucoup plus longue que notre ascension. Je ne conseillerai pas de faire cet exercice à ceux qui ont la goutte ou qui sont sujets au vertige, car si on monte sans trop d'émotion, la descente est vraiment effrayante. On a toujours un vide immense sous les yeux, quelquefois il faut sauter les degrés ou se tenir sur une arête étroite ; tout élan qui nous eut jetés en avant, toute distraction qui eut surpris nos arabes, un faux pas, nous auraient infailliblement brisés en mille pièces. Quand j'arrivai au bas, j'avais les jarrets rompus.

Nos bédouins nous offrirent alors de visiter l'intérieur de la pyramide ; je ne demandais pas mieux (1). L'entrée est située au milieu de la face septentrionale, au niveau de la quinzième assise et à 50 pieds environ de la base. On descend d'abord avec des flambeaux dans un couloir incliné, de trois pieds carrés. A 75 pieds de l'ou-

---

(1) Voir la coupe de la Pyramide sur la carte de l'Égypte.

verture, on se trouve en face d'un bloc énorme de granit qui fermait l'avenue des chambres sépulcrales. Ne pouvant déplacer ce bloc, on l'a tourné en s'ouvrant un étroit passage dans la masse même de la maçonnerie. Nous dûmes gravir ensuite une galerie ascendante aussi très-basse et longue de 105 pieds pour arriver à une bifurcation. Un couloir horizontal, toujours étroit, de même longueur que le précédent, conduit à un caveau à peu près carré, de 17 pieds; qui est nommé *la Chambre de la Reine;* il est vide et sans ornements. Revenant par le même couloir au point de bifurcation (1), nous montons la grande galerie. Sa largeur est de 5 pieds seulement, mais sa longueur est de 150 pieds et ses parois ont 24 pieds de hauteur. Ce passage n'est pas moins difficile que les autres, il est très-rapide et formé également de larges dalles de granit très-glissantes; je ne m'en serais jamais tiré sans le secours de mes bédouins dont les uns me hissaient par les mains, tandis que un autre me poussait par le dos. Enfin nous atteignîmes une sorte de vestibule, fermé autrefois par quatre plaques de granit se mouvant dans des rainures et servant à masquer la porte de la grande chambre qui fait suite à ce vestibule. Quand nous entrâmes dans ce sombre caveau, la nombreuse troupe de bédouins qui nous y avait précédée se donna la satisfaction de nous effrayer. Ils se mirent à sauter autour de nous en hurlant tous à gorge déployée, et secouant leurs torches ardentes. A les voir gambader sous ces voûtes funèbres, avec leurs visages et leurs membres noircis et leurs larges chemises blanches, on eût dit ces spectres horribles, fils des illusions de la nuit, qui grandissent quelquefois dans nos imaginations rêveuses, ou plutôt une bande de démons se torturant dans un antre infernal. Cette fantasmagorie ne nous fit point trembler, mais les cris des arabes, en retentissant dans les échos des corridors, réveillèrent une nuée de chauves-souris dont les ailes vinrent raser nos figures et éteindre nos flambeaux (2).

Cette pièce mystérieuse, nommée la *Chambre du Roi*, est un parallélogramme de 32 pieds de long sur 16 pieds de large et 18 de

---

(1) Ici se trouve l'ouverture d'une descente à peu près verticale qu'on nomme *le Puits*, et qui aboutit au couloir inférieur conduisant à la chambre souterraine dont je parlerai bientôt. Sa profondeur est de 200 pieds.

(2) L'écho de la pyramide est célèbre, il répète le son jusqu'à dix fois.

hauteur. Elle est construite en larges blocs, de granit noir, dressés et polis d'une manière surprenante. Le plafond est plat, il est formé de neuf pierres énormes traversant d'un mur à l'autre. Au-dessus de ce plafond, cinq chambres basses ont été ménagées, s'étageant à intervalles rapprochés les unes au-dessus des autres dans un espace total d'environ 50 pieds. A l'extrémité occidentale de *la Chambre du Roi*, on voit un sarcophage de granit rouge, vide et sans ornements ni inscriptions; il a été violé par des hommes avides et est privé de son couvercle. Ce tombeau a trois pieds et demi de hauteur sur sept de long et trois de large. Il est à 54 pieds au-dessus de *la Chambre de la Reine*, à 130 pieds au-dessus du sol qui forme la base de la pyramide, et à 300 pieds au-dessous du sommet actuel.

« La science de construction que révèlent les pyramides est, immense, dit M. F. Lenormant, et n'a jamais été surpassée. Avec tous les progrès des sciences ce serait, même de nos jours, un problème bien difficile à résoudre que d'arriver, comme les architectes égyptiens de la IVe dynastie, à construire, dans une masse telle que celle des pyramides, des chambres et des couloirs intérieurs qui, malgré les millions de kilogrammes qui pèsent sur eux, conservent au bout de soixante siècles toute leur régularité première et n'ont fléchi sur aucun point. »

Quand on a descendu la grande galerie, puis le couloir étroit qui conduisent aux chambres du Roi et de la Reine, on se retrouve en face du bloc de granit destiné à fermer l'entrée des chambres sépulcrales et que l'on a tourné, comme je l'ai dit plus haut, c'est-là qu'existe l'ouverture du couloir inférieur. Ce corridor, d'une inclinaison très-rapide, aboutit après un parcours de 255 pieds à une chambre carrée de 18 pieds de longueur sur 12 de hauteur, mais qui n'a pas été achevée. Elle est à 96 pieds au-dessous de la base de la pyramide, et par conséquent au niveau du Nil. A l'extrémité de ce caveau, s'ouvre une nouvelle galerie horizontale faisant le prolongement de celle qui y conduit; elle se termine brusquement après un parcours de 50 pieds. (La température de l'intérieur de la pyramide est 22 degrés Réaumur de chaleur.) J'étais las de l'obscurité et de l'air épais de ces cryptes, ce fut avec bonheur que je revis le soleil.

La seconde pyramide, dite de Chéfren, a 630 pieds de largeur à sa base, et 414 pieds de hauteur. Le quart supérieur de ses faces possède encore le revêtement de marbre qui recouvrait primitivement les gradins. La chambre, située au niveau même de la base, renferme un sarcophage en granit où l'on a recueilli des ossements de bœuf, probablement du Dieu Apis.

La troisième pyramide, dite de Mycérinus, est large de 320 pieds et haute de 200. Dans le caveau creusé au-dessous de la base, on a retrouvé le cercueil en bois du fondateur Menkérès ou Mycérinus. (Ces planches, sur lesquelles son nom est inscrit en hiéroglyphes, sont déposées au *British-Museum* de Londres.)

Au pied de ces pyramides on en voit six autres de dimensions très-inférieures.

Les pyramides jouissent du privilège d'attirer l'attention de tous les savants et de tous les voyageurs. Elles le méritent bien. La pyramide de Chéops est, sans contredit, le monument le plus ancien et le plus élevé même qui existe dans le monde. La vue de cette construction prodigieuse inspire aux diverses classes de spectateurs des réflexions philosophiques bien différentes.

Les uns, et ce ne sont pas les moins sages, y aperçoivent un exemple frappant de la vanité des biens et des grandeurs terrestres, et s'écrient avec Bossuet : « O mortels ! venez contempler le spectacle des choses mortelles ! Quelqu'effort que fassent les hommes, leur néant paraît partout. Ces pyramides étaient des tombeaux, et encore les rois qui les ont bâties n'ont-ils pas joui de leurs sépulcres. »

Les autres s'indignent contre l'orgueilleux Chéops, ce tyran de l'Egypte, qui n'a pas craint de sacrifier les sueurs et la vie de plus de cent mille hommes, pour s'édifier un palais funéraire qui n'a pu préserver son cadavre du contact des vivants. Volney, par exemple, déclame contre « l'extravagance et la cruauté des despotes qui ont commandé ces barbares ouvrages. » Il est très-vrai, je l'avoue, que Chéops a opprimé son peuple dans ce but par des travaux excessifs.

D'autres, en calculant les efforts, les matériaux et les sommes énormes qui ont été dépensés pendant trente années à cet édifice, regrettent que tant de frais n'aient pas été employés pour une œuvre utile au pays. Beaucoup d'Anglais pensent ainsi, et ne voient dans les pyramides et le sphinx que : « *A great misapplication of labour and capital,* » comme le dit un de leurs *Guides*. Car ces insulaires, qui ont remplacé généralement leur foi religieuse par la foi commerciale, prisent avant tout les intérêts matériels. Ils s'amusent souvent à dîner sur le sommet de la grande pyramide, puis à faire rouler en bas les barils qui contenaient leurs vins et leurs viandes. C'est très-spirituel !

Voici comment Châteaubriand réfute les détracteurs du Pharaon qui eut assez de génie pour concevoir cet ouvrage empreint de tant de simplicité et de tant de grandeur, et assez de puissance pour l'exécuter :

« Je sais que la philosophie peut gémir ou sourire, en songeant que le plus grand monument sorti de la main des hommes est un tombeau ; mais pourquoi ne voir dans la pyramide de Chéops qu'un amas de pierres et un squelette ? Ce n'est point par le sentiment de son néant que l'homme a élevé un tel sépulcre, c'est par l'instinct de son immortalité ; ce sépulcre n'est point la borne qui annonce la fin d'une carrière d'un jour, c'est la borne qui marque l'entrée d'une vie sans terme... La vue d'un tombeau n'apprend-elle donc rien ? Si elle enseigne quelque chose, pourquoi se plaindre qu'un roi ait voulu rendre la leçon perpétuelle ? On ne peut condamner ces édifices qui portent la mémoire d'un peuple au-delà de sa propre existence, et le font vivre contemporain des générations qui viennent s'établir dans ses champs abandonnés. Qu'importe alors que ces édifices aient été des amphithéâtres ou des sépulcres ? Quand l'homme a passé, les monuments de sa vie sont encore plus vains que ceux de sa mort ; son mausolée est au moins utile à ses cendres ; mais ses palais gardent-ils quelque chose de ses plaisirs ?... Pour moi, loin de regarder comme un insensé le roi qui fit bâtir la grande Pyramide, je le tiens au contraire pour un monarque d'un esprit magnanime (1). »

A quelle époque, par qui et dans quel but les pyramides ont-elles été construites ? La science moderne peut répondre, en partie du moins, à ces questions naguère tout à fait insolubles, car elle a soulevé le voile mystérieux qui enveloppait ces monuments. Les Egyptologues s'accordent avec Hérodote et Diodore de Sicile pour reconnaître que le fondateur de la grande pyramide est Choufou (on y a lu son nom en hiéroglyphes), celui de la seconde Chafra et celui de la

---

(1) *Itinéraire*, t. III.

troisième Menkari; noms qu'Hérodote a grécisés sous les formes de Chéops, Chéphren et Mycerinus. Mais ils reculent de bien des siècles la date assignée par l'historien grec aux pyramides, et ils admettent que Chéops et les deux rois ses successeurs appartiennent à la quatrième dynastie memphite, et régnèrent à une époque très-antérieure à l'invasion des rois *Pasteurs* (*Hyksos*), et par conséquent avant l'arrivée d'Abraham en Egypte. Plusieurs pensent que ces monuments ont été élevés vers l'an 3000 avant J.-C., c'est-à-dire peu de temps après le déluge suivant le calcul des Septante adopté par Eusèbe.

(D'après les résultats des recherches que la géologie moderne a opérées sur les couches de limon déposées successivement par les inondations périodiques du Nil, on ne peut faire remonter à plus de trente siècles avant J.-C. l'apparition des premiers monuments humains sur le sol primitif de Thèbes. — Girard, *Desc. de l'Egypte*, *Mémoire sur l'exhaus.*)

On a fait beaucoup d'hypothèses sur la destination des pyramides. Au XIVᵉ siècle, on les appelait *les Greniers de Pharaon*, et le seigneur d'Anglure nous apprend qu'on croyait que Joseph les avait fait construire afin d'y garder le blé pour le temps de la disette. (Ce pèlerin champenois vit sur la pyramide des maçons qui en détachaient des pierres, et les laissaient dévaler pour bâtir les édifices du Caire). Quelques-uns en ont fait des sanctuaires, les autres des observatoires astronomiques parce qu'elles sont très-exactement orientées. (De cette orientation de la grande pyramide, on a conclu ce fait d'une haute importance pour l'histoire physique du globe: c'est que depuis plusieurs milliers d'années la position de l'axe terrestre n'a pas varié d'une manière sensible. La pyramide de Chéops est le seul monument sur la terre qui puisse fournir le moyen d'une telle observation.) D'autres considèrent les pyramides comme des sortes de digues contre les irruptions sablonneuses du désert. Ce qui est incontestable c'est qu'elles étaient des tombeaux; Hérodote, Diodore, Strabon, etc., l'ont affirmé, et les découvertes modernes confirment cette antique tradition.

Dans le voisinage des trois pyramides, mais surtout à l'est et à l'ouest de la grande, on voit une multitude de tombes ornées d'inscriptions et de peintures murales; elles appartiennent à de hauts fonctionnaires de la cour des Pharaons fondateurs des pyramides.

Le Sphinx, gardien immobile des sépulcres royaux, est couché à leurs pieds, regardant le Nil. Il représente un lion accroupi, à tête humaine. Cette statue monolithe, la plus colossale qu'ait sculptée la main des hommes, est taillée dans le rocher même sur lequel se dressent les pyramides; elle est à demi enfouie dans le sable. La longueur de son corps, depuis l'extrémité des pattes antérieures jusqu'à la naissance de la queue, est de 171 pieds, la hauteur, (sans compter le socle) jusqu'au sommet de la tête, est de 74 pieds. La tête mesure 27 pieds de hauteur, depuis le menton jusqu'au haut du front. Les pattes s'étendent de 50 pieds en avant. (Cette tête augmente jusqu'à plus de trente-six fois la grandeur des formes humaines.)

Toute mutilée qu'elle est, cette grande figure paraît empreinte d'une expression pleine de majesté et de douceur. Cependant, sa vue inspire aux Arabes un tel effroi qu'ils la nomment *Abou-el-houl*, (le *Père de la terreur*); c'est pour cela qu'ils l'ont déformée. Le sphynx est encore une énigme personnifiée. Il a l'air méditatif comme s'il écoutait une question et se préparait à y répondre. Qui donc nous expliquera son mystérieux symbole? Champollion, d'après un bas-relief existant entre les pattes du colosse, sur une stèle de granit de 14 pieds de haut, pense que c'est le portrait du roi Touthmosis IV, de la xviiie dynastie. Mais plus récemment, M. Mariette-Bey a découvert une statue gigantesque d'Osiris, appuyée contre le flanc droit du sphinx, et à côté les restes d'un temple dédié à Osiris et à Horus son fils; il en conclut que le sphinx était le simulacre de ce dernier Dieu. Ce temple, déterré par M. Mariette-Bey est du plus haut intérêt; c'est l'unique édifice sacré, antérieur à l'invasion des Pasteurs, qui ait été trouvé en Egypte. Il date, comme les pyramides, de la ive dynastie, et se compose d'une vaste enceinte carrée renfermant une foule de chambres et de galeries, construites en blocs énormes d'albâtre ou de granit. Quant au sphinx, il a été terminé sous le règne de Chéphren.

CHAPITRE IV

MEMPHIS. — HÉLIOPOLIS.

I. — MEMPHIS.

Avançons maintenant vers le sud pour visiter les ruines de Memphis. Nous remarquons, en passant, les cinq pyramides d'Abousir, puis les dix autres de Sakkarah auxquelles se joignent les quatre pyramides de Daschour. Dans ce dernier groupe, on voit la plus grande des pyramides égyptiennes après celles de Chéops et de Chéphren ; elle a 300 pieds de hauteur et 630 de largeur. Ces monuments sépulcraux sont beaucoup moins élevés que ceux de Gizèh et dans un triste état de dégradation ; plusieurs sont bâtis en briques crues.

Autour de Sakkarah, s'étend la plaine des momies, autre nécropole très-curieuse qui renfermait dans ses catacombes les corps embaumés des habitants de Memphis et des animaux qu'ils regardaient comme sacrés : des serpents, des bœufs, des moutons, des chats, et surtout des ibis. Le *Puits des Oiseaux*, conduisant aux souterrains qui contiennent ces volatiles, a plus de soixante pieds de profondeur. Les oiseaux sacrés se trouvent dans des vases en terre cuite, semblables à des pains de sucre et fermés d'un couvercle ; leurs corps sont soigneusement enroulés dans des bandelettes de toile et merveilleusement conservés. Mais la plupart ont été détériorés par les bédouins. La quantité de ces ibis est incroyable.

C'est dans cette plaine de Sakkarah que M. Mariette-Bey a découvert, en 1851, le *Sérapéum (Temple de Sérapis)* de Memphis, recélant les sépulcres des *Apis* ou *bœufs sacrés*. Sérapis était Apis mort, identifié avec Osiris ou le soleil régnant sur l'hémisphère inférieur. Apis vivant était l'incarnation de ce même Dieu-Soleil éclairant le monde et adoré à Memphis comme divinité suprême. Cet antique Sérapéum, mentionné par Strabon et l'un des plus célèbres de l'Egypte, était précédé d'une allée longue de 600 pieds et ornée de 200 sphinx, aboutissant à un hémicycle de statues représentant les philosophes les plus fameux de la Grèce, Lycurgue, Pythagore, Platon, etc. Le Sérapéum se compose de deux vastes souterrains. Le premier (entrée au sud) est une galerie sur laquelle s'ouvrent une vingtaine de chambres dont la plus ancienne date du temps de Ramshès II, (XIXe dynastie), et la plus moderne de Psammétik I, (XXVIe dynastie). On a trouvé dans ces pièces 4,200 stèles avec des inscriptions. Le second souterrain (entrée à l'ouest) forme aussi une longue galerie dans laquelle des caveaux sont creusés dans l'épaisseur du rocher, de distance en distance, à droite et à gauche. Chacune de ces chapelles sépulcrales contient un sarcophage de granit sur lequel est gravée une inscription hiéroglyphique indiquant la date et l'âge de la mort du bœuf sacré. Les sarcophages, au nombre de vingt-quatre, ont 10 à 12 pieds de hauteur, sur une longueur de 15 pieds et une largeur de 9 pieds. On estime que chacun de ces monolithes doit peser de 80,000 à 100,000 kilogrammes. Tous ont été ouverts et vidés. Ce souterrain fut inauguré pendant le règne de Psammétik I, (vers le VIIe siècle avant J.-C.), et il servit de sépulture aux Apis jusqu'aux premiers temps de la domination romaine.

C'est entre le village de Sakkarah et le Nil que l'archéologie moderne a distingué l'emplacement de Memphis. Menès, le premier roi connu de l'Egypte, fonda cette ville et en fit sa capitale. Détruite par l'invasion des barbares (*les Rois Pasteurs*) et de l'armée de Cambyse, annihilée par la prospérité d'Alexandrie, Memphis couvrait encore la plaine de ses ruines énormes à l'époque de la conquête arabe; ces ruines furent démolies pour servir à la construction de Fostât et du Caire. Qui nous fera connaître la grandeur et la magnificence de cette antique cité? Selon Diodore elle avait sept lieues de tour. Ses rois, qui ont élevé les pyramides pour y cacher leurs cercueils, quels palais n'ont-ils pas dû construire pour y déployer leurs pompes fastueuses, quelles salles pour y tenir leurs assemblées, quels temples pour y rendre hommage à leurs dieux? De tous ces monuments, œuvres d'une civilisation déjà si avancée et objets si légitimes de l'admiration de la postérité, il ne reste plus que quelques monceaux informes de pierres et de décombres, et quelques statues mutilées. Nous constatons ici l'accomplissement de cette prophétie d'Ezéchiel : « Voici ce que dit le Seigneur : J'exterminerai les statues et j'anéantirai les idoles de Memphis, et je ferai justice en Egypte, et ils sauront que c'est moi qui suis le Seigneur. » (xxx, 13, 19.) Le débris le plus curieux que l'on y voit est un colosse renversé sur le sol et brisé. Cette statue monolithe a 54 pieds de longueur; les jambes ont en partie disparu, mais le visage est bien conservé, les traits sont fins et très-beaux. Ils retracent le portrait de Sésostris, d'après une inscription hiéroglyphique ainsi conçue : « Ramshès-Meïamoun, Dieu-Soleil, gardien de la vérité, approuvé du Soleil. » On y a aussi trouvé le poignet en granit rose d'une autre statue qui, d'après les proportions, devait être au moins aussi haute que celle de Sésostris. Ce fragment de colosse est au *British-Museum* de Londres. Les misérables villages arabes de Mitrahinéh, de Bédrécheïn et de Menf, ainsi que des plantations de palmiers, s'étendent sur le sol de Memphis où se déployèrent autrefois tant de merveilles, et qui, probablement, en recèle encore un grand nombre ensevelies sous les sables et les alluvions du Nil.

Nous descendîmes ce fleuve dans une barque pour rentrer au Caire. Quel charme de voguer sur ces ondes qui ont porté, dans son fragile berceau, Moïse, le plus ancien des historiens, le plus grand législateur de l'antiquité, le plus illustre prophète du peuple Hébreu. Le Nil est célèbre, entre tous les fleuves de la terre, par la longueur de son cours et par son débordement annuel. Sésostris, Alexandre, les Ptolémées, Néron, Méhémet-Ali, essayèrent de découvrir ses sources; mais de toutes ces recherches infructueuses il ne résulta que ce proverbe : « *Caput Nili quærere* », par lequel on exprima l'inutilité d'une entreprise. Cette source n'est-elle pas l'image de l'homme bienfaisant et modeste qui se dérobe aux regards de la reconnaissance et ne se révèle que par les largesses qu'il aime à répandre avec profusion?

Mais, voici une grande nouvelle! Le problème posé depuis plus de 2,000 ans vient de recevoir sa solution! En 1862, M. Speke a découvert le lac Victoria-N'yanza, qui communique par une rivière avec le lac Albert-N'yanza découvert par M. Baker, en 1864. Ces deux lacs immenses sont situés bien au-delà et au sud de l'Abyssinie, au nord et à l'est des montagnes de la Lune. La ligne équatoriale coupe le lac Albert dans le dernier tiers de sa longueur, et le lac Victoria à son extrémité septentrionale. Les intrépides explorateurs, Speke et Baker, affirment que ces deux réservoirs sont les véritables sources du Nil, qui sort du lac Albert sous le nom de *Bahr-el-Abiad* (*fleuve Blanc*), et ils en donnent des preuves convaincantes ; après tout, j'aime mieux le croire que d'y aller voir. Le Bahr-el-Abiad ne prend le nom de Nil qu'à partir de sa jonction avec le *Bahr-el-Azrek* (*fleuve Bleu*), à Khartoum, en Nubie (1). Après s'être réuni à la rivière *Tacazzé*, et avoir franchi huit ou neuf cataractes, dont la dernière est celle d'Assouan, sous le tropique, le Nil entre dans l'Egypte, la traverse jusqu'au Caire, et, à cinq lieues au-dessous de cette capitale, il se partage en deux bras, celui de Damiette à l'est, et celui de Rosette à l'ouest, qui vont se jeter dans la Méditerranée. La longueur de son cours est de 1,000 lieues. Pendant une étendue de 450 lieues, il n'est alimenté par aucune rivière, « exemple unique dans l'histoire hydrographique du globe, » dit M. de Humboldt. D'après les calculs de M. Linant, ce fleuve verse dans la Méditerranée, pendant 24 heures, dans les basses eaux, un volume liquide de

79,532,551,728 mètres cubes par la branche de Rosette,
71,033,840,640 — par celle de Damiette ;

150,566,392,368 — au total.

Dans les hautes eaux, le volume total est de 705,544,667,440 mètres cubes.

Ces eaux sont renommées pour leur excellente qualité. Pescenninus Niger disait à ses soldats : « Vous avez l'eau du Nil et vous demandez du vin ! » Les Sultans de Constantinople n'en veulent point d'autre sur leur table.

Le Nil, c'est la vie de l'Egypte, ou plutôt c'est l'Egypte même, car ce pays n'est, à proprement parler, que la vallée du Nil. On évalue à 3,500 lieues carrées la surface entière de l'Egypte, dont la moitié à peine est aujourd'hui couverte par les inondations. (La super-

---

(1) Voir *Les Sources du Nil*, par Speke, et *Découverte de l'Albert-N'yanza*, par Baker.

ficie de la France est de 27,000 lieues carrées; l'Egypte en est donc la huitième partie environ.) Si on exécutait le vœu barbare du conquérant portugais Albuquerque, en détournant le Nil de son lit actuel, la terre égyptienne deviendrait bientôt un désert inhabitable. Aussi, par reconnaissance, les anciens mettaient ce fleuve au nombre de leurs divinités, et les modernes lui prodiguent les épithètes les plus fastueuses et même les plus affectueuses. Ce *Roi des fleuves*, — il mérite bien ce nom, — croît tous les ans vers le 20 juin jusqu'au commencement d'octobre; il décroît d'octobre à décembre. L'inondation répand sur le sol un limon noirâtre, que des canaux irrigateurs distribuent sur une surface plus ou moins étendue et circonscrite par des digues, d'où on les laisse s'échapper par divers points, lorsque les premières terres ont été suffisamment abreuvées. C'est une situation sans pareille dans l'univers. La lettre suivante qu'Amrou écrivait, en 642, au Calife Omar, ne manque pas d'exactitude même aujourd'hui.

« O Prince des fidèles! peins-toi un désert aride et une campagne magnifique au milieu de deux montagnes, voilà l'Egypte. Toutes ses productions et toutes ses richesses, depuis Assouan jusqu'à Mancha, sont les bienfaits d'un fleuve béni qui coule avec majesté au milieu du pays. Le moment de la crue et de la retraite de ses eaux est réglé par le soleil et la lune; alors les eaux augmentent, sortent de son lit et couvrent la face de l'Egypte pour y déposer un limon productif. Il n'y a dès lors de communication d'un village à l'autre que par des barques légères aussi nombreuses que les feuilles de palmiers. Lorsque arrive ensuite le moment où ses eaux cessent d'être nécessaires à la fertilité du sol, le fleuve docile rentre dans les bornes prescrites par le destin, pour laisser recueillir le trésor qu'il a caché dans le sein de la terre. C'est ainsi, ô Prince des fidèles! que l'Egypte offre tour à tour l'image d'un désert poudreux, d'une plaine liquide et argentée, d'un marécage noir et limoneux, d'une ondoyante et verte prairie, d'un parterre orné de fleurs et d'un guéret couvert de moissons dorées. Béni soit le Créateur de tant de merveilles! Salut! »

Ce limon du Nil, qui remplace pour les terres l'engrais et les pluies qu'elles ne reçoivent point, leur communique une fécondité si prodigieuse qu'elles fournissent *trois* récoltes par année. Dans la Basse-Egypte, il tombe des averses assez fortes en hiver, mais dans la

Moyenne-Egypte, au Caire, les pluies sont très-rares, et elles sont nulles dans la Haute-Egypte.

En hiver, le thermomètre descend quelquefois, dans la Basse-Egypte, à 2 ou 3 degrés centigrades au-dessus de zéro, mais communément il se maintient à 10 ou 12 degrés. En été, la température monte à 35 ou 40 degrés, au Caire, et arrive jusqu'à plus de 45 degrés dans la Haute-Egypte, le tout à l'ombre. Mais, d'après M. Ampère, la température moyenne du Caire est de 22 degrés.

La population totale de l'Egypte se monte à cinq millions d'âmes, dont 250,000 Européens sur lesquels on compte 75,000 Français.

Nous quittâmes le fleuve à Fostât. On peut faire encore d'autres charmantes promenades dans les environs du Caire, par exemple à Choubrah et à Héliopolis.

Choubrah est un délicieux palais d'été construit par Méhémet-Ali ; c'est le *Versailles* des Vice-Rois d'Egypte. Ses spacieux jardins, disposés à l'européenne, sont les plus beaux de l'Orient. On y voit de magnifiques bosquets d'orangers et de grenadiers, des plate-bandes où s'étalent les fleurs les plus rares et d'élégants pavillons. Le palais est construit à l'orientale, sur le plan d'un vaste kiosque. Autour d'un bassin de marbre blanc, large de 80 pieds et rempli d'eaux jaillissantes, circule une galerie soutenue par de sveltes colonnes et ornée de peintures et d'arabesques. Les appartements sont disposés à l'entour et meublés avec une grande richesse.

II. — HÉLIOPOLIS.

Le 24 novembre, je sortis du Caire par la porte Bab-el-Nasr, en compagnie de plusieurs Frères des écoles chrétiennes, pour aller à Héliopolis. Nous nous dirigeâmes d'abord à l'est ; de ce côté le désert s'avance jusqu'aux murs de la capitale. Je remarquai premièrement une chaîne de petites montagnes volcaniques, nommées *Djebel-Ahmar, (la montagne rouge)*. Depuis longtemps leurs feux sont éteints. Les cratères, peu larges et peu profonds, sont remplis d'une cendre rouge et entourés de laves et de pierres calcinées. En nous rapprochant du mont Mokattam, nous gravissons un plateau sablonneux, et nous sommes dans la forêt pétrifiée. Les troncs d'arbres gisent à demi ensevelis sous le sable ; les plus forts ont 2 ou 3 pieds de diamètre à leur base et sont longs de 40 à 60 pieds. Le bois est bien réellement transformé en pierre jusqu'à la moëlle. Il en a toute la dureté et la pesanteur. Ces curieux fossiles, dont l'essence principale est celle des dicotylédons (comme nos chênes et nos ormes), sont éparpillés sur un espace très-étendu. Par quelle cause cette forêt a-t-elle perdu sa substance ligneuse pour en prendre une siliceuse ? D'après M. Linant-pacha, le plateau du Mokattam et la Montagne Rouge, où se trouve cette forêt, sont une formation sous-marine de l'époque tertiaire, celle qui a précédé le déluge de Noé. Sur ce fond que la mer semble avoir à peine quitté, on voit tantôt dispersés, tantôt enchevêtrés les uns sur les autres, des troncs qui paraissent n'être arrivés là que rompus, dépouillés de leur branchage et, en partie, de leur écorce. Sauf la pétrification, c'est exactement le spectacle que présente, de nos jours, l'embouchure de certains grands fleuves, comme le Mississipi, où chaque inondation vient accumuler les débris des antiques forêts. Le grès du Mokattam a dû jadis entrer en fusion sous l'action d'une excessive chaleur ; la vapeur calorifique qui s'est exhalée, au moment de cette transformation, a suffi pour saturer les vieux troncs, en dégager la silice et métamorphoser ainsi le bois en pierre ; quelques parties semblent carbonisées, mais en général la solution siliceuse était assez puissante pour ne pas laisser aux végétaux le temps de se décomposer. A quelle époque ces arbres, arrachés à leur sol natal, furent-ils apportés en cette place par le fleuve antédiluvien, puis ensuite soumis à la pétrification ? On l'ignore ; mais rien n'empêche de faire concorder avec la Bible la date de ces étonnantes péripéties.

Tournons au nord pour aller à Héliopolis. Nous y arrivons après une marche de deux heures en plein désert. C'est dans ces plaines que Kléber remporta, le 19 mars 1800, une brillante victoire : 10,000 Français battirent une armée de 70,000 turcs que l'Angleterre avait poussée contre nous, après la convention d'El-Arich.

Héliopolis, — nom grec qui n'est que la traduction du nom égyptien de la *ville du Soleil*, — fut une des grandes cités de la vieille Egypte. Elle était renommée pour son admirable temple consacré à l'astre du jour par Ousertesen I, roi de la XIIe dynastie. C'est-là que demeurait Joseph, fils du patriarche Jacob. Il avait épousé Aseneth, fille d'un *Putiphar*, prêtre d'Héliopolis (*Génèse*, XLI, 45). —

(Ce nom de *Petiphrah*, d'où on a fait *Putiphar*, veut dire en copte : *qui appartient au soleil* ; de même que *Phrahá*, dont nous avons fait *Pharaon* et qui est le titre des rois d'Egypte, est le nom d'Horus ou le Soleil.) — Thalès, Hérodote, Homère, Pythagore et Platon vinrent à Héliopolis pour s'initier à la science des hiérophantes. En avant du temple, étaient une longue avenue de sphinx et plusieurs obélisques, érigés par les Pharaons de la première monarchie. La ville du Soleil avait beaucoup souffert lors de l'invasion de Cambyse, elle ne se releva point sous les Ptolémées, et était en pleine décadence quand Strabon la visita. Plusieurs de ses obélisques furent transportés à Alexandrie et à Rome, où ils sont encore (1) ; il n'en reste plus qu'un seul pour indiquer, au milieu des décombres, l'emplacement d'Héliopolis.

Cet obélisque est debout, mais la partie inférieure est enfoncée de 9 pieds en terre, et le sol primitif sur lequel repose le piédestal lui-même est enterré de 25 pieds. Le monolithe, en granit rose, a 63 pieds de hauteur, sans compter le piédestal, et 6 pieds de largeur à sa base. Ce qui lui donne un intérêt particulier c'est qu'il est le plus ancien obélisque connu de l'Egypte. Il fut élevé par Ousertesen I, contemporain d'Abraham. M. Brugsch a lu l'inscription hiéroglyphique répétée sur ses quatre faces ; je donne sa traduction comme un spécimen du style épigraphique des Pharaons :

« Le Horus, la Vie de ce qui est né, le roi de la Haute et de la Basse Egypte, Chéperka-Râ, le maître des couronnes, la Vie de ce qui est né, le fils du Soleil, Ousertesen, aimé des esprits de la ville (d'Héliopolis), vivant à toujours, l'Epervier d'or, la Vie de ce qui est né, le Dieu gracieux Chéperka-Râ (a érigé cet obélisque) au commencement de la fête d'une panégyrie. Il l'a fait, Celui qui accorde la Vie à toujours. »

Lepsius a donné une version analogue, dans ses *Anciens monuments*.

Nous marchons ici sur des vestiges sacrés. D'après une tradition respectable, la Sainte-Famille fit une station à Héliopolis en fuyant la persécution d'Hérode, et elle se reposa sous un sycomore qui subsiste encore aujourd'hui, et que l'on nomme l'*Arbre de la Vierge*. Son

---

(1) Les obélisques de la place du mont Citorio et de la place du Peuple, à Rome, ont été enlevés par Auguste au temple d'Héliopolis.

tronc rugueux est tailladé par les mains des nombreux voyageurs qui veulent y inscrire leurs noms, ou en détacher quelques parcelles. Cet arbre jouit en effet d'une grande célébrité. Il la mérite non moins par sa vétusté et ses gigantesques dimensions que par ses souvenirs religieux. L'arbre de la Vierge est une des merveilles du règne végétal. Son tronc a dix-huit pieds de circonférence ; il se partage, assez près de terre, en trois grosses branches dont l'aspect présente une énorme masse de feuillage. Ce sycomore est planté au milieu d'un jardin dans lequel on voit une foule de rosiers, toujours couverts de fleurs. A côté coule une source où se désaltéra la Sainte-Famille. (D'après Savary, c'est la seule fontaine d'eau douce que l'on trouve en Egypte.) Nous nous assîmes sur l'herbe en ce lieu charmant pour faire un déjeuner champêtre, pendant que nos baudets prenaient leurs ébats sous un quinconce de palmiers. Des limons, gros comme des pommes d'api, nous procurèrent, avec l'eau limpide de la *source de Marie*, une boisson rafraîchissante. Je ne voulus pas quitter l'arbre qui eut l'honneur de prêter son ombrage à Jésus, à Marie et à Joseph, sans en emporter un peu d'écorce et des figues mûrissantes. Dernièrement, S. A. le Vice-Roi a donné l'arbre de Marie et son jardin à notre pieuse Impératrice Eugénie.

Nous traversâmes ensuite la triste bourgade de *Matariéh*, qui remplace la splendide Héliopolis, puis des champs très-fertiles que le peuple Hébreu cultiva pendant 400 ans, car le territoire d'Héliopolis et de Belbéis, appelé dans la Bible *terre de Gessen*, fut concédé par le Pharaon aux enfants de Jacob pour leur résidence, et c'est-là que ce patriarche rendit le dernier soupir (*Genèse*, XLVII).

Nous longeâmes ensuite l'Abassiéh. C'est un vaste et lourd palais bâti, à l'entrée du désert, par le Vice-Roi Abbas-Pacha, il y a une quinzaine d'années, et qui tombe déjà en ruines. *Caprée* de ce Tibère en miniature, dont la cruauté n'eut d'autre frein que la peur, ce repaire mystérieux et solitaire fut, de son vivant, le théâtre de débauches sans nom et de forfaits incroyables.

Notre petite caravane rentra, aux dernières lueurs du jour, dans la capitale égyptienne. Je la quittai bientôt pour visiter l'Isthme de Suez.

CHAPITRE V

L'ISTHME DE SUEZ.

I. — SUEZ.

Pour se rendre dans cette ville, avant 1858, à moins de se contenter du chameau, qui est bien certainement la plus atroce monture qu'on puisse se permettre pour un long voyage, il fallait prendre une grossière carriole contenant quatre personnes, et qui ne roulait que pour le prix de 1,075 francs. C'est assez modeste pour un trajet de 34 lieues et dix heures de route! C'était bon pour les *Nababs* Anglais qui sèment l'or à pleines mains, — et *par ordre*, — en Egypte pendant qu'une foule de pauvres meurent de faim à Londres. Mais aujourd'hui, grâce au chemin de fer, on peut aller à Suez à meilleur marché et en moitié moins de temps. La curiosité n'y a rien perdu ; car du Caire à Suez on ne traverse qu'une plaine sablonneuse et brûlée par les rayons du soleil. Pas un arbre, pas un brin d'herbe, ne vient égayer son aspect monotone ; partout la stérilité nous entoure, et les mugissements de la machine interrompent seuls le silence éternel du désert. Les yeux du voyageur sont souvent frappés des prodigieux effets du mirage, qui sont très-communs en ces lieux. Des rivages lointains se déploient devant lui et se reflètent dans des eaux transparentes ; tantôt ces lacs semblent unis comme une glace, tantôt on dirait que le vent en ride la surface trompeuse ; mais, à mesure que nous avançons, le prestige recule et l'eau s'enfuit sans qu'on puisse l'atteindre jamais. On ne saurait se figurer à quel point la soif est irritée, sous un ciel de feu, par cette image fantastique. Combien de fois, dans le voyage de la vie, nos sens ne nous ont-ils pas ainsi abusés ? Combien de fois, rêvant des eaux vives, n'avons-nous rencontré que la sécheresse et l'aridité ?

En traversant, sur les ailes rapides d'une locomotive, ce chemin de l'Afrique à l'Asie, je pensais qu'il avait été parcouru par une foule de personnages illustres : Abraham, Jacob, et puis la nombreuse postérité des douze fils de ce patriarche, s'élançant vers la Terre Promise ; Sésostris, Cambyse, Alexandre-le-Grand, les Romains, l'Enfant-Dieu avec Marie et Joseph ; plus tard encore, les armées musulmanes, les soldats de la Croix, Napoléon... Le R. P. de Damas a bien nommé ce chemin « la route royale de la gloire. » Nous passons auprès du fort Adjérouth, et bientôt je débarque sur la grève ; je suis à Suez.

Cette cité ne fut d'abord qu'un comptoir nommé *Baal-Zéphon* ; elle s'appela ensuite *Clysma*, puis *Kolzoum* et enfin *Suez*. Ce n'est actuellement qu'une petite ville de 15,000 habitants, mais le canal maritime lui présage un brillant avenir. On m'a montré la chambre qu'habita le général Bonaparte ; elle a conservé le même ameublement qui, du reste, est rien moins que luxueux. Je visitai le port : de superbes vaisseaux, — traits-d'union entre l'Europe, les Indes et la Chine, — balançaient dans son sein leurs hautes mâtures.

Je me promenai sur le bord de la mer Rouge. Comment exprimer ce qui se passa dans mon âme, en lisant les Saintes-Ecritures, à la vue de ce théâtre à jamais mémorable de la bonté de Dieu envers les Israélites et de sa terrible justice contre les ennemis de son peuple privilégié ? J'apercevais ces flots qui s'étaient entr'ouverts pour laisser passer, à pied sec, toute une nation fuyant une dure captivité, et qui s'étaient refermés pour ensevelir une armée de persécuteurs.

Les incrédules refusent de voir dans le passage des Hébreux un fait surnaturel; ils l'attribuent tout simplement au flux et au reflux de la mer. Je n'entreprendrai pas de répondre à leurs objections contre un prodige attesté par le livre le plus authentique qui existe, et également reconnu par les traditions des Juifs, des Chrétiens et même des Mahométans. On lit en effet dans le Coran : « Nous (Dieu) ouvrîmes pour vous les eaux de la mer, nous vous sauvâmes des abîmes, et vous y avez vu la famille de Pharaon engloutie. » Ces objections ont été réfutées cent fois. J'examinerai un autre point d'exégèse biblique. Le lieu de départ des Israélites fut Rhamessès, dans la terre de Gessen. Cette ville juive était située au nord-est de Belbéïs ; on a retrouvé dernièrement ses ruines, sur le bord du canal d'eau douce, à peu de distance du lac Timsah. Or Moïse, en fuyant en Arabie, devait prendre la route la plus directe qui passait au nord du golfe de Suez, il pouvait alors échapper à ses ennemis sans traverser la mer Rouge, pourquoi donc s'y engagea-t-il ?

Suivons l'itinéraire des Hébreux d'après l'Exode. De Rhamessès, Moïse marcha constamment à l'orient, en inclinant vers le sud, pour camper à *Socoth (les tentes)*, près du lac Timsah (*Exode*, XII, 37). Il a dû passer par la voie antique venant longer les monts Ahmed-Taher, qui est encore fréquentée. En prenant cette route directe du Sinaï, les Hébreux étaient parvenus à leur seconde station située à *Etham*, sur la limite de l'Egypte et de l'Arabie, auprès des lacs-Amers, et sur les confins du désert (*Ibid.* XIII, 20). Mais en cet endroit, Jéhovah parla à Moïse en ces termes : « Dites aux enfants d'Israël qu'(*au lieu d'aller au mont Sinaï par le chemin ordinaire qui va à l'orient,*) ils retournent (*du côté de l'occident,*) et qu'ils campent devant Phihahiroth, qui est entre Magdal et la mer, vis-à-vis de Béel-Séphon : vous camperez vis-à-vis de ce lieu sur le bord de la mer, (*afin de donner occasion à vos ennemis de vous attaquer, et à moi de faire éclater ma toute-puissance.*) » (*Exode*, XIV, 2. Traduction du P. de Carrières). Nous voyons ici que le Seigneur, probablement afin que les châtiments du grand persécuteur de son peuple s'accomplissent, ordonna à Moïse de *revenir*, c'est-à-dire de faire une contre-marche, de retourner vers l'Egypte à l'occident, et c'est alors que la colonne vint camper en avant de Phihahiroth (aujourd'hui le fort d'Adjérouth), vis-à-vis de Béel-Séphon, au pied de la montagne de Magdala (aujourd'hui mont Attaka), et au sud de la rade de Suez, lieu qui se trouvait en effet à l'occident, au couchant d'Etham et sur les terres du Pharaon. Voilà donc les Hébreux acculés sur le rivage de la mer Rouge. Quand ils se virent serrés de plus près par l'armée égyptienne qui s'était avancée jusqu'à Phihahiroth, ils jetèrent des cris de désespoir. Alors Moïse étendit sa main sur la mer dont le Seigneur fit entr'ouvrir les eaux : les Israélites la traversèrent à pied sec, mais tous les Egyptiens furent engloutis en les poursuivant

(*Exode*, xiv, 21). Ce miraculeux passage s'opéra à trois lieues environ de Suez (autrefois Béel-Zéphon), et vis-à-vis des fontaines de Moïse. (La largeur de la mer Rouge, en cet endroit, est à peu près d'une lieue et demie.) C'est le sentiment de Josèphe, Pockoke, Dom Calmet, Shaw, M. de Berthou, M. de Laborde, etc. Voici une réflexion de M. de Lesseps, au sujet des fontaines de Moïse : « La Bible est le plus exact des livres. Chose étrange, les lieux qu'elle a dépeints ont conservé leur ancienne physionomie et jusqu'à leurs noms. La Bible dit qu'il y avait autour des douze fontaines d'Élim soixante-dix palmiers (*Exode*, xv, 27) ; on y trouve encore aujourd'hui soixante-dix vieux troncs de palmiers et les douze sources (1). »

C'est dans ces mêmes flots que le général Bonaparte faillit périr, comme l'armée du Pharaon, le 28 décembre 1798. Il revenait des fontaines de Moïse et, voulant abréger le chemin en évitant le contour de la pointe du golfe, il traversa le gué qui est près de Suez. La marée augmenta beaucoup plus rapidement qu'on ne l'avait cru, et l'Alexandre des temps modernes fut sur le point d'être emporté par les vagues. Il fut sauvé par le dévouement de son guide, bédouin d'une énorme stature ; mais son cheval fut noyé.

Je voyais devant moi, comme une muraille immense, la masse noire-violette des montagnes se dressant sur l'autre rive de la mer Rouge, et derrière lesquelles s'étendent les affreux déserts de l'Arabie Pétrée, où les Israélites dûrent errer pendant quarante ans. Après avoir recueilli sur la grève de jolis coquillages, quittons Suez pour visiter les travaux du canal maritime.

II. — LE CANAL MARITIME.

L'importance de la communication entre la mer Rouge et la Méditerranée, quoiqu'elle n'ait jamais été aussi grande qu'à notre époque, a été appréciée de tout temps. Sésostris entreprit le premier de mettre cette idée à exécution. Son canal, qui unissait le Nil à la mer Rouge depuis Memphis, fut continué par Néchos, Darius, et terminé sous

(1) Conférence à l'asile de Vincennes, sur *le Percement de l'Isthme de Suez*.

Ptolémée-Philadelphe. On en distingue encore les traces dont une partie se confond avec le nouveau canal. Sous les Arabes, Amrou renouvela cette entreprise; la durée de son œuvre n'excéda pas cent trente-quatre ans; il n'en reste que la portion nommée *Khalig*, qui traverse le Caire et dont l'ouverture se fait solennellement chaque année. Mais le canal de jonction des deux mers par le Nil ne peut être qu'un canal égyptien, que les vaisseaux étrangers n'auraient pas toujours la facilité de parcourir. Pour ouvrir aux nations de l'Europe une route universelle qui les rapproche de plusieurs milliers de lieues de l'extrême Orient, il faut nécessairement percer l'isthme de Suez dans toute sa longueur, et c'est un de nos compatriotes, M. Ferdinand de Lesseps, qui a la gloire d'exécuter cette grandiose entreprise, conçue par le génie de Sixte-Quint (1) et par celui de Napoléon. Non content de creuser son canal de Suez à Péluse, il a recommencé l'œuvre des Pharaons, en établissant un canal secondaire qui amène à Suez les eaux du Nil, depuis 1864. On peut se faire une idée du bienfait que la Compagnie de l'Isthme a apporté à cette ville, si l'on songe qu'il s'y consommait de l'eau, au moins, pour un million de francs par an. Suez n'ayant pas d'eau potable en faisait venir du Caire. (En 1859, on a dit à M. C. Leconte qu'il n'y avait pas plu depuis sept ans, et que les sources des alentours étaient taries.) Le canal d'eau douce longe d'abord le canal maritime jusqu'à Ismaïlia, puis il tourne à l'occident en passant auprès des ruines de la Rhamessès hébraïque; avant d'arriver à Zagazig, il se divise en deux branches qui vont puiser l'eau du Nil, l'une dans cette dernière ville et l'autre au Caire; il a 20 mètres de largeur, 2 mètres 25 de profondeur et 200 kilomètres de longueur. Des conduits en fonte, placés dans les berges, distribuent l'eau douce d'Ismaïlia à Port-Saïd. (Voir la carte d'Egypte.)

Visitons maintenant le canal maritime. De la Méditerranée à la mer Rouge l'isthme n'a que 150 kilomètres de longueur, mais le canal en a 160 (40 lieues), à cause de sa courbe. Sa largeur est de 100 mètres la ligne d'eau, de 22 mètres à sa base, et sa profondeur est de 8 mètres. Les niveaux des deux mers étant identiques, on n'a pas fait d'écluses. Après avoir quitté Suez, le canal traverse les lacs Amers, puis le lac

---

(1) Voir *l'Hist. des Papes dans les* XVIe *et* XVIIe *siècles*, par Ranke, t. III, p. 346.

Timsah qui est son port intérieur. Sur les bords de ce joli réservoir, placé là si heureusement par la nature, M. de Lesseps a fondé, en 1862, une ville nommée *Ismaïlia*, qui renferme déjà 4,000 habitants, et dont il a prévu l'importance future en lui donnant une dimension de 1,800 mètres sur 600. Cette capitale de l'isthme est le siège de l'administration centrale; aussi de vastes constructions s'y élèvent-elles sur divers points. Les rues s'alignent, deux places servent de promenades, des maisons commodes s'établissent. Les intérêts religieux n'ont pas été oubliés, et l'on aime à y voir une belle église catholique desservie par les R. Pères Franciscains, qui ont aussi des paroisses à Suez, à El-Guisr et à Port-Saïd, où ils tiennent des écoles, comme à Ismaïlia.

A la station d'El-Guisr, on a bâti une chapelle en l'honneur de Marie. La Sainte-Famille, d'après une tradition immémoriale, s'est reposée là, dans sa fuite en Egypte.

En sortant du lac Timsah, le canal maritime traverse de nouveau le désert, puis les lacs Ballah et Menzaléh, pour aboutir à Port-Saïd.

Cette ville, la première création de M. de Lesseps, est située non loin des ruines de l'antique Péluse, sur la langue de terre qui sépare le lac Menzaléh de la Méditerranée. Construite d'abord sur pilotis, elle sera un jour une nouvelle Venise avec ses lagunes et ses mille vaisseaux chargés des richesses de l'Orient et de l'Occident. Quoique la date de sa fondation ne remonte qu'à 1859, elle possède déjà au moins 10,000 habitants. Ses maisons sont en briques et en charpente, ou bien en planches et en nattes pour la population peu aisée. Comme Ismaïlia, elle contient des églises et des hôpitaux, ainsi qu'une ville arabe auprès de la ville européenne. L'établissement de Pord-Saïd se compose : 1° d'un large bassin destiné à servir de port de relâche ou de stationnement aux vaisseaux; 2° d'un bassin plus petit environné d'ateliers pour les travaux de la Compagnie, les réparations à faire aux bâtiments de passage, etc.; 3° de deux grandes jetées protégeant le chenal qui sert d'entrée quand on vient de la mer.

Grâce au canal maritime, une population de 45,000 âmes vit et prospère dans l'isthme de Suez, où ne se voyaient, en 1860, que la solitude et le sable brûlant du désert.

Malgré les difficultés de l'entreprise, qui pour avoir été exagérées n'en sont pas moins réelles, et dont une part notable est due aux intrigues de la jalousie anglaise, l'opération gigantesque du percement du canal maritime marche avec une activité admirable, et le succès va couronner infailliblement les efforts persévérants de M. de Lesseps. Les intérêts financiers de la Compagnie ne peuvent manquer de prospérer, car ils sont garantis par la valeur des terrains qui lui restent, par celle de ses établissements et de son matériel, et par les revenus que donnera le canal. Lorsqu'on sait que le seul port de Marseille a un mouvement annuel de près de cinq millions de tonnes, il faut bien croire que le transport par le canal dépassera ce chiffre ; en prélevant seulement 10 francs par tonne pour le passage, 6,000,000 de tonnes produiront 60 millions de francs. Déjà, en 1867, les recettes du canal se sont élevées à un million 292,822 francs. Quant aux terrains, la Compagnie s'est réservé en toute propriété 500 hectares à Port-Saïd et autant à Ismaïlia. Elle peut, dès aujourd'hui, les revendre au prix de 30 francs le mètre carré, ce qui représenterait bien 300 millions; la création du canal n'en coûtera que 400. Mais dans trois ou quatre ans, cette valeur aura plus que doublé.

Il résulte de la situation des travaux de la Compagnie, au 15 mars 1868, que le cube total à extraire étant de 74,142,130 mètres cubes de terre, et la Compagnie en ayant enlevé déjà 38,106,999, il reste, pour creuser le canal entièrement, un cube total de 36,005,131 mètres. (Une machine de draguage déblaie 1,800 mètres par journée de travail de dix heures). Il est certain que l'année 1869 verra l'achèvement de cette noble tâche (1). Le 20 février 1867, le *Primo*, navire de commerce jaugeant 80 tonneaux, est entré dans la mer Rouge, après avoir suivi d'un bout à l'autre le canal maritime qu'il a inauguré.

Honneur donc à M. de Lesseps! Honneur à cet homme de génie, au fondateur de l'œuvre éminemment civilisatrice qui permettra aux plus forts vaisseaux de l'univers de traverser l'isthme de Suez en moins de deux jours, et de se rendre d'Europe aux Indes en six semaines au lieu de trois mois! La France ne sera point la dernière

---

(1) On a calculé qu'en mettant à la suite les uns des autres tous les paniers de terre emportés depuis le commencement des travaux, cela ferait à la file trois fois le tour du monde.

à profiter de cette suppression de distances énormes, car la navigation de Marseille jusqu'à Bombay, par le canal de Suez, comparée à la navigation actuelle, par le cap de Bonne-Espérance, offre une différence en moins de 3,276 lieues. Pourrait-on énumérer les bienfaits immenses que l'exécution du canal de Suez va procurer à l'humanité? Voici le premier de tous : plus les communications seront faciles entre l'Orient et l'Occident, plus les chrétientés naissantes se rapprocheront de la source de la foi et plus aussi seront rapides, dans ces contrées lointaines, les progrès de l'Évangile qui peut seul civiliser les peuples et les relever de l'abaissement où ils sont plongés.

APPENDICE

LA VÉRACITÉ DE LA BIBLE PROUVÉE PAR L'ÉPIGRAPHIE DE L'ÉGYPTE ET DE L'ASSYRIE.

I

Grâce à l'admirable découverte de Champollion qui a permis de lire les hiéroglyphes, dont le déchiffrement semblait un problème insoluble, c'est aux écrits tracés par les Egyptiens eux-mêmes, sur leurs monuments et leurs papyrus, que la science demande maintenant de lui révéler les annales de leur antique contrée. Depuis trente ans, l'Egyptologie a fait des progrès étonnants, elle en fait encore chaque jour, et ces progrès loin de contredire les assertions de la Bible, comme l'incrédulité l'espérait, ne font que les confirmer et démontrer ainsi l'autorité irréfragable du livre divin. Ces preuves en faveur du Christianisme ont une force d'autant plus grande qu'elles se sont produites d'elles-mêmes, sans avoir été cherchées, et qu'elles étaient complètement inattendues. Il n'entre pas dans le cadre de cet ouvrage de les développer toutes, — ce pourrait être le sujet d'un volume très-intéressant, — je me contenterai d'en exposer quelques-unes des plus saillantes.

Nous lisons dans l'*Exode* qu'un roi nouveau, ne connaissant pas Joseph, accabla de durs travaux les Israélites et les força à construire deux villes : Pithom et Rhamessès. Ce Pharaon persécuteur c'était Rhamsès, qui donna son nom à cette dernière ville dont on a retrouvé les ruines près du canal de Suez, (comme je l'ai dit plus haut). Une inscription hiéroglyphique, datée de son règne, en énumérant les peuples condamnés aux travaux publics, mentionne les Hébreux, *Aberiou*.

Quand au passage miraculeux du peuple de Dieu dans la Mer Rouge, et à la destruction de l'armée du Pharaon au milieu des flots, « pour ces évènements où la main de Dieu est si manifestement empreinte, les monuments officiels se taisent à leur sujet, dit M. F. Lenormant, comme ils se taisent sur tous les désastres qu'un succès postérieur n'a pas rachetés ; mais le récit de la Bible porte les traces les plus irrécusables d'une vérité historique absolue, et concorde de la manière la plus saisissante avec l'état des choses en Egypte à cette époque. » Nous avons cependant, sur ces faits prodigieux, des documents qui pour n'être pas officiels n'en ont pas moins une très-grande valeur ; les voici.

Des papyrus égyptiens, conservés au Musée-Britannique, contiennent des récits qui s'accordent parfaitement avec ceux de l'*Exode*. Ces textes historiques ont été traduits, d'abord en Angleterre, par M. Heath, puis par M. F. Lenormant dans son cours au Collège de France. Je ne puis qu'extraire de ces précieux documents les lignes les plus remarquables.

C'est d'abord une lettre adressée par le bibliothécaire du Pharaon à un Scribe royal.

« Le Chef des gardiens des livres de la chambre blanche du palais, Amenemani, au Scribe Pentéhor.

— « Quand cet écrit te sera parvenu, livre ton cœur à l'agitation la plus vive, semblable à la feuille devant l'ouragan, en apprenant le désastre accompli, déplorable et fait pour toucher ton cœur, par les calamités de la submersion dans l'abîme.

— « Malheureuse fut la pensée du Souverain, et fatale pour lui, de prendre les esclaves en commisération, au jour du fléau ! L'esclave, le serviteur, est devenu chef d'un peuple qu'il tient en sa puissance. L'obstacle à sa rébellion est détruit par derrière, de même qu'en avant l'obstacle à ses déportements.

— « C'est à peine si l'on travaille à porter de l'eau ou à moudre pour faire le pain. Ses gardes (du roi) sont comme mutilés dans leur cœur ; leur voix est sans force.

— « Le puissant triomphait dans son cœur en voyant s'arrêter l'esclave. Son œil les touchait, son visage était sur leur visage ; sa fierté était au comble. Tout à coup le malheur, la dure nécessité s'emparent de lui.

— « Oh ! *répète l'assoupissement dans les eaux* qui fait des glorieux un objet de pitié; dépeins la jeunesse moissonnée dans sa fleur, la mort des chefs, la destruction du Maître des peuples, du Roi de l'orient et du couchant !

— « Quelle nouvelle peut-on comparer à celle que je t'envoie? »
(Papyrus *Sallier* n° 1.)

« Il n'est pas ici besoin d'un long commentaire, dit M. François Lenormant, le fait de la destruction, dans les eaux de la mer, du roi d'Egypte et de l'élite de son armée, au moment où dans leur poursuite ils allaient atteindre les Hébreux fugitifs, est raconté assez clairement, dans la lettre d'Amenemani, pour qu'on ne puisse élever aucun doute à ce sujet. Le lecteur n'a qu'à reprendre les chapitres xiv et xv de l'*Exode*, et à les relire à côté du texte égyptien, pour voir comment l'Écrivain sacré et le Scribe de Thèbes ont raconté le même fait identiquement et avec les mêmes circonstances. »

Voyons maintenant une autre lettre donnée par un Scribe comme sujet de déclamation ; elle est encore plus explicite et coupée en versets :

1. « Quand tu auras pris connaissance de cet écrit, de point en point,
2. « Peins le Scribe Sauveur d'un peuple tombé en esclavage,
3. « Et faisant les transports pour toute espèce de constructions.
4. « Représente-le avec l'énergie de la constance dans le maniement du gouvernail ;
5. « N'attirant pas la haine sur lui ;
6. « Ne faisant pas dégénérer l'action de son autorité en oppression ;
7. « Agissant sur les masses.
8. « Lorsqu'il se montre au peuple de la race de sa mère,
9. « Il se met en opposition avec son supérieur.
10. « C'est l'enfant qui enlève le joug de la réprobation,
11. « L'opprimé qui arrive à la puissance.
12. « Il est le maître dans l'art de séduire la foule.
13. « L'enfant grandit en ambition ;
14. « Déjà, le chef de l'Oasis est réduit en esclavage,
15. « Tandis que son gendre s'en va dans la campagne.
16. « Le pain lui arrive par sa femme ;
17. « Ses fils sont soumis à la circoncision.
18. « L'aîné lui sert de bête de somme pour franchir l'espace ;
19. « Il lui est bon pour le surcroît des fardeaux.
20. « Cependant, pareil au chasseur qui s'est mis à part des autres hommes, il marche à la demeure du lion ;
21. « Ses chaussures et ses sandales sont usées et en désordre,
22. « Dans son ardeur à frapper sa proie.
23. « Au pouvoir du lion est la cavale.
24. « Voici le gardien de la loi qui fait la purification avec l'hysope ;
25. « La colonne de fumée demeure au-dessus du camp.

26. « Le prophète prononce la prière qu'il a ordonnée.
27. « Que ne puis-je, moi aussi, arriver au commandement !
28. « Le prêtre reste enveloppé de ses voiles ;
29. « Le pontife ordonne l'expiation,
30. « Afin d'accomplir le mystère de l'âne, à la troisième heure ;
31. « De l'âne qui s'est plongé dans la source pure,
32. « Empêchant la révolte par l'apparition réjouissante des eaux de la source,
33. « Lorsque le ciel refusait l'eau.
34. « L'odorat est captivé par les parfums
35. « Qui s'élèvent de la flamme.
36. « Sa face (du prophète) resplendit hors du sanctuaire, comme la crinière du lion du désert.
37. « Sa marche a été pleine d'artifice,
38. « Tandis que le bœuf est encore dans la main de son fils.
39. « Il a navigué entre les deux hommes avec une grande constance de direction.
40. « Qui pourrais-tu lui comparer ? »   (Papyrus *Sallier*, n° 1.)

« Il n'y a, pour ainsi dire, pas un mot dans cette version qui ne soit caractéristique, ajoute M. F. Lenormant. C'est un tableau court, mais saisissant de la vie de Moïse dont les principaux évènements sont relatés. Il raconte, comme la Bible, que ce peuple était surtout employé aux travaux les plus pénibles de la construction des monuments. C'est une description des cérémonies religieuses du camp des Israélites. Des détails principaux et caractéristiques de ces cérémonies, au moins de ce qui se passait en public, aucun ne manque. La purification avec l'hysope, telle qu'elle est prescrite au chapitre XIX du livre des *Nombres*, les parfums brûlés matin et soir sur l'autel devant le tabernacle y sont rappelés ; nous y trouvons aussi la mention de l'éclat surnaturel dont brillait la figure de Moïse, et du voile qu'il était obligé de porter sur son visage pour dérober cet éclat aux regards du peuple ; enfin le Scribe égyptien décrit jusqu'à la colonne de fumée, ce signe manifeste de la protection de Dieu sur Israël. Mais, dans cette description le détail le plus extraordinaire et le plus inattendu est l'indication du *mystère de l'âne*. » On le sait, les païens croyaient que les Juifs adoraient un âne, parceque, comme le rapporte Tacite (*Hist.* V, 4), pendant leur séjour dans le désert, des ânes sauvages vinrent paître auprès d'un rocher entouré d'arbres. Moïse les suivit et il y reconnut une abondante source. Les Juifs consacrèrent donc, dans le plus profond de leur sanctuaire, la figure de l'animal qui leur avait montré les moyens de soulager leur soif dévorante. Qui ne voit dans cette fable un souvenir corrompu de l'histoire du frappement du rocher ?

Ces Scribes de la cour des Pharaons donnent même son nom à Moïse, dans d'autres papyrus : ils l'appellent *Mosou*. Les savants qui ont exhumé ces manuscrits, enfouis depuis plus de trois mille ans, ne se doutaient pas qu'ils apportaient un nouveau témoignage en faveur de la vraie religion. Mais quel homme de bonne foi pourrait le méconnaître ? Ces récits de l'*Exode*, transcrits par des auteurs contemporains des faits et ennemis des Hébreux, ont la plus grande force pour démontrer la véracité et la divinité de nos Livres Saints.

L'*Exode* rapporte ensuite que les Israélites fabriquèrent un veau d'or, un tabernacle orné magnifiquement, et des instruments nombreux pour le culte de Jéhovah. Les écrivains anti-religieux avaient là une belle occasion de déclarer que ces récits de la Bible n'étaient que des fables. Ils n'y ont pas manqué. Il était impossible, selon eux, qu'un peuple nomade ait exécuté ces énormes travaux métallurgiques, au fond des déserts de l'Arabie-Pétrée, où ils étaient certainement privés des fourneaux et de l'outillage nécessaires à de telles opérations. Mais leurs objections spécieuses ont reçu une solution qui est une nouvelle preuve de la véracité de l'Écriture-Sainte en toutes ses parties.

Dans les montagnes du Sinaï, tout près du lieu où les Israélites, conduits par Moïse, séjournèrent deux ans pour les travaux du tabernacle, à l'endroit nommé aujourd'hui *Ouady-Magarah*, MM. Lepsius, de Laborde et Lottin de Laval ont découvert récemment d'importantes mines de cuivre exploitées par les Égyptiens dès les temps les plus reculés, et les ruines de vastes usines métallurgiques qu'ils y avaient établies. Ces ruines sont couvertes d'inscriptions, et, chose significative, on n'y trouve aucune mention des rois d'Egypte pendant l'intervalle de temps correspondant au séjour des Hébreux dans le désert. Il est évident que ces derniers, parvenus au Sinaï et voulant fabriquer les objets réclamés par leur culte, renvoyèrent les ouvriers égyptiens des usines de l'*Ouady-Magarah* et s'en emparèrent. Ce fut donc là, avec les fourneaux et les outils placés par les Pharaons, qu'ils firent fondre le veau d'or et cette foule d'objets d'or et de bronze dépendant du tabernacle.

Quand à la chronologie, je n'en dirai qu'un seul mot, car, jusqu'à présent, l'histoire égyptienne ne prend une date certaine, pour la première fois, qu'à partir de l'année 1300 avant Jésus-Christ, sous le règne de Rhamsès III, peu de temps après Josué.

Par un synchronisme remarquable, les monuments de l'Egypte affirment que Sasank ou Sésac commença son règne l'an 971, époque précise où la chronologie place la cinquième année de Roboam, au temps où Jérusalem fut prise par l'armée égyptienne. La cinquième année du règne de Roboam, dit l'Ecriture-Sainte, Sésac, roi d'Egypte, s'avança contre Jérusalem avec une quantité innombrable de chariots et de cavaliers ; il s'empara des villes fortes de la Judée et même de Jérusalem ; alors le roi et le peuple s'humilièrent devant Dieu qui les prit en pitié et leur assura qu'il ne les exterminerait point, mais qu'il les livrerait aux mains de l'envahisseur pour être ses esclaves. Sésac emporta les trésors du temple et ceux du roi ainsi que les boucliers d'or donnés par Salomon (III *Rois*, xiv, 25 ; II *Paralip.*, xii, 2).

Voici comment les monuments établissent une concordance exacte entre les annales des Juifs et celles des Egyptiens. Dans la cour du palais de *Karnak* (*Thèbes*), on a retracé en détail les exploits du fondateur de la xxiie dynastie. La conquête de Juda n'y est point oubliée. Sur ces sculptures, Sasank ou Sésac est représenté au milieu des peuples vaincus. D'un côté, sont ceux qu'il va exterminer, sa main droite est levée sur eux ; dans un autre groupe, se pressent, les mains liées derrière le dos, la foule des prisonniers qu'il subjugue en leur laissant la vie sauve. Parmi ces derniers, suivant la promesse divine, on trouve Roboam qui se fait reconnaître au type parfaitement juif de sa physionomie ; comme les autres monarques captifs, il porte un bouclier sur lequel sont gravés ces mots en caractères hiéroglyphiques : « *Roi de Juda, pays des monts.* »

Ce précieux bas-relief, daté du règne de Sésac lui-même, a été découvert par Champollion. On y voit figurer, avec leurs noms qui nous sont connus par l'Ecriture-Sainte, les cent trente-trois villes du royaume de Juda conquises par Sésac.

II

Ce n'est pas tout. « L'écriture sacrée de Ninive et de Babylone a été forcée de livrer ses secrets, après celle de l'Egypte, dit M. F. Lenormant. On y déchiffre la version officielle assyrienne des évènements dont la Bible, dans le livre des *Rois*, nous fournit la version Juive, et cette comparaison fait ressortir d'une manière éclatante l'incomparable véracité du Livre Saint...

« Le souvenir de la Tour de Babel et de la séparation des langues n'est pas seulement écrit dans la Bible. Il s'était conservé, comme celui du déluge et de l'arche, chez les Babyloniens qui habitaient la portion de l'ancien pays de Sennaar où la tour avait été élevée. On a retrouvé et traduit, il y a quelques années, une inscription du roi Nabuchodonosor, qui se vante de l'avoir réparée en l'honneur d'un de ses dieux. Il l'appelle : « la tour à étages, la maison éternelle, à laquelle se rattache le plus ancien souvenir de Borsippa (ce qui, dans la langue du pays, veut dire *tour des langues*), que le premier roi a bâtie mais sans pouvoir en achever le faîte. » Nabuchodonosor ajoute : « *Les hommes l'avaient abandonnée depuis les jours du déluge, proférant leurs paroles en désordre. Le tremblement de terre et le tonnerre avaient ébranlé la brique crue, avaient fendu la brique cuite des revêtements ; la brique crue des massifs s'était éboulée en formant des collines.* » La découverte de cette inscription d'un prix inestimable permet de reconnaître les débris, encore gigantesques, du monument regardé du temps de Nabuchodonosor comme la tour de Babel, parmi les ruines qui s'élèvent sur l'emplacement de l'antique Babylone. C'est celle que les habitants du pays appellent actuellement *Birs-Nimroud*, (*la tour de Nemrod*), et qui se dresse au milieu de la plaine comme une montagne. La description que Nabuchodonosor donne de l'état où il l'avait trouvée, lorsqu'il la répara, convient parfaitement à son état présent. Ce n'est plus qu'un amas prodigieux et informe de briques simplement séchées au soleil, qui se sont éboulées en formant des collines. »

D'après le IVe livre des *Rois* (XVIII, 13), la quatorzième année du règne d'Ezéchias, Sennachérib s'empara de toutes les villes de Juda ; Ezéchias se soumit et, pour éloigner le roi d'Assyrie, il lui envoya comme rançon, 30 *talents d'or*, 300 *talents d'argent*, et, de plus, tout le trésor royal.

Une longue inscription de 480 lignes, tracée sur les six faces d'un prisme de terre cuite que conserve le Musée-Britannique, nous donne la narration officielle des guerres de Sennachérib jusqu'en 684, j'en extrais quelques-unes des lignes relatives au roi de Juda :

« Dans ma troisième campagne, dit le conquérant Assyrien avec un style rempli de superbe, je marchai vers la Syrie. Elouli était roi des Sidoniens ; la grande réputation de ma Majesté l'avait terrifié et il avait abandonné son pays. Les villes de Sidon, Sarepta, Ecdippa, Acre... se rendirent à moi... Mais Ezéchias de Juda ne se soumit point. Il y eut quarante-quatre villes murées et un nombre infini de bourgs que je combattis en domptant leur orgueil, et en affrontant leur colère. Aidé par le feu, le massacre, les combats et les tours de siège, je les emportai, je les occupai, j'en fis sortir 200,150 personnes grandes et petites, hommes et femmes, des chevaux, des ânes, des mulets, des chameaux, des bœufs et des moutons sans nombre, et je les emmenai comme butin. Quand à lui, je l'enfermai dans Jérusalem, la ville de sa puissance, comme un oiseau dans sa cage. J'investis et je bloquai les forts au-dessus d'elle ; ceux qui sortaient de la ville furent faits prisonniers. Je séparai les villes que j'avais pillées de son pays, et je les donnai à Mitinti, roi d'Azoth, à Padi, roi de Migron, et à Ismibil, roi de Gaza. Alors la crainte immense de ma Majesté terrifia cet Ezéchias de Juda ; il donna congé aux hommes du guet et aux troupes gardiennes qu'il avait assemblées pour la défense de Jérusalem. Il envoya vers moi, avec 30 *talents d'or et* 400 *talents d'argent*, des métaux... le contenu de son trésor... Il délégua son ambassadeur pour présenter ces tributs et faire sa soumission. »

On le voit : les inscriptions de Sennachérib lui-même confirment la narration biblique, de la manière la plus précise, particulièrement sur la soumission et le tribut d'Ezéchias, puisqu'elles annoncent le même nombre de talents payés.

Mais Sennachérib n'a pas tout dit, et ses annales se taisent à dessein sur l'immense désastre que son armée éprouva devant Jérusalem. La Bible est seule à rappeler qu'une multitude de soldats assyriens périrent, en une nuit, sous les coups de l'Ange exterminateur et que leur roi se hâta d'ordonner la retraite. Il est probable cependant qu'il s'en souvint toujours, car, pendant le reste de son règne, il se garda bien de revenir en Judée. Les prêtres de l'Egypte ne l'oublièrent pas non plus. En effet, quand Hérodote visita cette contrée, ils lui racontèrent l'évènement extraordinaire qui l'avait sauvée de l'invasion des troupes assyriennes en même-temps que le royaume de Juda ; seulement, comme de juste, ils attribuaient ce miracle à la protection de leurs divinités.

La Bible énonce ailleurs que les chefs de l'armée assyrienne prirent Manassès et l'emmenèrent captif à Babylone, et qu'il fut ensuite replacé sur son trône, — aux conditions d'un vassal, bien entendu, — (II *Paralip.*, XXXIII, 11) ; et les inscriptions du monarque assyrien Asarhaddon ne manquent pas d'enregistrer le roi Manassès parmi ses tributaires.

Ce sujet si intéressant nous entrainerait trop loin ; arrêtons-nous ici. C'en est assez pour montrer que les progrès des sciences orientales font éclater, avec une évidence nouvelle, la véracité de la Bible, de ce livre unique dans le monde, toujours combattu et toujours victorieux parce qu'il est l'œuvre du Dieu de vérité.

TABLE DES MATIÈRES.

VOYAGE EN SYRIE.

CHAPITRE PREMIER.

SAINT-JEAN-D'ACRE. — TYR. — SIDON.

I — SAINT-JEAN-D'ACRE. 2
Sa gloire passée. — Son état présent. — L'échelle des Tyriens. — Les puits de Salomon.
II — TYR. 9
Son histoire. — Sa décadence actuelle. — La nécropole d'Adloun. — Sarepta.
III — SIDON. 15
Le khan. — Aspect de la ville. — Ses vieilles annales.

CHAPITRE II.

BEYROUTH. — DEIR-EL-KAMAR.

I — BEYROUTH. 19
Djouni. — Lady Esther Stanhope. — Le khan du prophète Jonas. — Beyrouth. — Du costume des Orientaux. — Les bains turcs. — Une visite à l'escadre française. — Les faubourgs de Beyrouth. — Les établissements Catholiques. — La propagande Protestante. — La campagne de Beyrouth. — Mort de Julia de Lamartine.
II — DEIR-EL-KAMAR. 31
Deir-el-Kamar. — Massacres des Chrétiens par les Druses. — Palais de Beiteddin. — Un mot sur les Druses. — Les cornes des dames Druses.

CHAPITRE III.

LA ROUTE DE DAMAS. — DAMAS. — ABD-EL-KADER.

I — LA ROUTE DE DAMAS.................................... 88

Le Liban. — La route de Damas. — Zahléh. — Le tombeau de Noé. — La plaine de Békaa. — Dimas. — Un souper à la mode arabe. — Le Baradah. — La montagne de Caïn. — Le panorama de Damas, par M. de Lamartine.

II — DAMAS... 48

Histoire de cette ville. — Luxe des maisons. — Souvenirs de saint Paul. — Les bazars. — La grande mosquée. — La citadelle. — Les soldats turcs. — L'hôpital. — Le cimetière. — Les fameux jardins. — Le Paradis terrestre. — L'antique *Hoba*. — Population de Damas. — Toilette des Damasquines. — La caravane de la Mecque. — Fanatisme des Damasquins. — Assassinat du P. Thomas. — Horrible massacre des Chrétiens par les Turcs. — Les Martyrs Franciscains. — Les Sœurs de Saint-Vincent-de-Paul. — Une visite au quartier Chrétien en ruines.

III — ABD-EL-KADER.................................... 77

Sa naissance. — Son éducation. — Il est élu Sultan des Arabes. — Sa captivité après la lutte. — Son séjour en Asie. — Je lui fais une visite. — Portrait de l'Émir. — Lettre qu'il m'a écrite. — Appréciation de son caractère.

CHAPITRE IV.

BAALBEK... 87

Aïn-Fidjé. — Abila. — Zebdany. — Le tombeau de Seth, fils d'Adam. — Notions historiques sur Baalbek. — Ses ruines admirables. — Le Temple de Jupiter. — L'édifice arabe. — La cour rectangulaire. — La cour hexagonale. — Les propylées. — Le Temple du Soleil. — Les murailles cyclopéennes. — Les passages souterrains. — Réfléxions du P. de Géramb. — Notre aventure dans une mosquée abandonnée. — Un bloc de pierre comme on en voit peu. — Un mot sur les géants. — La cathédrale de Baalbek. — Une grand'messe chez les Grecs-Catholiques. — Les Métualis.

CHAPITRE V.

DES CÈDRES A BEYROUTH............................... 106

Description des cèdres du Liban. — Eden. — La vallée des Saints. — Coup-d'œil sur la population Libanaise. — Les Maronites. — Djebaïl. — L'Adonis. — Les Jésuites de Ghazir. — L'*Angelus* en Orient. — La rade de Djouny. — Les Lazaristes d'Antoura. — Les Visitandines arabes. — Les bas-reliefs assyriens du Nahr-el-Kelb. — Rentrée à Beyrouth. — Départ pour l'Égypte.

VOYAGE EN ÉGYPTE.

CHAPITRE PREMIER.

ALEXANDRIE. — EN CHEMIN DE FER.

I — ALEXANDRIE. 122

Arrivée à Alexandrie. — Les quatre âges de cette ville. — Sa topographie : dans l'âge antique, (la colonne de Pompée, les aiguilles de Cléopâtre,) — dans l'âge moyen, — dans l'âge moderne. — Le canal Mahmoudiéh.

II — EN CHEMIN DE FER. 137

Le lac Maréotis. — Kafr-Zeyad. — Aperçu de l'histoire de l'Égypte. — Tantah. — Le débarcadère.

CHAPITRE II.

LE CAIRE. 145

La place de l'Esbékiéh. — Portes de la ville. — Curieux aspect des rues. — Les balcons. Les maisons. — La mosquée de Méhémet-Ali. — Le palais du Vice-Roi. — La citadelle. — Panorama du Caire. — Le puits de Joseph. — Un mot sur Méhémet-Ali. — Les mosquées. — Celles : d'Hassan, — de Touloun, — El-Azhar, — El-Moéyed. — Les écoles égyptiennes. — Les bazars. — Les fêtes musulmanes. — L'ouverture du Khalig. — Un cortège pour la Circoncision. — Les enchanteurs de serpents. — Les R. P. Franciscains. — Les Frères de la Doctrine Chrétienne. — Les Sœurs du Bon-Pasteur. — Une maison égyptienne.

CHAPITRE III.

PROMENADE AUTOUR DU CAIRE. — LES PYRAMIDES.

I — AUTOUR DU CAIRE. 165

Les tombeaux des Mamelouks et ceux de la dynastie régnante. — La nécropole de Kaït-Bey. — Un enterrement musulman. — Boulak. — Le musée archéologique. — L'aqueduc. — Fostât. — La mosquée d'Amrou. — Lieu où la Sainte-Famille a demeuré. — L'île de Roudah. — Moïse a-t-il été élevé à Memphis ou à Tanis ? — Le Nilomètre. — Une visite au Comte de Chambord.

II — LES PYRAMIDES. 173

Gizèh. — La bataille des Pyramides. — La grande Pyramide. — Ses dimensions. — Comment on en fait l'ascension. — Coup-d'œil dont on jouit au sommet. — Descente dans la chambre de la Reine et dans celle du Roi. — Une fantasmagorie bédouine. — La chambre inférieure. — La Pyramide de Chéfren. — Celle de Mycérinus. — Réflexions diverses au sujet des Pyramides. — Les fondateurs et la destination de ces monuments. — Le Sphynx.

CHAPITRE IV.

MEMPHIS. — HÉLIOPOLIS.

I — MEMPHIS.................................. 186

es Pyramides de Daschour. — Le *Sérapéum*. — Les ruines de Memphis. — Le Nil. — Découverte des sources du Nil. — Lettre d'Amrou. — Choubrah.

II — HÉLIOPOLIS................................ 191

les volcans éteints. — Une forêt pétrifiée. — La bataille d'Héliopolis. — Un mot sur cette ville. — L'obélisque. — L'arbre de la Sainte-Vierge. — Matariéh.

CHAPITRE V.

L'ISTHME DE SUEZ.

I — SUEZ..................................... 195

e chemin de fer dans le désert. — Le mirage. — Suez. — La mer Rouge. — Une question d'exégèse biblique. — Bonaparte à Suez.

II — LE CANAL MARITIME........................ 198

e canal d'eau douce. — Le canal maritime. — Ismaïlia. — Chapelle de la Sainte-Famille. — Port-Saïd. — L'avenir du canal et son état présent. — M. de Lesseps.

APPENDICE.

LA VÉRACITÉ DE LA BIBLE PROUVÉE PAR L'ÉPIGRAPHIE DE L'ÉGYPTE ET DE L'ASSYRIE,........................ 203

FIN.

ORLÉANS. — IMP. ERNEST COLAS.

PLAN DES TEMPLES DE BAALBEK.

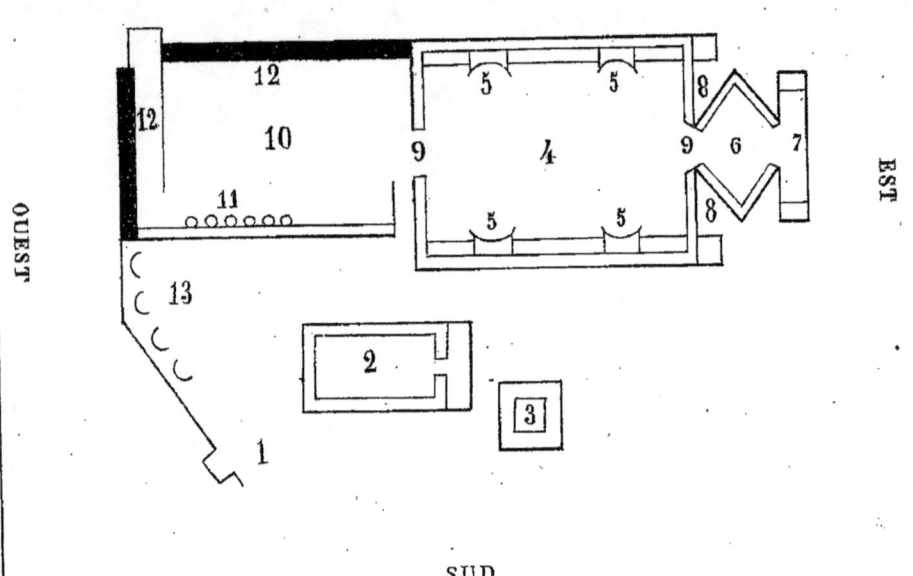

1 *Entrée actuelle.*
2 *Temple de Jupiter.*
3 *Eglise arabe.*
4 *Cour rectangulaire.*
5 *Chambres semi-circulaires.*
6 *Cour hexagonale.*
7 *Propylées.*
8 *Entrée des souterrains.*
9 *Portes.*
10 *Temple du Soleil.*
11 *Grandes Colonnes debout.*
12 *Murailles cyclopéennes.*
13 *Constructions arabes.*

PLAN D'ALEXANDRIE.

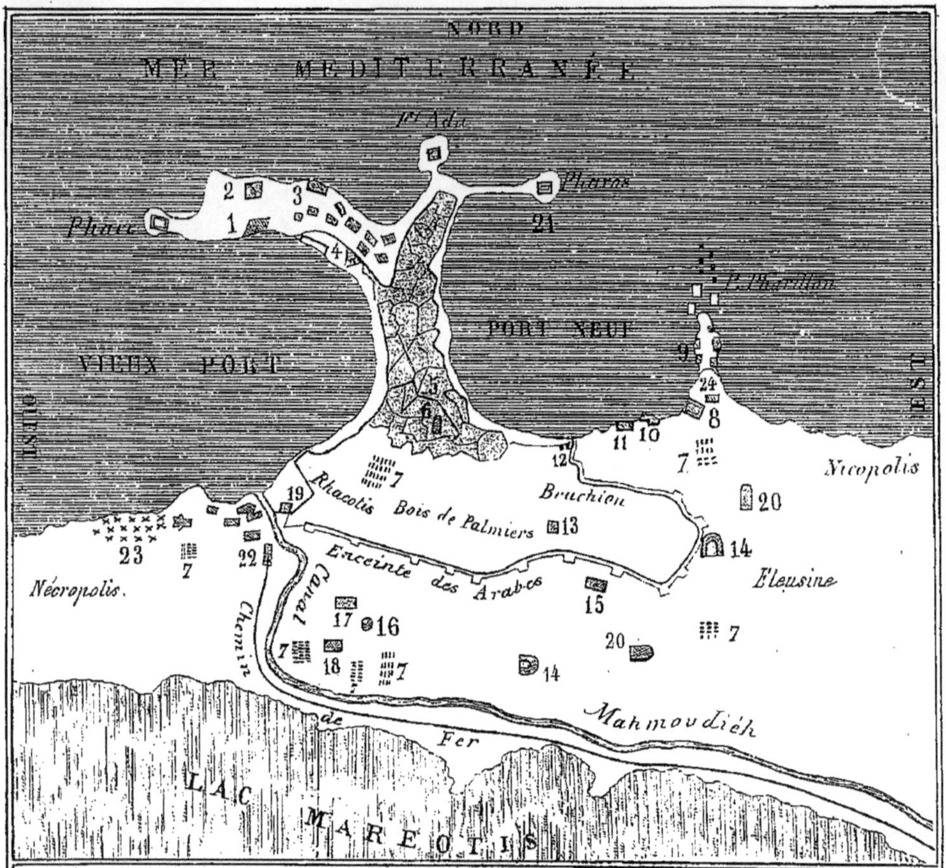

ALEXANDRIE MODERNE.

1 Palais du Vice-Roi.
2 Harem.
3 Hôpital.
4 Arsenal.
5 Place des Consuls.
6 Eglise catholique de Ste-Catherine.
7 Villages Arabes.
8 Lazaret.
22 Embarcadère.
23 Moulins à vent.

ALEXANDRIE ANCIENNE.

9 Palais des Ptolémées et Sébasteum.
10 Posidonium et Timonium.
11 Bibliothèque.
12 Aiguilles de Cléopâtre.
13 Acropole.
14 Amphithéâtres.
15 Gymnase.
16 Colonne de Pompée.
17 Sérapeum.
18 Hippodrome.
19 Mosquée des mille Colonnes.
20 Hippodromes.
21 Ancien Phare.
24 Museum.

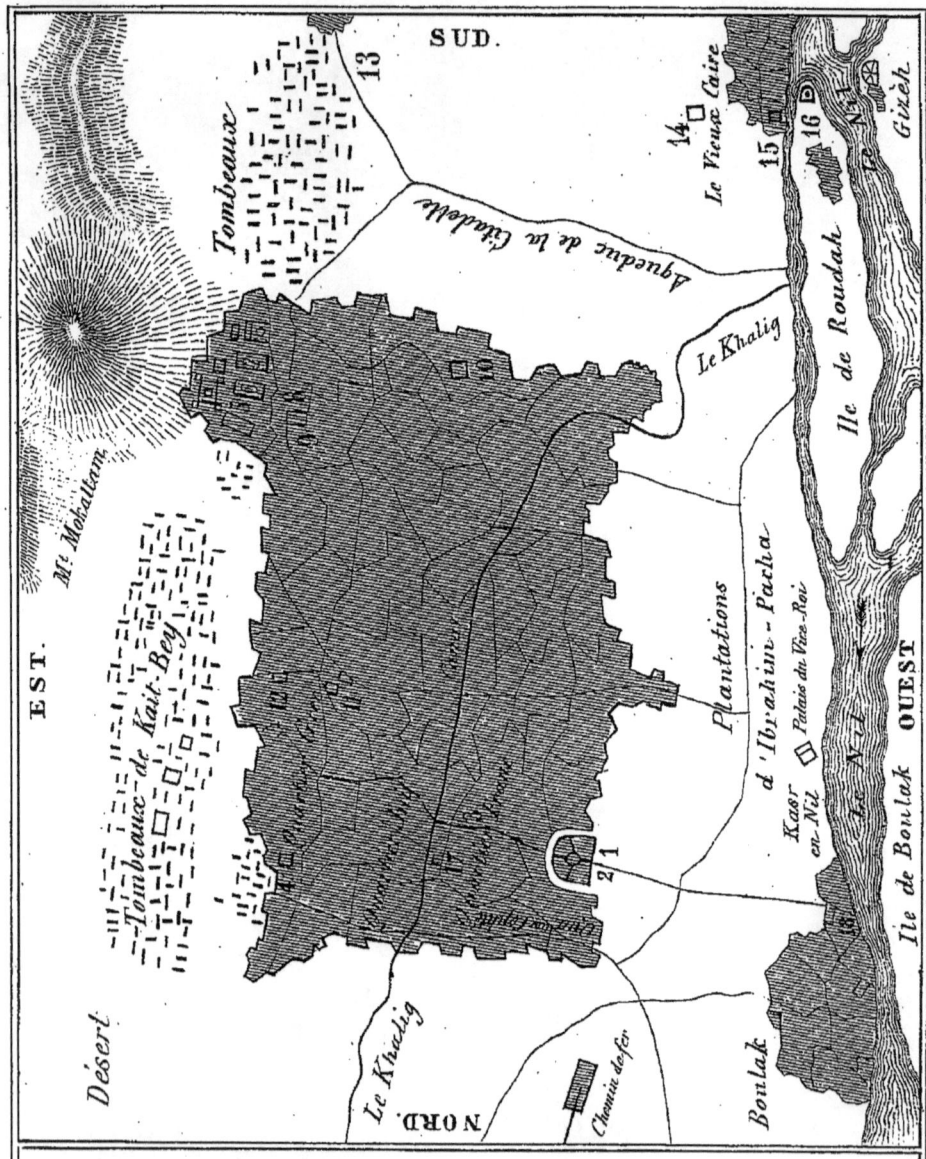

PLAN DU CAIRE

1 Maison de Bonaparte.
2 Place de l'Esbékiéh.
3 Rue du Mouski.
4 Porte Bab-en-Nasr et Mosquée d'Hakem.
5 Citadelle, El-Kalah.
6 Palais du Vice-Roi.
7 Mosquée de Méhémet-Ali.
8 Place de Rouméïléh.
9 Mosquée d'Hassan.
10 Mosquée de Touloun.
11 Mosquée El-Moéyed et Porte Bab-Zouëïléh.
12 Mosquée El-Azhar.
13 Nécropole de l'iman Chaféi.
14 Mosquée d'Amrou.
15 Demeure de la Ste-Famille.
16 Nilomètre.
17 Eglise Latine.
18 Musée égyptien.

EGYPTE ET ISTHME DE SUEZ

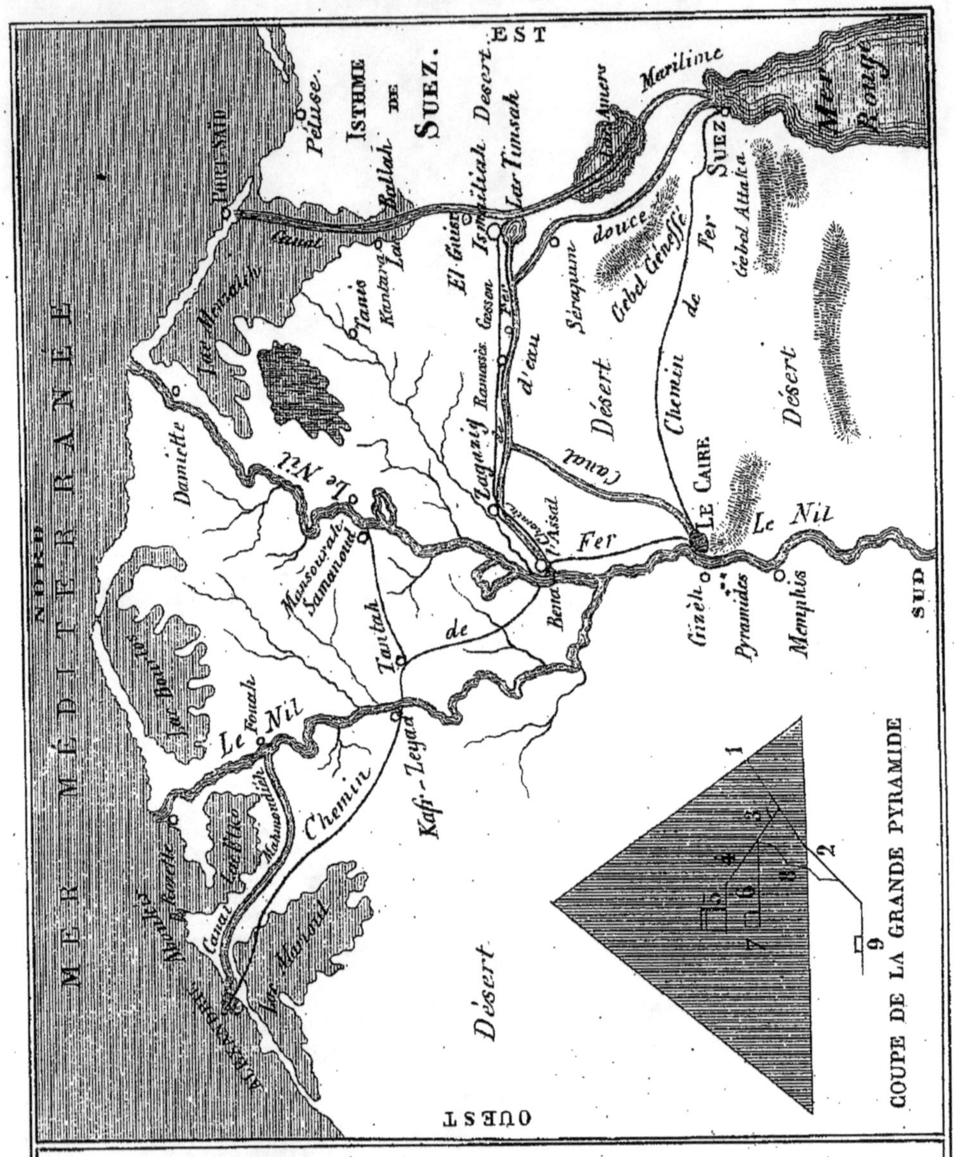

COUPE DE LA GRANDE PYRAMIDE

LA GRANDE PYRAMIDE.

1. *Entrée de la Pyramide.*
2. *Couloir descendant.*
3. *Ouverture pour tourner l'entrée fermée.*
4. *Couloir ascendant.*
5. *Chambre du Roi.*
6. *Couloir horizontal.*
7. *Chambre de la Reine.*
8. *Le Puits perpendiculaire.*
9. *Chambre souterraine.*

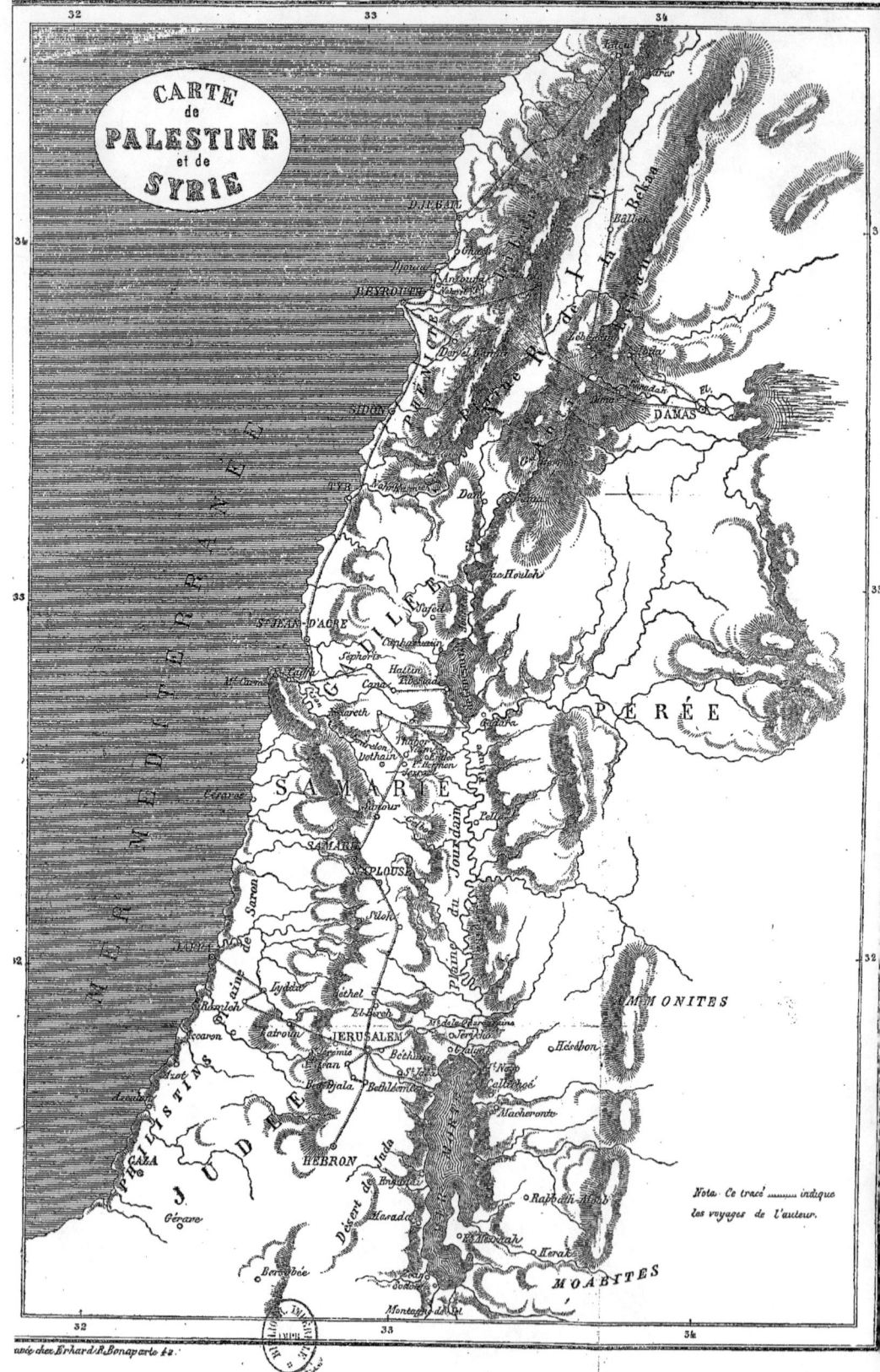